尚学

韩立余 著

国际经济法总论

北京大学出版社
PEKING UNIVERSITY PRESS

图书在版编目(CIP)数据

国际经济法总论 / 韩立余著. -- 北京：北京大学出版社，2024.10. -- ISBN 978-7-301-35582-4

Ⅰ. D996

中国国家版本馆 CIP 数据核字第 2024KY3319 号

书　　　名	国际经济法总论
	GUOJI JINGJIFA ZONGLUN
著作责任者	韩立余　著
责任编辑	邓丽华
标准书号	ISBN 978-7-301-35582-4
出版发行	北京大学出版社
地　　　址	北京市海淀区成府路 205 号　100871
网　　　址	http://www.pup.cn
新浪微博	@北京大学出版社　@北大出版社法律图书
电子邮箱	编辑部 law@pup.cn　总编室 zpup@pup.cn
电　　　话	邮购部 010-62752015　发行部 010-62750672　编辑部 010-62752027
印　刷　者	天津中印联印务有限公司
经　销　者	新华书店
	730 毫米×980 毫米　16 开本　15.5 印张　269 千字
	2024 年 10 月第 1 版　2024 年 10 月第 1 次印刷
定　　　价	49.00 元

未经许可，不得以任何方式复制或抄袭本书之部分或全部内容。
版权所有，侵权必究
举报电话：010-62752024　电子邮箱：fd@pup.cn
图书如有印装质量问题，请与出版部联系，电话：010-62756370

序言　构建国际经济法教学研究的坐标系

原本运作良好的、被冠以"皇冠明珠"的世界贸易组织争端解决机制因为一个成员的原因而瘫痪了。为什么会这样？这不能不让人深深反思，究竟是什么地方出了毛病。它意味着一年四季正常的季节变换，而我们却是未经历秋冬的"夏虫"？还是意味着作为国际经贸体系核心的世界贸易组织退出了历史舞台，而我们却依然在"守株待兔""削足适履"？或者其他？

我们原本是"夏虫"，只知道岁月静好，只知道自由贸易。我们在自由贸易的环境中生活。我们被告知，或者我们认为，经济全球化是一种谁也阻挡不了的大势，各国之间的相互合作可以使世界更加美好，这种交往越密切，整个世界形成一个地球村，就会更加和平。我们熟悉了手持机票在世界各地东游西逛的生活，直到某一天我们被困在某一特定角落而不能自主。

我们被告知，或者我们认为，提高生产效率、降低生产成本，是企业生产经营的黄金法则。越来越多的企业，在越来越"平"的世界中，通过自己越来越广泛的存在，向越来越多的人提供自己的产品和服务，便捷的交通和通讯让人感受到了时空的零距离，直至有一天我们被告知并见证相互依赖含有风险，"小院高墙""脱钩"和"去风险"成为新的话语。

幸运的是，我们不只是"夏虫"。我们不只享受到夏的酷热和葱郁，也经历了秋的收获和金黄。我们知道，冬天来了春天不会太远；我们知道，春天之后还有冬天；我们还知道，北半球的春天正是南半球的秋天，反之亦然。

自美国特朗普政府上台执政起，国际贸易的气候由暖转凉、转冷，人们正经历着冽风的吹打。我们也逐渐认识到，这不是特朗普个人的功劳或能量，它代表了历史特定发展阶段的一种趋势。合久必分，分久必合。国际贸易的钟摆，正从自由贸易向安全方向调整，原本拥抱式的开放变成了礼节式的应酬。

站在这样的时间分界点上，以春夏秋冬式的周期全貌，从中国这一视角，对调整国际经济关系的法律规则进行一年四季式的分析，是本书的写作目标。当今国际社会，依然是以国家为基本单位构成的国际共同体。国家的独立和平等，既是实然也是应然,既是现实也是目标。个人从属于国家,又与政府对抗。国家既追求光荣式孤立,又渴望着结伴同行。有时为了维护尊严甚至不惜奋身冒险一搏。调整国际经济关系的国际经济法律规范就是在这样的背景下产生、发展和演变的。

按照中国国际经济法学者的基本共识,国际经济法是调整国际经济关系的法律规范的总称,横跨国际法和国内法两大法律体系、涵盖公法和私法两种调整规范。国际经济法学就是基于这一观念对象进行研究,超越各具体部门法,探求调整国际经济关系的法律规范的基本规律。通过本书,我们看到了无数的形形色色的主体,看到了这些主体的相互关系、价值偏好,看到了他们熙熙攘攘为利往来的活动目标。我们也看到了明哲保身式的权利义务设计,看到了愿赌却不服输的内在独立。而国际经济法似乎不落入任何传统的部门法,但又依赖于传统的部门法。

上述认识,恰似一个上、下、左、右象限构成的坐标系。国际经济法涵盖了国际和国内(法)、公和私(法)四个象限,相互交叉关联在一起。它既注目发达国家,也关注发展中国家;既追求利益,也关注价值;既有自由开放,也有安全限制。对某一问题的研究,可以在这一坐标系中找到相应的定位,以避免单极的、线性的、片面的思维。每个人的天性、经历不同,会有不同的偏好。坐标系的方法可以提供一个全面的视角,避免只关注一个象限,忽视、拒绝其他象限,这样可以从国际、国内、公、私诸多视角更全面地深入地看待问题。

以国家为例。国家作为国际经济法的主体,既是公主体,也是私主体,既是立法者也是守法者,既是规制者也是被规制者,既是政府也是人民,既活动于国内领域也活动于国际领域,既承担责任又可责任豁免,既维护自身利益又促进国际利益,既有竞争又有合作,既签署约束自身的条约也签署约束一般经营者和消费者的条约,既讲利益又讲道德,既解决眼前问题又关注长远发展……体现在法律规则上,既有义务规则又有例外规则,合法性(legality)与正当性(legitimacy)相互博弈。这种"既是……又是……"的思维,是我们从事国际经济法教学研究应当具备的。

作为总论,本书试图提供一个能够贯穿国际经济法整个内容的坐标与指南,国际经济法的各个具体部分都能从总论中得到解释,实现总论与具体分论内容的相互衔接和支撑。传统上被认为属于私法规范的内容,如《联合国国际货物销售合同公约》《统一国际航空运输某些规则的公约》(1999年《蒙特利尔公约》),通过调整范围的界定、缔约方保留、诸种规范下的权利义务统一等方法,都很好地融合了国际与国内、公与私的内容。非政府组织国际商会制定的《国际贸易术语解释通则》《跟单信用证统一惯例》、国际银团贷款格式文本等,通过当事人选择适用的方式获得了国内法的认可,使公法性规范则更容易衔接。

上述的这种努力,是否达到了预期的目的,还有待进一步的检验。虽然本书立足于提纲挈领式总论,对特定具体问题不作全面深入式探讨,但书中的提炼与贯穿、描述与分析是否充分,还有待于读者的评价。特别期望听到广大读者的反馈意见。

韩立余

2024 年 5 月

常用英文缩略表

BIT	bilateral investment treaty 双边投资协定
CISG	United Nations Convention on Contracts for the International Sale of Goods 联合国国际货物销售合同公约
CPTPP	Comprehensive and Progressive Agreement for Trans-Pacific Partnership 全面与进步跨太平洋伙伴关系协定
DEPA	Digital Economy Partnership Agreement 数字经济伙伴关系协定
DSU	Understanding on Rules and Procedures Governing the Settlement of Disputes 争端解决规则与程序谅解
EAR	Export Administration Regulations（美国）出口管理条例
FTA	Free Trade Agreement 自由贸易协定
GATS	General Agreement on Trade in Services 服务贸易总协定
GATT	General Agreement on Tariffs and Trade 关税与贸易总协定
ICSID	International Centre for Settlement of Investment Disputes 投资争端解决国际中心
NAFTA	North American Free Trade Agreement 北美自由贸易协定
OECD	Organisation for Economic Co-operation and Development 经济合作和发展组织
PPM	Processes and Production Methods 生产工艺和方法
RECP	Regional Comprehensive Economic Partnership Agreement 区域全面经济伙伴关系协定
SCM	Agreement on Subsidies and Countervailing Measures 补贴与反补贴措施协定
SNA	System of National Accounts 国民经济核算体系
SWIFT	Society for Worldwide Interbank Financial Telecom 环球银行金融电信协会

TBT	Agreement on Technical Barriers to Trade 技术性贸易壁垒协定
TPP	Agreement for Tans-Pacific Partnership 跨太平洋伙伴关系协定
TRIMS	Agreement on Trade-related Investment Measures 与贸易有关的投资措施协定
TRIPS	Agreement on Trade-related Aspects of Intellectual Property Rights 与贸易有关的知识产权协定
UN	United Nations 联合国
USC	United States Code 美国法典
USMCA	United States-Mexico-Canada Agreement 美国-墨西哥-加拿大协定/美墨加协定
WTO	World Trade Organization 世界贸易组织

目录

1 什么是国际经济法 001

    1.1 国际经济法和国际经济法学 002

        1.1.1 中国国际经济法学建立初期的观点分歧及演变 /003

        1.1.2 对中国国际经济法学者争论的评述 /008

        1.1.3 国际经济法学作为独立学科的正当性 /009

    1.2 国际经济关系的调整 011

        1.2.1 国际经济关系和国际经济活动 /011

        1.2.2 对国际经济关系的具体调整 /015

    1.3 法律规范总称及其相互关系 018

        1.3.1 规范综合的必要性 /018

        1.3.2 诸种规范间的相互关系 /021

2 国际经济法的主体 024

    2.1 国际经济法主体的界定 025

        2.1.1 国际经济法的多个主体 /025

        2.1.2 公主体与私主体 /028

    2.2 以国家为基本主体的公主体 030

        2.2.1 国家作为主体的特点 /030

        2.2.2 国家衍生的其他公主体 /035

        2.2.3 国有企业及特殊情形下的私有企业 /036

2.3 国际经济法的私主体 038
    2.3.1 私主体的一般特点 /038
    2.3.2 跨国公司 /041
    2.3.3 非政府组织 /045

3 国际经济关系的竞争、合作与发展 046

3.1 国际经济关系中的竞争与合作现实 047
3.2 经济竞争的全面性 051
3.3 国际合作的有限性和脆弱性 055
    3.3.1 合作的必要性 /055
    3.3.2 合作方式 /057
    3.3.3 国际合作与单边措施 /060
3.4 竞争与合作的原则 062
    3.4.1 合作共赢还是零和博弈 /062
    3.4.2 竞争与合作中遵循的原则 /064
3.5 国际社会共同发展 067
    3.5.1 从发展到可持续发展 /067
    3.5.2 与发展有关的贸易规则 /070

4 国际经济法的价值观：自由、公平和安全 074

4.1 国际经济法的价值观 075
    4.1.1 国际经济法中是否存在价值命题 /075
    4.1.2 贸易到非贸易的价值发展 /076
    4.1.3 国际经济法的重要价值 /077
4.2 自由贸易与贸易保护的双重奏 079
    4.2.1 从重商主义到自由贸易 /079
    4.2.2 从自由贸易到产业保护 /082
    4.2.3 贸易政策与法律权利 /084

4.3 人言人殊的公平贸易 086

  4.3.1 贸易的道德判断 /086

  4.3.2 美国法律中的301条款和337条款 /091

4.4 无处不在、时隐时显的国家安全 094

  4.4.1 被边缘化的国家安全 /094

  4.4.2 重要到不能明确普遍界定的国家安全 /097

5 规制权及其实施方式   103

5.1 有关规制权的代表性案件 104

5.2 作为国家主权的规制权 107

  5.2.1 规制权的权源和性质 /107

  5.2.2 被普遍接受的规制权 /110

5.3 国家规制权的内容和规制形式 112

  5.3.1 规制权的一般内容 /112

  5.3.2 规制权与产业政策 /114

  5.3.3 规制方式 /116

5.4 国家规制权的冲突与合作 123

  5.4.1 规制权的地域范围 /123

  5.4.2 规制合作 /125

6 国际经济关系中的贸易待遇   126

6.1 贸易待遇的作用与性质 127

6.2 贸易待遇的类型 130

  6.2.1 贸易待遇的基本分类 /130

  6.2.2 作为非歧视待遇的最惠国待遇和国民待遇 /132

  6.2.3 关税同盟待遇和自由贸易区待遇 /136

  6.2.4 普遍优惠待遇和特殊差别待遇 /137

6.3 贸易待遇的内容 140
  6.3.1 贸易待遇的涵盖范围 /140
  6.3.2 贸易待遇的享有者 /143
  6.3.3 准入前待遇和准入后待遇 /145
  6.3.4 对同类性的要求 /149

6.4 贸易待遇例外 150

7 财产的保护与限制 154

7.1 财产保护是国际经济法的基本问题 155
7.2 财产的表现形式 157
7.3 财产保护方式、范围和强度 162
  7.3.1 财产的保护方式 /162
  7.3.2 财产保护的范围和强度 /165
  7.3.3 侵犯财产的责任形式 /174

7.4 国家税收及其协调 176
7.5 财产保护趋势 178

8 国际经贸规则中的义务例外 179

8.1 义务例外存在的原因 180
8.2 例外的种类 184
  8.2.1 适用范围例外 /184
  8.2.2 免责例外 /188

8.3 例外条款的解释和适用 194
  8.3.1 从严解释还是平衡解释？/194
  8.3.2 主观解释还是客观解释？/199

8.4 以CPTPP国有企业章为例 203

8.5 例外条款扩大化趋势 206

9 国际经贸争端的解决 208

9.1 国际经贸争端解决的重要性和特殊性 209

9.1.1 国际经贸争端解决的重要性 /209

9.1.2 国际经贸争端解决的特殊性 /211

9.2 国际经贸争端解决的类型 215

9.2.1 政治方法和法律方法 /215

9.2.2 磋商、调解、仲裁和诉讼 /216

9.3 国际争端解决机制的选择 219

9.3.1 管辖权之争 /219

9.3.2 域外管辖权 /222

9.3.3 审级 /227

9.4 问题与展望 231

后 记 233

1 什么是国际经济法

1.1 国际经济法和国际经济法学
1.2 国际经济关系的调整
1.3 法律规范总称及其相互关系

1.1 国际经济法和国际经济法学

什么是国际经济法？

在回答这一问题之前，我们先来思考这样的问题：中国政府购买美国的国债是一个什么法律关系？如果产生争端，适用什么争端解决程序？诉讼还是仲裁、国内还是国际？基于什么法律解决，国际法还是国内法？如果是国内法，是美国法还是中国法？作为交易主体的国家，中国购买国债是以什么身份、以什么方式、在什么地方购买的？是行使主权行为还是从事一个商行为，应当承担什么样的责任？民法的问题还是行政法抑或宪法的问题？是国际公法的问题还是国际经济法的问题？

对于什么是国际经济法，可以从规范和学术两个维度来认识。在中国，主流的观点是，国际经济法是调整国际经济关系的法律规范的总称。[①] 但如何理解这一定义，则存在着不同的认识。主要的分歧集中两个方面：第一，它是国际法还是国内法；第二，它是公法还是私法。如果集中到一个问题，它是否是一个独立的法律部门，或者是否按一个独立法律部门去理解。对这一问题的回答，又取决于对国际经济法学的认识，同时离不开中国国际经济法学的诞生背景。

国际经济法学在中国的产生和发展，是时代需要的结果。中国 1979 年开始实施改革开放政策，工作中心由阶级斗争转向经济建设。经济建设要求更多经济立法，"经济法"这一名称遂成为一种流行概念。这种"经济法"只是相对于政治的一种称谓，并没有区分民商法和经济管制法。中国立法机构 1979 年在通过了多部国家组织制度建设法律的同时，制定通过了《中外合资经营企业法》。由于当时中国还不存在诸如合同法、民法、公司法、行政许可法等一系列法律，《中外合资经营企业法》成了一种特例。同时，由于中外合资经营企业是一种新兴事物，在现实经济

---

① 余劲松主编：《国际经济法学》（第二版），高等教育出版社 2019 年版，第 13 页。

生活中与普遍存在的国营企业和集体企业相比数量极少,被当作一种特例看待。上述现象反映到法律教学与研究中,《中外合资经营企业法》是边缘性的、小众的科目。与此同时,由于对外贸易的发展需要,作为商业惯例性质存在的《国际贸易术语解释通则》等也被引入了大学教学的课堂。在这一大背景下,一些原本致力于国际公法和国际私法教学与研究的学者,试图从国际的角度,从对外交往的角度,来研究"国际""经济法",中国的国际经济法学开始萌芽发展。

除上述中国经济发展的需要外,对外学术交流也辅助了中国国际经济法学的产生。中国国际经济法学的开创者们,无论持有何种观点,均不同程度地受到了国外学者的影响。与当时的国内法学者相比,这些学者有一定的外语水平,对外学术联系较多,讲授与国际交往相关的课程,更加关注国外法学的发展。传统上对中国法律影响较大的日本和德国学者的观点,一度被视为学习楷模的美国学者的观点,例如美国学者菲利普·杰赛普的跨国法观点,约翰·杰克逊的国际经济交易法的观点、洛文费尔德的体系观点等[1],成为中国学者论证中国国际经济法学独立存在的论据。[2]

概括言之,我国国际经济法学的产生主要服务于当时中国的对外开放需要,对国际经济法及国际经济法学的认识充斥了实用主义和专业主义、传统和革新的视角,因而也必然伴随着一系列的分歧和争议。争议的核心围绕着公法和私法、国际法和国内法的取舍或合成。

1.1.1 中国国际经济法学建立初期的观点分歧及演变

中国法律学人对国际经济法的部门和学科属性的争论,同国际争议一样,也分狭义(分支)说和广义(独立)说两派[3],各派之中又有小派;都有援引国际争论观点,但亦结合中国现实与实践,体现出学科创设之初百家争鸣的景象。

---

[1] See Philip C. Jussup, *Transnational Law*, Yale University Press, 1956; John H. Jackson, William J. Davey, *Legal Problems of International Economic Relations*, 2nd edition, West Publishing, 1986; Andreas F. Lowenfeld and Thomas Ehrlich, *International Economic Law*, M. Bender, 1975; Andreas F. Lowenfeld, *International Economic Law*, 2nd edition, Oxford University Press, 2002.

[2] 参见刘丁:《国际经济法》,中国人民大学出版社1984年版,第24—26页;曾华群:《国际经济法导论》(第三版),法律出版社2020年版,第23—32页。

[3] 更为详细的介绍,可以参见陈安主编:《国际经济法总论》,法律出版社1991年版,第76—82页;刘丁:《国际经济法》,中国人民大学出版社1984年版,第25—27页;郭寿康、赵秀文主编:《国际经济法》(第五版),中国人民大学出版社2015年版,第1—6页;余劲松主编:《国际经济法学》(第二版),高等教育出版社2019年版,第2—3页。

狭义说主要指"国际经济法是国际公法的一个新分支"这一派观点。该说认为,国际经济关系仅限于国家间、国家与国际组织间以及国际组织间的经济关系。传统上国际公法主要调整国家间、国家与国际组织间以及国际组织间的政治关系,随着国际经济活动的增多,调整国家间经济关系的规范增多,产生了一个新分支,这就是国际经济法,类似于国际人权法一样。国际经济法是适用于经济领域的国际公法。法律渊源表现为国际条约和习惯国际法。该派观点否认国内法和国际商事惯例属于国际经济法的内容,从而排除国家对国际经济关系管制的所谓涉外经济法规。自然人和公司是否是国际经济法的主体并不明确。狭义说的代表人物主要有著名国际法学家、后来担任国际法院法官的史久镛教授,还有中国政法大学汪瑄教授。史久镛教授主要从法律规范功能统一性作为法律体系的要素这一角度来论证国际经济法和国际经济法学。汪瑄教授进一步强调了国内法和双边条约不属于国际经济法的内容。①

广义说主要指"国际经济法构成独立法律部门""国际经济法学是独立学科"这一派观点。该派观点认为,国际经济关系不仅包括前述国家间、国家与国际组织间以及国际组织间的经济关系,也包括国家对国际经济活动的监管关系和自然人、法人之间的交易关系(涉外经济关系)。调整国际经济关系的规范不仅仅是国际公法,还包括国内法中的涉外经济法规和国际商业惯例。由于其具有综合性,所以具有独立性,是独立法律部门,国际经济法学也是一个独立法学学科。代表性人物主要是姚梅镇、王名扬、刘丁、高树异、高尔森、陈安等。

武汉大学姚梅镇教授作为广义派的代表,提出"国际经济法已逐渐成为法律研究中的一个新的独立部门"。他主张从实证研究方法的角度将国际经济法界定为独立的法学部门来研究,作为研究对象的国际经济法的法律规范并不局限于某一特定范畴的法律规范。作为国际经济法研究的对象和方法,首先要问的是,客观现实的"问题是什么"而不是"法是什么""法从何出"。② 中国政法大学王名扬教授亦是广义派,不同意美国学者的跨国法观点,认为跨国法是脱离国家的法律,实质上是超国法,这种法律是不存在的。他强调国际经济法以国家经济主权为基础,

---

① 史久镛:《论国际经济法的概念和范围》,载《中国国际法年刊》(1983年),中国对外翻译出版公司1983年版,第359—372页;汪瑄:《略论国际经济法》,载《中国国际法年刊》(1983年),中国对外翻译出版公司1983年版,第393—397页。

② 姚梅镇:《国际经济法是一个独立的法学部门》,载《中国国际法年刊》(1983年),中国对外翻译出版公司1983年版,第373页、第383—385页。

合作与独立是国际经济法的两个支柱,是国际经济新秩序的基本原则。① 吉林大学高树异教授和南开大学高尔森教授都观点鲜明,认为国际经济法既是一个独立的法律部门,也是一个独立的法学体系。②

中国最早出版的《国际经济法》教材的作者、中国人民大学刘丁教授既认为国际经济法构成了一个法律部门,又认为国际经济法学是一个学科。但是刘丁教授指出,这样来说明国际经济法的概念,是初步的、不完备的,它还没有反映国际经济法的全部特点,甚至并没有说明国际经济法最重要的特点。譬如,这个定义没能阐明国际经济法的阶级性、强制力问题。这些问题必须在进一步深入研究的基础上才能作出结论,有待将来的努力。③ 作为刘丁教授的同事,林毓辉教授与刘丁教授基本持有相同的观点,但同时又有所保留。林毓辉教授不同意把属于国际法的规范和属于国内法的涉外经济法律规范都不加区别地归为一类,单独作为一个法律部门的做法。这种不加区别地单独作为一个法律部门的做法,不仅违背了传统的划分法律体系的原则,更重要的是在理论上和实践上都行不通。④

在国内外国际经济法学界具有广泛影响的厦门大学陈安教授没有参与20世纪80年代最初的国际经济法论战,但却是广义的独立派最坚决的捍卫者。陈安教授既认为国际经济法是一个综合性法律部门,又认为国际经济法是一个边缘性、综合性和独立性的法学学科。"用以调整超越一国境界的经济法律关系的国际经济法,确实是一个涉及国际法与国内法、公法与私法、国际商法与各国涉外经济法等多种法律规范的边缘性综合体。它是根据迫切的现实需要'应运而兴'的综合性法律部门;从而国际经济法学乃是一门独立的边缘性法学学科。"⑤

主要研究国内经济法的北京大学杨紫烜教授的观点比较奇特。杨紫烜教授认为国际经济法具有特定的调整对象,因而是一个独立的法的部门(而非综合部门或综合体),与国际公法并列,同属国际法体系。国际经济法不含国内经济法。⑥

---

① 王名扬:《国际经济法是一门独立的学科》,载《中国国际法年刊》(1983年),中国对外翻译出版公司1983年版,第386—392页。
② 高树异主编:《国际经济法总论》,吉林大学出版社1989年版,第25页,第27页;高尔森主编:《国际经济法通论》,法律出版社1998年版,第1—6页。
③ 刘丁:《国际经济法》,中国人民大学出版社1984年版,第24页,第9页。
④ 林毓辉:《国际经济法讲义》,法律出版社2004年版,第5—8页。
⑤ 陈安:《中国特色话语——陈安论国际经济法学》(第一卷),北京大学出版社2018年版,第57页。
⑥ 杨紫烜主编:《国际经济法新论——国际协调论》,北京大学出版社2000年版,第351页、第355—356页。

上述广义派中将国际经济法既视为独立法律部门又视为独立法学学科的观点，或者法律部门和法学部门未详细区分的做法，并未完全获得认可。中国国际经济法学的创建人之一、北京大学芮沐教授曾经指出："国际经济法"的这一名称，不是指国内已有一部现成的名叫"经济法"或"国际经济法"的法律，国际上也没有这样一部叫作"国际经济法"的法律。"国际经济法"，就是世界众多国际组织和国际经济关系中产生的"法"。把这些情况统括起来而称之为"国际经济法"，是出于建立一门法学学科的需要。国际经济法可以在实际规范和学科的双重意义或两个维度上使用。作为实际规范的一个概念，国际经济法指国家间为调整经济关系所用的种种法律规范或类似法律规范的文件，是一种规范体系；作为一门学科，则是指研究国际经济关系、国际经济法（规范）及两者之间的关系的一门学问，是研究国际经济法律规范和国际经济关系中法律问题的学科。① 清华大学车丕照教授在《国际经济法的"法"与"学"》一文中更是提出了"国际经济法有没有自己的法"的"车氏之问"，认为一定程度上存在着"有学无法"和"有法无学"的现象。②

从学科发展传承关系看，中国第二代国际经济法学者基本上延续了上一辈的观点，但体现出新的思考。余劲松教授继承和发展了姚梅镇教授的"独立法学部门"的观点，甚至将其发展为独立法律部门的观点。余劲松教授在其主编的《国际经济法学》（第二版）中这样定义国际经济法："国际经济法是调整国际（或跨国）经济关系的法律规范的总称，它是独立的、综合的法律部门。""国际经济法学是一个新兴的、独立的、综合的法学部门。"③ 后来担任中国最高人民法院副院长、最高人民检察院检察长的曹建明教授1994年亦表示同样的看法："目前，第二种观点已为国内多数学者所接受。国际经济法也已成为独立的法律部门，构成整个法律体系和法学理论体系的重要组成部分。"④ 同样作为"二传手"，曾华群教授在坚持陈安教授独立法律部门和法学学科观点的同时，似乎稍稍后退了一点。在其2020年最新版的《国际经济法导论》（第三版）中，曾华群教授一方面在标题中指出"国际经济法是独立的法律部门"，另一方面在分析论述中却指出"基于以下理由似乎可以主张国际经济法是独立的法律部门"。"似乎可以主张"这样的表述显得有点不

---

① 芮沐：《芮沐文集》，北京大学出版社2020年版，第447—448页、第298页、第342页。
② 车丕照：《国际经济法研究》，法律出版社2015年版，第4—11页。
③ 余劲松主编：《国际经济法学》（第二版），高等教育出版社2019年版，第13页、第3页。
④ 曹建明主编：《国际经济法概论》，法律出版社1994年版，第2页。

是那么确定。①曾华群教授提出的所有理由,可以归结到一点:不能用传统的标准,要用发展的观点看国际经济法。廖益新教授认为,国际经济法是在国际经济现实生活中客观形成的、由各国有关的国内法和国际法规范共同组成、彼此联系和相互作用的法律体系。而国际经济法学则是适应解决各种关系错综复杂的跨国经济法律问题的客观需要,在二战后突破传统的部门法学分科界限的基础上融法学和经济学于一体而形成的一个新的综合性交叉学科。应关注经济主权、经济安全、市场经济法制接轨、科技引起的跨国法律问题。②

在郭寿康、赵秀文主编的《国际经济法》(第五版)教材中,"国际经济法是表现为一国范围内的涉外经济立法、国际公约和国际惯例中的法律规范的总称"。③张乃根教授认为,国际经济法学是以国际经济法为研究对象的新兴法学学科。作为制度范畴的国际经济法是调整以国际商业交易为基础的现代国际经济关系的法律制度,作为学术范畴的国际经济法学是对客观存在的国际经济法律制度进行系统研究,并相对独立于国际公法学和国际私法学的法学理论。④

中国国际经济法的新生代学者,对传统的国际经济法争论提出了自己的更加明确的看法。徐崇利教授认为,人们通用的"国际经济法"这一术语,只能认为其具有"国际经济法学科"或"国际经济法律规范"之意,而不能作"国际经济法法律部门"之解。作为一个独立的综合性"国际经济法"之法律部门并不存在,但以"国际经济法律制度"为研究对象,具体研究各类跨国经济法律规范在调整跨国经济关系过程中所体现出来的特殊性、相互间形成的内部关联性以及与国际社会立法、各国宪法等之间的外部联结性,完全可以成就一个独立的综合性"国际经济法学"之法学学科。⑤王彦志教授从国际经济法学科体系角度,提出了"跨国经济公法"思路。⑥何志鹏教授同样提出公法性国际经济法规范。⑦这些思考都是对传统单独法律部门观的扬弃。

---

① 曾华群:《国际经济法导论》(第三版),法律出版社2020年版,第40—44页。
② 廖益新:《经济全球化与国际经济法学》,载《厦门大学学报(哲学社会科学版)》2000年第3期。
③ 郭寿康、赵秀文主编:《国际经济法》(第五版),中国人民大学出版社2015年版,第20页。
④ 张乃根:《试析国际经济法学的性质》,载《复旦学报(社会科学版)》1999年第2期。
⑤ 参见徐崇利:《国际经济法与国际经济法学》,载《厦门大学学报(哲学版)》1996年第2期;《走出误区的"第三条道路":"跨国经济法"范式》,载《政法论坛》2005年第4期。
⑥ 王彦志:《国际经济法教科书体系的反思与重构》,载《当代法学》2007年第1期。另可参见王彦志:《国际经济法总论:公法原理与裁判方法》,华中科技大学出版社2013年版。
⑦ 何志鹏:《国际经济法的概念反思与体系重构》,载《国际经济法学刊》2006年第4期。另可参见何志鹏:《国际经济法治:全球变革与中国立场》,高等教育出版社2015年版。

1.1.2 对中国国际经济法学者争论的评述

不同的专家有不同的倾向性,代表了特定时空的观点,反映了特定时空的现实。客观地说,每一种观点都有其自身合理之处。这些不同观点是我们认识国际经济法和国际经济法学的起点,而不是作为结论接受的终点。这由中国法律的发展史和国际法的发展史所证明。1979年《中外合资经营企业法》通过时,中国没有合同法、没有公司法、没有劳动法、没有税法,一部短短15个条款的《中外合资经营企业法》几乎需要处理所有的事情,而涉及的所有事项都需要行政审批。1981年通过的《经济合同法》规定合同经过审批才有效。1985年通过的《涉外经济合同法》规定涉外经济合同不需要审批,双方当事人签订就可以生效。1999年《合同法》将原来的《经济合同法》《涉外经济合同法》和《技术合同法》三法合一,并于2020年成为《民法典》的一部分。我们看到,对同一事项在不同的时间点有不同的分类,采取不同的处理方法,相关的法律不断变化。因此,公法和私法的分类,对于理解法律对经济活动的规范很有指导意义,但这种分类是相对的、动态的、地域的,不能将其绝对化、极端化、对立化。公法和私法可以理解为两种调整手段,是调整方法的分类。有些法律可能同时涵盖了这两种方法,有的法律可能专门关注某一种调整方法。但就被调整对象而言,则可能同时受多种法律、多种方法调整。这一结论对国际经济法同样适用。在国际经济法的语境里面,一定要有一个横的、纵的,国际的、国内的,公法的、私法的理解框架。

国际上,中国加入了越来越多的国际条约,既包括像《联合国国际货物销售合同公约》【CISG】这样的调整私法性事项的条约,也包括像《统一国际航空运输某些规则的公约》(《蒙特利尔公约》)这种公法事项和私法事项相结合的公约,还包括像《世界贸易组织协定》这样的纯公法性公约。这些发展,使越来越多的人认识到,调整国际经济关系的法律规范,确实是包括国际法与国内法、公法和私法的综合。国际经济法学将调整国际经济关系的法律规范综合作为一个独立的研究对象,有其必要性,有其独特价值。

以现在的眼光、站在今天的角度,回头看中国改革开放之初中国学者关于国际经济法的讨论,应该说当时的分歧基本上有了答案。从学科角度看,在课程设计、教学管理、学位管理等方面,国际经济法学已经成为与国际公法学、国际私法学并列的学科。从规范角度,国际经济法被认为是包括了国际法与国内法、公法和私法在内的法律规范的总称。就此而言,曾经的狭义派观点因太过狭义而未被接受。狭义说的优点是坚守法律基本原则和标准,区分不同法律体系和规则,区分了公法关系和私法关系,坚守国际公法这一立场;缺点是不适应中国的改革开放现实,未满足当时教学的实际需要,未纳入国内法规范,同时将当时视为圭臬的商业惯例排除在外,在实际效果上否认独立的国际经济法学科的存在,这为那些主张国际经济法学科独立的学者所不能接受。但是,狭义派提出的问题,例如法律性质问题、法律功能问题,迄今仍是国际经济法学初学者疑惑的问题,也是国际经济法学新生代学者致力于解决的问题。

作为一个学科,国际经济法学的研究内容,也与从业者的习惯和配合相关。一些被普遍认为属于国际经济法的内容,如国际货币基金组织协定、世界贸易组织协定,性质上百分之百地也是国际公法的内容,但国际公法学者习惯上却不关注这些,这与将国际公法理解为调整国家间政治关系的传统观念有关。这种情况不仅中国存在,在国际上也存在。国际公法的教材少有谈及世界贸易组织或贸易协定的内容。这种做法也是促使国际经济法学作为一个独立学科存在的原因。试想一下,1842年英国与中国清朝政府签署的《南京条约》、1895年日本政府与清朝政府签署的《马关条约》【Treaty of Shimonoseki 1895】,里边均含有贸易的内容,且主要是贸易的内容。1648年《威斯特伐利亚和约》中恢复贸易是核心条款之一。传统国际公法中对此着墨很少。这主要是从业者的习惯问题,也是缺乏国际经济法这一学科所致。就从业者的配合而言,至少就中国学者而言,在编写国际公法学教材、国际私法学教材、国际经济法学教材时,相关编写者会有一个大体协调与分工。例如,世界贸易组织法的内容放在国际经济法学教材中,国际仲裁的内容越来越放在国际私法学的教材中,尽管这样的安排并不一定符合特定学科的界定。

1.1.3 国际经济法学作为独立学科的正当性

从学科的角度来讲,以特定事物为研究对象就可以成为一个学科。据此,国际经济法作为一个独立的学科是可以存在的。它以调整国际经济关系的法律规范为研究对象,这是其他法律学科所未能涵盖的,确有独特性。

国际经济法可以成为一门独立学科的研究对象,但其本身不必成为一个独立法律部门。一门法学学科的存在,并不必以独立部门法存在为前提。法理学、比较法学即是如此。同时,部门法多在一个体系内使用,如国内法中的民法、刑法构成不同的部门法,国际法中的人权法和环境法构成不同的部门法。国际经济法横跨了国际法和国内法两个不同体系,难以使用普遍意义上的部门法来描述。主张国际经济法是独立部门法或综合部门法的学者也意识到这一点,但却以传统部门法分类标准具有局限性为由而置之不顾。如果国际经济法学适用了一个完全不同于国际法或国内法的法律部门划分标准,这样的标准也很难获得接受,无法促进交流。

划分法律部门通常基于两个标准,一个是调整对象,一个是调整方法。调整对象是基础,调整方法是根本。从某种意义上来说,调整方法更重要,典型的例子是民法、行政法和刑法的区别。根据中国知名法理学学者张文显教授的界定,法律部门指调整同一种类或同一基本方面的社会关系的法律规范的总称,法律体系指由一国现行的全部法律规范按照不同的法律部门分类组合而形成的一个体系化的有机联系的统一整体。张文显教授认为,法律体系只包括现行的国内法和被本国承认的国际法。[①] 从调整对象上说,国际经济法是调整国际经济关系的法律规范的总称,包括了国际法与国内法、公法与私法等法律规范。这表明,调整国际经济关系的规范有多种,国际经济法并没有专属于自己的一种法律规范。从严格的规范意义上讲,将国际公法与国际经济法对立是不妥当的。从调整方法上讲,国际经济法也没有自己的独特调整方法,而是利用相应法律规范的调整方法:或者使用国际法的调整方法,或者使用国内法的调整方法;或者使用行政法的调整方法,或者使用民商法的调整方法,甚至使用刑法的调整方法。从这种意义上说,它也没有一种独立的国际经济法律行为,也没有自己独特的责任制度。

从促进或限制国际经济关系的视角观察,将调整国际经济关系的规范综合起来,看似不相关的规范具有了共同点,国与国之间的关系、经济竞争与合作、影响国际经济关系的因素等等都凸显出来。这些规范的预期目的、功能发挥、相互关系,都成了值得统一研究的主题。环境保护、人权保护、国际投资、国际贸易,原本分散的、看似不相关的议题都具有了内在联系。这一情形正好突出了国际经济法学作为一门独立学科的必要性和正当性,也在一定程度上解释了将国际经济法视为独立法律部门的理由。

因为国际经济法是跨体系、多部门、众渊源的,不可与其他具有实体法对应的法学学科对比,也不可与法理学、比较法学等没有实体法可对应的法学学科相比。以中国民法为例,《民法典》、立法解释、司法解释,虽有效力等级的差异,但都是一个整体,属于同一体系、同一部门法。国际经济法却不然。国际法、国内法、商事惯例不是一个体系,公法和私法不是一个部门。国际经济法具体地调整国际经济

---

① 张文显:《法的概念》,法律出版社 2011 年版,第 192—193 页。

活动,是多种规范在同一活动上汇集,就像人身伤害可能同时引发民法、行政法和刑法的适用从而承担民事责任、行政责任和刑事责任一样。这些不同类型的规范之间关系复杂、多样。如果将国际经济法视为一个独立法律部门,却无自己的专属法律规范,也无自己的专属调整方法,势必造成很大的困惑。

过去一些国际经济法教材习惯上总是将国际经济法与其他法律相比较:国际经济法与国际公法是什么关系,与国际私法是什么关系。这种比较在学科创建初期是可以理解的,其目的是强调建立国际经济法学科的必要性。但是现在看,这种比较的角度、比较的目的、比较的方法有可商榷之处。现有教材的比较目的是想突出国际经济法是一门独立的部门法,但是独立部门法这个结论被质疑后,这样比较的价值也随之降低。事实上,需要比较的是综合性、非单一部门法性。要突出强调为什么有必要将这些不同类型、不同性质的法律规范综合在一起。

可以说,国际经济法是一个多部门法,存在着基于多部门法的多种调整方法,它没有自己的独特的调整方法。但国际经济法作为一个法律学科,以调整国际经济关系的法律规范作为其研究对象,有其独特的不可替代的价值。边沁在分析法律和法规的区别时曾经说过一段话,对于国际经济法而言也是适用的:"'法律'一词,是指一个观念对象,其部分、整体或复合体,或者由部分、整体或复合体混合而成的集合体,通过法规得以展示,而不是指显示这些的法规。"[①]

1.2 国际经济关系的调整

1.2.1 国际经济关系和国际经济活动

按照现在中国通行的定义,国际经济法是调整国际经济关系的法律规范的总

[①] 〔英〕边沁:《道德与立法原理导论》,时殷弘译,商务印书馆 2000 年版,第 370 页。Jeremy Bentham, edited by Burns and Hart, *An Introduction to the Principles of Morals and Legislation*, Methuen, 1982, p. 301. 【By the word Law then, as often as it occurs in the succeeding pages, is meant that ideal object, of which the part, the whole, or the multiple, or an assemblage of parts, wholes, and multiples mixed together, is exhibited by a statute; not the statute which exhibits them.】

和，但对何谓国际经济关系众说纷纭。也正是对国际经济关系的不同理解，包括对国际、对经济关系的不同理解，导致对国际经济法的概念出现广义和狭义的定义分歧。

在中国使用较为广泛的《国际经济法学》教材在国际经济法的定义中，将跨国经济关系视为国际经济关系的替代或并列。① 这实际上包括了一国视角的涉外经济关系。这种观点代表了当前中国国际经济法学者的共识，这有别于中国国际经济法学创立初期的分歧。这进一步意味着，从规范的角度讲，国际经济法既包括了国际法也包括了国内法。

"国际"在这里是一个泛指。既包括国家与国家之间这一含义，也包括跨越一国边境这一含义。由于现实中自由贸易区、单独关税区、关税同盟等的存在，用跨越关境这个表述更准确一些。通常情况下一个国家是一个关税区，这时关境同于国境。特殊情况下，一个国家内部可以存在几个不同的单独关税区，明显的例子是中国。相反的情况是几个国家组成一个关税同盟，组成同盟的成员之间取消了关境，共同组成一个统一关境，这时关境的地域范围大于国境的地域范围。欧盟就是这样的关税同盟。严格意义上说，还存在第三种特殊情形，就是通常所说的国内的自由贸易区【free trade zone】，"境内关外"。中国境内存在的海南自由贸易港、美国法中的自由贸易区，都属于这类情形。另外需要指出的是，《联合国海洋法公约》【United Nations Convention on the Law of the Sea】规定的专属经济区【Economic Exclusive Zone】不同于我们所说的关税区或自由贸易区，专属经济区制度赋予了沿岸国对领海以外的区域某些事项的管辖权。

按上述《国际经济法学》教材提供的定义，"国际经济关系就是人们在物质资料生产过程中在国际领域中结成的相互关系。具体说来，国际经济关系是指在国际贸易（包括货物、服务、技术贸易）、国际投资、国际融资和税收等国际经济活动中形成的关系"②。这是广义的国际经济关系，不仅含有跨国私人当事人之间以等价有偿为基础的横向经济关系，也含有国家对私人的国际经济交易活动进行管理和规制的关系，即纵向关系，以及国家间的经济合作与协调关系，具有多层次性和立体性的特点。③ 这种调整横向、纵向经济关系的观点，基本为中国国际经济法学界

---

① 余劲松主编：《国际经济法学》（第二版），高等教育出版社 2019 年版，第 15 页。
② 同上书，第 13 页。
③ 同上书，第 15—16 页。

所接受。①

国际经济关系,具体指的是国际贸易、国际投资、国际融资和国际税收等国际经济活动中形成的关系。这样,就将国际经济关系和国际经济活动联结起来,通过调整国际经济活动,形成了不同性质的法律关系。国际经济关系指国际经济活动中形成的关系。芮沐教授认为国际经济法规范"调整着国际经济关系中多种多样的经济活动",是"调整国际经济关系的法律规范或类似法律的规范体系"。② 可以认为,国际经济关系与国际经济活动互为表里。

对国际经济活动的理解,可以借用商业活动这个词,commercial activity。常设国际法院在 Oscar Chinn case(1934)这个案子中论述了商业自由权,提及了商业活动:"商业自由,由原则上不受限制的从事任何商业活动的权利构成,无论是否涉及通常所称的交易,即货物的购买和销售,无论是否在一国境内进行,或通过进出口的交换【exchange】与其他国家进行。"③在这里,在 1934 年,商业活动的范围已经非常广泛了,不仅包括货物的购买和销售,还包括任何商业活动,按今天的理解,既包括货物贸易也包括服务贸易,既包括境内的活动,也包括与其他国家的活动。

商业活动业态处于不断发展变化中。联合国、欧盟委员会、经合组织、国际货币基金组织、世界银行联合编制的《国民经济核算体系》【System of National Accounts,SNA】,专门用于统计经济活动,制定了相关标准和分类。它使用了生产活动这一概念。生产活动是企业利用投入生产产出的活动。利用投入生产产出是核心点。经济意义上的生产活动,指由机构单位控制和负责进行的、利用劳动、资本和货物与服务作为投入生产货物或服务产出的活动。这里的机构单位包括自然人和法人,法人里面包括政府。利用劳动、资本、货物或服务作为投入。产出包括

---

① 刘丁:《国际经济法》,中国人民大学出版社 1984 年版,第 4—5 页;曾华群:《国际经济法导论》(第三版),法律出版社 2020 年版,第 1 页,脚注 1。
② 芮沐:《芮沐文集》,北京大学出版社 2020 年版,第 342 页。
③ THE OSCAR CHINN CASE, Permanent Court of International Justice, Series A/B, No. 63, p. 84.【Freedom of trade, as established by the Convention, consists in the right—in principle unrestricted—to engage in any commercial activity, whether it be concerned with trading properly so-called, that is the purchase and sale of goods, or whether it be concerned with industry, and in particular the transport business; or, finally, whether it is carried on inside the country or, by the exchange of imports and exports, with other countries.】

了货物和服务。①

　　大家比较熟悉的是国际经济活动包括国际货物买卖、国际技术转让、国际投资、国际工程承包、国际融资、国际服务贸易等。如果抽象地理解，可以把国际经济活动分成几大类，帮助我们理解国际经济法。政治经济学中常提到生产、分配、消费。基于国际经济活动的历史、现状和发展趋势，可以将其分为研发、生产、流通和消费四类，或者四个环节，每个环节都有相应的国际经济规范来调整。国际货物买卖属于流通环节。研发成果转让，属于国际技术转让。研发、生产、流通、消费，分别对应不同的规则。比如研发，对应着知识产权、技术转让、商业秘密等。一种产品有了知识产权的保护，就享有了法律上的排他权利、财产上的收益、竞争上的优势。生产，对应着产品质量、生产工艺【PPM】、生产流程、劳动条件、环境保护等，不仅涉及最终产品，还涉及生产流程。欧盟以非人道方式捕杀海豹为由，禁止海豹产品进口，就是一个例子。② 流通，对应着产品营销、买卖、运输条件等。进口产品只能通过某一渠道销售、在特定地点以特定条件销售，影响着产品的销售成本和销售机会。消费，对应着产品用户、消费者的产品选择、产品使用，通过消费端影响产品销售。限制用户消费就限制了产品销售。

　　除上述分类外，还可以从产品的形态来分类。产品【product】一词，包括货物和服务。货物有形，能确定长宽高，能够确定所有权。无形的、看不见摸不着的、更侧重过程的，是服务。服务形态多样复杂，难于定义。之前很多服务附着在货物之上，如货物售后服务，如今分类越来越细化。根据《国民经济核算体系》【SNA 2008】给出的定义，服务是改变消费者状态或促进产品或金融资产交换的生产活动的结果。③ 它可分为两类，一类改变形态、改变位置，另一类增值。世界贸易组织《服务贸易总协定》【GATS】中"服务的提供"包括服务的生产、分销、营销、销售和交付。虽然此处没有提及研发，但实际总存在新产品的开发、存在对新产品的

---

　　① 联合国、欧盟委员会、经济合作与发展组织、国际货币基金组织、世界银行：《国民经济核算体系》(2008)，第 6.17 段。European Commission, IMF, OECD, UN, World Bank, System of National Account 2008, New York 2009, paras. 6.10-25.【Production is an activity, carried out under the responsibility, control and management of an institutional unit, that uses inputs of labour, capital, and goods and services to produce outputs of goods and services.】

　　② See European Communities—Measures Prohibiting the Importation and Marketing of Seal Products, WT/DS400/R, WT/DS400/AB/R, WT/DS401/R, WT/DS401/AB/R.

　　③ European Commission, IMF, OECD, UN, World Bank, System of National Account 2008, New York, 2009, para. 6.17.

保护,如一些国家对服务方法的专利保护。由于技术、分工和认识的原因,货物和服务的分类并非十分清晰、固定不变。数字贸易的分类到底归于货物贸易还是服务贸易,或者同时属于二者,目前并无共识。有时货物与服务并非可以截然分开,某些时候可能既涉及货物又涉及服务,既涉及货物规则也涉及服务规则。世界贸易组织上诉机构在处理欧共体香蕉进口体制案中表达了类似的观点。①

1.2.2 对国际经济关系的具体调整

国际经济法是调整国际经济活动的法律规范的总称。"调整"这一表述过于中性化,可以使用"促进"或"限制"来进一步丰富它的内涵,通常所说的自由或管制、提高或降低关税,都是它的表现形式。之所以特别强调促进活动和限制活动这样两个方面,是避免产生一种虚幻的想法,误认为法律规范就是促进国际经济活动进行的。这在今天的国际经济关系中已经体现得非常明显了。逆全球化思潮起来后,各国纷纷基于各种理由强化了限制国际经济活动的措施。一些国家以去风险的名义采取了一系列限制贸易的措施。

促进和限制是一个问题的两个方面,效果上可以体现为好坏、快慢、积极、消极。贸易的自由或管制不能割裂开来。自由贸易或者管制贸易孰好孰坏,要客观辩证地看。每个国家都实施这两种政策。不同时期、不同的人,可能采取不同的政策。客观而言,从历史常态而言,促进和限制是并存的,促进或者限制也并非某一个国家的专利,都是国家利益指导下的产物。促进和限制是一国对待经济活动的两种手段。基于不同的时期、不同的情形、不同的利益、不同的考虑,相应地采取不同的措施。没有一味的自由,没有一味的开放,当然没有一味的闭关自守。历史上,1929—1933年世界经济大萧条,各个国家以邻为壑,造成经济衰退,后来自由贸易促进了经济发展。2020年世界似乎又回到了以邻为壑的情形。

调整可以从为三个方面或维度来理解。

第一,规范市场进出。市场准入和准出,就像闸门开关一样。通常所说的市场壁垒,更形象地表现出了市场准入的特点。数量限制或禁止,更是直接掌控市场开放大门。是否允许、多大程度上允许、多大范围内允许其他国家的人、货物、服务、资本、技术等进入到本国境内,就是市场准入。市场准入不单限于经审批准

---

① European Communities—Regime for the Importation, Sale and Distribution of Bananas,WT/DS27/AB/R,paras. 220-221.

人,原来没有限制进入、进入之后又实施限制或禁止存在,也属于市场准入范畴。类似做法,与开始时直接拒绝市场进入相比,会造成更大的不稳定性、使企业遭受更大的损害。互联网曾经被认为是一个虚拟世界、一个自由世界,但互联网不是法外之地现在已经是普遍共识,网络接入规制成为一种准入限制措施,数据存储要求成为另一种准入限制措施。

与市场准入对应的是市场准出。是否允许、多大程度上允许、多大范围内允许本国的人、货物、服务、资本、技术离开本国境内,就是市场准出。市场准出也包括鼓励和限制两方面。出口补贴、出口退税、出口融资,都是鼓励措施。一些国家采取的产业政策补贴,属于鼓励性措施。限制性措施中,最直接、最常见的规制措施就是出口管制。货物、技术、资本,都可以成为市场准出措施的对象。准出管制,透露着"肥水不流外人田"的思想,担心货物、技术、资本等外流损害自己国家的利益、增强其他国家的利益。稀有资源、高精尖技术和设备,通常都在限制或禁止之列。与准入规制一样,准出规制也是一种国际经济竞争手段,也需要相应的法律来调整规范。

市场准入或准出措施,影响相关产业的利益,也影响消费者的利益,但消费者和相关产业的利益都要受到整个国家利益的制约。每个国家都会实施或维持市场准入或准出措施,尽管采取措施的具体形式、具体理由可能不同,但都是利益权衡的结果,最终都是基于其认定的国家利益。

在考虑市场准入和准出时,是否存在着一些事项是天然或绝对不能准入或准出的?这一问题和国家主权联系在一起。德国和法国分别放弃了自己的货币马克和法郎,与其他国家一起创建了欧元。一些国家直接使用美元作为自己国家的货币。世界贸易组织成员遵循约束关税义务,通过谈判削减关税,而非自己国家单方面规定关税。货币、关税这些原来被认为属于国家主权核心的东西,如今也成为与其他国家合作规制的对象。但这也不意味着相关国家不能退出这样的货币或关税安排。英国脱欧可以作例子。市场准入和准出也是这样,要看到其变化性、动态性的一面。

第二,有关财产权益,包括财产权利和财产保护,包括谁的财产、如何保护。在财产权益这一方面,首先是法律是否认可、认可范围多大,是否提供保护、保护力度多大。商业秘密法律保护的发展是一个很好的例子。传统上专利技术和商业秘密的区别在于是否公开、是否受到专门法的保护。很长的时间内,专利技术通过专利法特别保护，而商业秘密适用侵权法或合同法的一般保护。专利保护是以技术公开为条件，换取国家对技术的排他权保护。商业秘密主要依靠保密来保护，一旦公开、泄露，其商业价值也随之失去。但另一方面，专利技术保护有期限，期限届满后技术进入公共领域；商业秘密保护得好，可以持续上百年。现在《全面与进步跨太平洋伙伴关系协定》(CPTPP)、《美国-墨西哥-加拿大协定》(简称《美墨加协定》或"USMCA")都强化了对商业秘密的保护，挑战了我们的传统认知。另一个例子是欧盟推进的原产地标识的保护。欧盟甚至试图将原产地标识当成商标来保护。商标保护有商标法的具体要求，要有识别特征，防止混淆或淡化，通常还需要申请，商标权人要受到某些限制。原产地标识没有经过这些程序和要求，却要求按商标来保护，这就是它期望的财产权益保护，通过它来扩张利益保护，一方面降低保护成本，另一方面扩大保护权益。欧盟和中国之间达成了相关协议。美国则反对欧盟的这种努力，原因可能在于能够体现原产地标识的产品较少，这种确权保护对美国较为不利。实际上美国也在扩大和强化知识产权的保护，一再延长相关知识产权的保护期，努力推动扩大知识产权保护范围。

财产保护，存在着一个如何保护的问题。在美国诉中国知识产权保护案中，美国指控中国侵犯著作权的刑事责任门槛过高，不利于著作权保护。中国以存在有力的行政执法措施作为抗辩之一。① 实际上，中国知识产权行政执法制度与美国政府有很大关联。1992年中美知识产权谈判时，由于中国当时的司法体系还不能适应强有力的知识产权要求，美国要求先从加强行政执法开始。中国入世后，通过修改相关法律，强化了知识产权的司法保护。

财产权益保护，该不该保护，保护到什么程度，也是一个变化的过程。就具体国家而言，受到具体国情、具体发展阶段的限制。中国对待知识产权的态度非常鲜明地反映了这一问题。中国已经由知识产权保护的被动者转变为知识产权保护的捍卫者、推动者。

第三，市场秩序。美国特朗普政府上台后有一个口号是公平贸易。公平贸易问题实际上是一个市场秩序问题，但市场秩序的范畴应该大于公平贸易。通常所说的公平贸易主要指反倾销、反补贴、环境保护、劳工保护等。但公平贸易这一表述也可以赋予其丰富的内涵和广阔的外延，因而成为一些经济体捍卫其利益的话

---

① See China-Measures Affecting the Protection and Enforcement of Intellectual Property Rights, WT/DS362/R.

语。如何构建市场秩序？比如说反倾销，倾销一般指出口商出口价比国内售价低，出口价格便宜有利于进口国的消费者，但却被冠以不公平之名，根本原因在于低价进口可能损害进口国生产同类产品的国内产业。对国内产业利益的考虑超过了对消费者利益的考虑，而一国的产业基础直接影响到该国的国际竞争力。从出口国角度讲，低价出口或者是为了扩大国外市场，或者为了处理生产过剩，或者为了赚取外汇。站在进口国产业的角度，这就是一个秩序问题。出口补贴也存在类似的问题。还有一个就是国际竞争秩序，即反垄断问题。垄断是市场垄断，基于产品特征，这个市场可大可小，可以局限于国内某个区域，也可以是全球市场。资本的逐利本性诱使着企业赚取更多的垄断利润，市场分割、企业共谋。在全球市场密不可分的经济全球化时代，一国境内的垄断行为可能影响其他国家，境外的垄断行为可能影响境内市场。因此，国际市场竞争秩序成为越来越不能忽视的问题。近些年来，主要经济体强化反垄断执法，与国际、国内市场面临着越来越大的垄断威胁有关。反垄断执法成为保护境内市场秩序的一种有力工具，成为主要经济体之间竞争的护航舰。

1.3 法律规范总称及其相互关系

1.3.1 规范综合的必要性

国际经济活动是基于地域的经济活动，不是具有特定法律性质的单一行为。这就需要多种法律规范来进行调整和规制。国际经济法就是调整国际经济活动的法律规范的总称。但既然已经存在多种规范，为何要将它们综合在一起呢？这样做的意义在哪里呢？对于这样的问题，至少可以从两个方面来考虑，一个是规范间的关系问题，另一个是规范的内容问题。

假设存在 A、B、C 三个国家，分别对应的交易主体有 a、b、c。A 国的 a 和 B 国的 b 进行交易，比如货物买卖、技术许可、国际投资、贷款融资，这些交易无疑受到某些规则的调整。假设 a 和 b 间的交易是货物买卖，调整这一货物买卖的规则是什么呢？是否类似中国《民法典》的东西，还是其他规则？是适用 A 国的法律还是适用 B 国的法律，或者可以适用 C 国的法律？我们假设 b 在 A 国投资设立了企业 Ab，这时候的规则适用有什么不同？如果跨境进行股票发行和上市，又该适用哪些规范呢？现在主权债务危机成为热门话题，债权人是国家、国际组织或私人企业，处理债务机构的规则有什么不同？

就上述对 a 与 b 之间的交易来说，A 国和 B 国政府可能会存在某种或多种形式的管制。这就引出了规制的正当性问题。国家的生存、发展，国家主权与安全，国家之间的竞争关系、经济利益，人或动植物的生命或健康，等等，都可以成为管制的理由。A 国政府和 B 国政府的管制措施可能发生冲突。如何解决因为这类规制而产生的争端？发起世贸组织的争端解决程序是一种解决方式，但世贸组织争端解决机制能否提供有效救济已充满疑问。两国之间进行协调也是一种办法，但通过什么方式协调？协调的依据和标准又是什么？

在国际经济交易当中，从法律规范的角度来讲，会有许许多多的规范。需要国内民商法、经济法、行政法等国内法规范，也需要包括国际条约和习惯国际法的国际法规范。上述示例中，除了 A 和 B 两国之外还有 C 国这个第三国，A、B 之间达成的国际条约是否损害了 C 国的利益？是不是歧视 C 国？《美墨加协定》中针对所谓非市场经济国家的"毒丸"条款，虽然形式上是美国、墨西哥和加拿大三个缔约方的约定，但针对对象却是第三国，损害了第三国的利益。

国际经济活动首先是营业地在不同经济体的企业间的经济活动。这些经济活动的当事人之间受到某种法律规范的调整，通常首先是国内民商法性质的法律规范，调整平等主体间的法律关系。同时，这些经济活动受到国家监管、控制，因而又受到国家管制法的规范。这类国家管制法实际上就是法学研究中通常所指的"公法"，包括行使政府职责的相关法律，如行政法、经济法、税法、刑法等，也包括宪法。如果在一国境内解决国际经济活动争端，诉讼、仲裁等法律也必须包括在内。就重要性和限制自由而言，国家管制法是最重要的法律。进出市场、交易条件，都受到管制法的严格约束。由于国际经济活动的双向性，一国进口、他国出口，一国对外投资、他国接受投资，一国贷款、他国借款等，一国对国际经济活动的管制可能且必然会引起相关国家间的矛盾或争端。国家间通过实践，通过协议、条约，发展出了调整国际关系的国际法。非歧视、市场准入、经济制裁等事项，需要国际条约来予以调整、规范。因而，国际经济活动离不开国际条约、国家实践。

调整国际经济活动的另一种规范,是国际贸易惯例。国际贸易惯例是经过长期实践形成的为国际贸易从业者所惯常遵循的没有法定约束力的一种规范。《国际贸易术语解释通则》《跟单信用证统一惯例》就是这样的规范。这类规范本身虽然没有法律上的约束力,但经过当事人的援引,将其纳入合同条款中,则成为合同条款的一部分。

综上,我们看到,调整国际经济活动的规范包括了国际法、国内法和国际贸易惯例这三大类规则,每一种规则的性质都不同。由于平等主体间的交易条件通常可以自由协商,而国际法一般并不直接适用于私主体之间的交易,国内法的作用得以凸显。国内法是调整国际经济活动最重要、最直接的法律。国际法是不同于国内法的独立体系。国际经济法律规范横跨国际法和国内法两大体系,国内法涉及行政法、经济法、民商法、诉讼法等多个部门法,加之还存在国际贸易惯例,因而我们说,国际经济法是跨法系、多部门、众渊源的。如果我们仅从单一类型的法律规范去考虑,就无法充分掌握调整国际经济关系的法律规范的全貌。

回头想想我们一开始提出的那个问题,即中国政府购买美国国债的问题,我们需要基于不同情形去识别相应的法律关系。[①] 面对国际经济活动,面对国际经济交易问题,从法律角度讲,我们需要去判定它是公法问题还是私法问题,是国内法问题还是国际法问题,是私主体还是公主体,或者说私主体是否行使了公权力,需要基于国际公法的国家责任原则认定。调整国际经济活动的法,即国际经济法,调整不同情形的活动、不同类型的法律关系需要按照不同的部门法来解决,因而必然是多部门法的综合。严格意义上讲,国际经济法调整跨国经济活动,可能存在民事、行政和刑事这三种法律责任,可能存在国际法上的责任。

詹宁斯在其修订的《奥本海国际法》(第九版)的一开始就指出,国际法可分为普遍国际法、一般国际法和特殊国际法。"对于一切国家有拘束力的那一部分国际法,以及很大部分的习惯法,可以被称为普遍国际法,以别于只对两个或少数国家有拘束力的特殊国际法。一般国际法是对于很多国家有拘束力的国际法。一般国际法,例如,有广泛但非普遍拘束力并确立适宜于普遍适用的规则的某些条约

[①] 参见车丕照:《国际经济法中的识别问题》,载《暨南学报》2007年第4期;车丕照:《国际经济法研究》,法律出版社2015年版,第12—25页。

规定,就有成为普遍国际法的趋势。"①詹宁斯对国际法的上述表述,引申出来,也可以适用到国际经济法。一方面,国际公法的那些普遍性规则,也同样适用于国际经济法;但不同主体签署的国际条约需要具体分析,并非都是普遍法规则。另一方面,各国调整其国际经济关系的规范是不同的。除了共同适用的规范外,还有特殊的规范,如双边条约的约定和本国法的规定。2017年《国际法是国际的吗?》一书出版②,引起关注,原因亦在于对国际法规范类型和普遍约束力的进一步反思。从国内立法模式来讲,各国亦有不同,有涉外和非涉外之分。中国在一段时间里将涉外和非涉外分得非常清楚,但是现在越来越朝着统一的方向发展。在立法模式上,除了统一式和涉外式,还有制定法和判例法的差别。中国是成文法国家,美国等一些国家是判例法国家。每个国家或经济体各有特点。这些都是理解国际经济法时要注意的。

1.3.2 诸种规范间的相互关系

国际经济法的规范之间的相互关系可以分成国际法、国内法和惯例之间,内外、左右、上下、前后四种关系。

内外关系,主要指国内和国际两个层面,在国际层面是一个什么关系,在国内层面是一个什么关系,国际法在国内法院具有什么地位,国内法在国际性审判庭具有什么地位。前后关系,主要指后法是否优于前法,在后制定的国内法是否优于国际条约,在后缔结的国际条约是否优于国内法,如何体现遵循国际义务。从这个角度而言,国际条约和国内法的关系不是固定的。这个问题在有些国家特别是美国非常重要。美国已故的约翰·杰克逊教授在其撰写的《世界贸易体制》一

---

① 《奥本海国际法》(第一卷第一分册)(第9版),詹宁斯、瓦茨修订,王铁崖等译,中国大百科全书出版社1995年版,第3页。Sir Robert Jennings and Sir Arthur Watts (edited), *Oppenheim's International Law*, 9th Edition, Volume I, PART 1, Longman, 1996, p. 4, footnotes omitted.【That part of international law that is binding on all states, as is far the greater part of customary law, may be called universal international law, in contradistinction to particular international law which is binding on two or a few states only. General international law is that which is binding upon a great many states. General international law, such as provisions of certain treaties which are widely, but not universally, binding and which establish rules appropriate for universal application, has a tendency to become universal international law.】

② Anthea Roberts, *Is International Law International?* Oxford University Press, 2017.

书,花了很大的篇幅在说国际条约和美国法的关系。① 就前后关系而言,一般原则是新法优于旧法、法不溯及既往,但也存在着溯及既往的立法,例如美国有关外国投资安全审查的法律、美国对非市场经济体征收反补贴的法律。② 在国内法与国际条约的关系上,先后关系产生的问题可能更大,它涉及是否遵循既有国际义务的问题。左右关系,主要指类型相同但主要议题不同的规范间的关系,比方说贸易法和环境法的关系。左右关系,从条约角度来讲,就是这个条约和那个条约的关系;就特定国家而言,左右关系既可以表现为民法、行政法或刑法之间的关系,也可以表现为负责不同议题的不同政府机关的关系。上下关系,主要指不同层级的规范间的关系。一般而言,在一国法律体系内,宪法至高无上,其次是法律,再次是行政法规和规章。在普通法系国家,还存在法院判例。不论是大陆法系还是普通法系,国内法律体系中各种规则间的关系是比较明确的。涉及国内法与国际条约的关系,问题就比较复杂,在内容、效力、作用方式等诸方面都不存在单一的处理模式。这一问题也涉及国内国家机关内部权限划分问题。

在中国,国内法与国际法的关系问题并不非常明确。国内法的立法实践体现出一种暂时搁置国内法与国际条约关系问题的倾向。这不是说国内法和国际法的关系问题不重要,恰恰相反,因为太重要,对这个问题的认识还不成熟,就暂时先放放,先不规定,先不表态,在实践当中去摸索。这也是一种解决问题的思路,不是贸然像有些学者提议的那样直接规定国际条约优先于国内法。即使是美国、荷兰这类直接规定国际条约效力的国家,真正有意义的是条约审批程序,换句话说是内容过滤程序。通过条约审批程序,条约中跟宪法价值、国内法秩序相矛盾、不匹配的地方,可以通过保留的方式予以排除,或者通过国内实施立法排除国际条约在国内法的适用。由于立法机关已经作出选择或采取措施,实际上国内法律秩序中不存在国际条约和国内法的直接冲突。在法律实际适用层面,国内法律体系

---

① 〔美〕约翰·杰克逊:《世界贸易体制——国际经济关系的法律与政策》,张乃根译,复旦大学出版社2001年版;John H. Jackson, *Law and Policy of International Economic Relations*, 2nd edition, The MIT Press, 1997.

② To apply the countervailing duty provisions of the Tariff Act of 1930 to nonmarket economy countries, and for other purposes, Public Law 112-99, 13 March 2012;19 USC 1671(2021); Foreign Investment Risk Review Modernization Act of 2018(FIRRMA)—John S. McCain National Defense Authorization Act for Fiscal Year 2019, Public Law 115-232, div. A, Title XVII Review of Foreign Investment and Export Controls, Sec. 1718. Actions by the Committee to address national security risks, August 13, 2018;50 USC § 4565(b)(1)(D)(2021).

中通常也存在着国际法与国内法不相抵触的推定。① 美国是一个联邦制国家,联邦政府仅享有宪法列举的权力。联邦政府是否可以通过国际协定的方式涉及属于州政府权限内的事项呢?这就不是一个简单的形式上的哪一个高哪一个低的问题。美国学者写的《条约至上的死亡》这本书,分析了美国宪法上条约至上条款的发展变化。②

国际经济法所涵盖的法律规范多种多样,国内国际、公法私法都有。多,意味着不统一,意味着摩擦和矛盾。国际经济法从调整国际经济关系这一切入点,展现了不同于个别法或单行法提供的画卷。国际经济法学以全景式的视角,统筹了国内与国际两个领域,以公和私两种方法,深入探讨国际经济法的深度和广度,其所知、所感、所惑皆异于单一部门法学,这可能也是国际经济法学存在和发展的原因之一。

---

① 《奥本海国际法》(第一卷第一分册)(第 9 版),詹宁斯、瓦茨修订,王铁崖等译,中国大百科全书出版社 1995 年版,第 46 页;Sir Robert Jennings and Sir Arthur Watts (edited), *Oppenheim's International Law*, 9th Edition, Volume I, PART 1, Longman, 1996, p.82.
② David L. Sloss, *The Death of Treaty Supremacy: An Invisible Constitutional Change*, Oxford University Press, 2016.

2 国际经济法的主体

2.1 国际经济法主体的界定
2.2 以国家为基本主体的公主体
2.3 国际经济法的私主体

2.1 国际经济法主体的界定

2.1.1 国际经济法的多个主体

主体一词可以有不同的表述。简单地说，主体是某种活动的参与者。在我们的法律语境下，主体指某一法律关系的当事人，某一法律关系的权利享有者和义务承担者。"凡是法律关系的主体，都应具有能够依法享有权利和履行义务的法律资格，即权利能力；具有权利能力的人要独立享有权利、行使权利、履行义务，还必须具有行为能力。"①什么样的人可以成为什么样的法律关系的主体，取决于相关法律制度。不同法律、不同法律制度和法律体系下，法律关系的主体也不一样。由于我们界定的国际经济法调整国际经济关系，涉及多种国际经济活动，涵盖多种法律规范，形成了横纵、内外多种法律关系，国际经济法的主体也必然是多样的。

抽象地说，在法律关系中，权利和义务是相互的、对等的，享有权利的同时也承担义务，反之亦然。但在特定法律关系中，不同主体间的权利义务可能是不对等的，在不同事项方面享有不同的权利、承担不同的义务。例如，行政法主体之间的权利义务关系，不同于民法主体之间的权利义务关系；同时，实体性法律关系不同于程序性法律关系。

我们现在界定的主体，指国际经济活动的参与者，是法律关系的主体，是权利义务的承担者。如果按照这个广义的界定标准去认定，就会存在很多国际经济法的主体，包括国家、国际组织、自然人或法人。就这些主体而言，还可以再进一步区分。从国家、自然或法人相互之间的关系看，存在着横向关系和纵向关系之别。自然人或法人之间的关系是横向关系，相关的主体可以说是交易主体；国家对经

---

① 张文显:《法的概念》,法律出版社 2011 年版,第 262 页。

济活动的监管或规制关系是纵向关系,国家是规制主体,经营者是被规制主体。国家与国家之间的关系又是横向关系,国家之间因规制问题产生冲突,需要彼此协调。

国际经济法语境下的法律关系不只是一种法律关系:有国内法律关系,有国际或涉外法律关系;有实体性法律关系,有程序性法律关系;有公法法律关系,有私法法律关系。就国内法律关系而言,每一项法律都有其独特的立法目的、规范对象和调整手段,可以概括为宪法或宪法性法律、民法、行政法、刑法、诉讼仲裁程序法等几大类型,由此产生的法律关系及法律主体是不同的。宪法是具有最高效力的国家根本大法,规定一国的基本政治制度、机构设置及基本权利等,其主体主要是国家及其机关和公民,也包括政党、阶级、民族等。[①] 民法、行政法、刑法,就其共同点而言,都是调整人身和财产关系的法律,都是国家法律制度安排的一部分或者一个方面,但调整手段不同。民法,或私法,授权当事人依照法律规定,在遵守强制性法律的前提下,自主调整当事人彼此之间的关系,国家机构并不主动干预,如果当事人之间产生争议,可提交法院或仲裁机构裁判,法院或仲裁机构处理争议基于当事人的申请,其作用是被动的。在民法这一制度框架下,法律关系的主体就是这一关系的当事人,是民事主体。根据中国《民法典》,民法调整平等主体的自然人、法人和非法人组织之间的人身关系和财产关系;主体是民事主体,法人包括营利法人、非营利法人和特别法人,而特别法人包括机关法人。[②] 中国《民法典》中的这些规定,基本上适用于从事商业活动的自然人、公司或其他组织,我们可以一般性地称为私主体。行政法和刑法都是保护财产和人身权利的,但与民法不同,是从国家机关的角度,保护合法权益、维护公共利益和社会秩序,因而属于公法的一部分,其运作方式主要是对自然人或法人权益的干预或限制。行政法侧重规范行政机关依法行使权力,刑法侧重惩罚犯罪。在法律关系上,行政法表现为行政主体和行政相对人,刑法表现为司法主体和犯罪嫌疑人或犯罪分子。国家对国际经济活动的规制,主要通过行政措施,并辅之以刑事处罚,主体表现为各类国家机关和经济活动行为人。

不同国家的自然人、法人等进行跨境经济活动,成为国际经济法的交易主体。对国际经济关系的调整,涉及国家与国家之间的关系,并进一步涉及国家与政府

---

① 张文显:《法的概念》,法律出版社2011年版,第263—264页。
② 《民法典》第2—4条,第96—97条。

间国际组织的关系,例如外交关系、领事关系、条约关系等。俄乌冲突发生后,美国等国家单方中止了俄罗斯在世界贸易组织框架下的最惠国待遇①,是国家间歧视或非歧视待遇关系的一例。国际公法框架下的法律关系,其主体一般认为包括国家及政府间国际组织。自然人或法人可否成为国际法的主体,目前无论是在中国国内还是国际上都未形成相对统一的认识。② 但如上所述,在国际经济法框架下,法律规范是综合的,国际经济关系是多重的,涵盖了跨境商业活动,自然人或法人是这些活动的参与者,因而是国际经济法的主体。在程序性法律关系中,主要包括诉讼和仲裁,诉讼或仲裁当事人、法官或仲裁员、检控机构或律师等,都可以成为当事人;在这一意义上,自然人或法人无疑可以成为一方主体。

这些主体中,可以再分为基本主体和衍生主体。广义看,国家是国际经济关系或国际经济活动的主要主体和基本主体,一定意义上说,其他主体都是衍生的,都通过国家赋予其权利和义务。相对于国家的全面性而言,其他衍生主体都是有限主体。自然人无疑是商事交易主体,是民商法意义上的主体,自然人能否成为国际法的主体虽然存在着争议性,但在某些特定的情形下(主要是人权法、人道法领域)享有一定的权利、承担一定的义务。就商事交易关系而言,自然人或法人毫无疑问是基本主体;就规制而言,国家是基本主体。由此延伸,在国际法领域,国家是基本主体,政府间国际组织是衍生主体。这些主体的作用差别很大。就国家这一基本主体而言,它是法律规范的制定者、适用者、执行者、裁判者,在不同的环节或阶段发挥作用。

政府间国际组织是国家基于协定而建立的,建立在国家意志基础之上,相关国家通过国际组织来处理它们之间的相关关系。政府间国际组织不是超国家的,即使欧盟这样联系紧密的国家联合体也不是。英国退出欧盟可以佐证这一点。联合国也不是超国家的,不能脱离国家特别是不能脱离安全理事会成员国作出决策。世界贸易组织更是一个成员集体管理的、对于争端不诉不理的政府间贸易组织。世界贸易组织对中美贸易冲突不能作出任何干预,除非这两个成员提起争端解决程序,但申诉方起诉后亦可以撤销起诉。中国诉欧盟关于《中国入世议定书》第15

---

① See Suspending Normal Trade Relations with Russia and Belarus Act,Public Law 117-110,H. R. 7108,April 8,2022.
② 参见江国青主编:《国际公法学》(第三版),高等教育出版社2022年版,第114—127页。

条非市场经济国家条款的案件,中国最后中止、终止了程序。[①]

概括一下,由于国际经济法涉及不同的法律关系,就可能存在不同的法律主体,既包括国家,也包括类似国家的组织,还包括自然人和公司。从横纵两个角度来讲,有经营活动的直接交易主体,也有经营活动的监管主体。而从监管的角度来讲,它包括了立法、执法和用法(争端解决)三个层面。

2.1.2 公主体与私主体

在国际经济法的诸多主体中,我们可以按照规制与被规制的关系将其分为两大类,这就是公主体和私主体。国家及各类国家机关,以及由此衍生出的政府间国际组织,我们称之为公主体。自然人、法人或其他经济组织、非政府组织等,我们称之为私主体。

公主体和私主体分类的意义在于,公主体拥有基于国家强制力的监管权力、权利、措施和手段,是国家制度的具体体现者、代表者,是立法者、执法者和裁判者;私主体必须遵循国家强制性法律的规定,并可在遵循国家强制性法律的前提下,在国家法律的授权范围内和国家法律的保护下,自主地从事经济活动。公主体和私主体的这种不同地位和作用,从国家这一政治共同体诞生时起就已经确立了,这一分类大体相当于霍布斯所述的主权者和臣民的分类。无论国家采取哪一种政体,监管者和被监管者这一基本分类都存在。

这一分类的重要性还在于,国际经济法调整的国际经济活动,是跨越国境的经济活动,换言之,是跨越不同政治体领土的经济活动,国家的领土属性、领土主权这一特点得到凸显。跨境经济活动,与纯粹一国境内的经济活动相比,受到了更多的基于领土管辖的规制,例如进出海关、货物或资本的市场准入、进出口管制等。2020年全球暴发新冠疫情,各国都纷纷采取了"闭关锁国"的防护措施,导致国际经济活动受到极大的影响。所有这些规制措施,都是公主体采取的。在监管政策方面,除了正当程序方面的救济外,私主体几乎没有对抗公主体的权力和能力。基于领土的规制不仅意味着有形货物进出的限制或禁止,在当代还意味着无形数据信息的进口、传播或禁止。美国、欧盟、中国等关于数据进

[①] See European Union—Measures Related to Price Comparison Methodologies, WT/DS516. As the panel had not been requested to resume its work, pursuant to Article 12.12 of the DSU, the authority for establishment of the panel lapsed as of 15 June 2020.

出境方面的方法和措施,反映了公主体不断扩大的权力和对私主体事务的进一步干预;反映在国与国之间的经济关系上,是基于不同利益、价值等的竞争或对抗。正如哈佛大学法学院戴维·肯尼迪教授的一本著作的名称所说的,这个世界是斗争的世界。①

公主体和私主体的权利义务性质不同。国际条约是调整国际经济关系的重要法律依据。国际条约是国家签订的协议,通常约定了签署方之间的权利义务,包括签署方如何对待自己境内或对方境内的私人(自然人或公司)的问题。这样的规定通常不涉及私人与签署方之间直接的权利义务关系。② 在世界贸易组织争端解决机构受理的洪都拉斯、多米尼加共和国政府诉澳大利亚政府香烟包装案中,申诉方指控澳大利亚政府的措施损害了烟草公司的知识产权,上诉机构以世界贸易组织《与贸易有关的知识产权协定》未赋予私人直接权利为由,未支持申诉方的这一申诉。③ 欧盟法院认定,即使欧盟相关立法与世界贸易组织规则不符,经营者也不能在国内法院对相关立法提起诉求。④ 有些国际条约直接调整私人权利,如《联合国国际货物销售合同公约》,虽由政府谈判签署,但公约本身规定其内容可由合同当事人选用、更改或排除。这类条约需要特别注意,本质上条约的内容也是国家意志的结果。

一定程度上,自然人、法人或其他经济组织,更关注自己的利益,而公主体作为公共利益的代表,更关注公共利益。从这一角度讲,私主体与公主体之间永远存在着矛盾。但政府公务人员也可能为了私人利益而损害公共利益,损害国际经济关系。这正是一系列自由贸易协定和其他相关公约越来越将反腐败纳入规制对象的原因。

---

① See David Kennedy, *A World of Struggle: How Power, Law and Expertise Shape Global Political Economy*, Princeton University Press, 2016.
② See USMCA, Article 31.21: Private Rights: No Party shall provide for a right of action under its law against another Party on the ground that a measure of that other Party is inconsistent with this Agreement.
③ Australia—Certain Measures Concerning Trademarks, Geographical Indications and Other Plain Packaging Requirements Applicable to Tobacco Products and Packaging, WT/DS435/AB/R, WT/DS441/AB/R, adopted on 29 June 2020.
④ Case C-377/02, Van Parys [2005] ECR I-01465, para. 54.【An operator cannot plead before a court of a Member State that Community legislation is incompatible with certain WTO rules, even if the DSB has stated that that legislation is incompatible with those rules.】

2.2 以国家为基本主体的公主体

2.2.1 国家作为主体的特点

概括地说,国际经济法的主体包括两大类,一类是以国家为主的公主体,一类是自然人或法人等构成的私主体。国家的角色和职能是多元的。在国际经济法语境下,国家可能是双重主体:一个是规制主体,一个就是交易主体。这一特点将国际经济法区别于其他的部门法。在其他部门法中,主体的身份是确定的、不变的。国内法中除宪法外,其他部门法以特定的手段调整特定的法律关系,相当于只选取了事物的一个侧面、一个平面、一个问题来解决,而且更多的是国内视角。比如,在国内行政法中,行政机关与行政相对人是对立的,而且彼此的身份是固定的。而站在国和国之间的角度上,一国的行政机关和该国的人民是一体的,共同对应着另一国家。这可以从美国对俄罗斯实施经济制裁、企业被迫或主动退出俄罗斯这样的事实得到证明。[①] 不同的视角有不同的认知。人民和政府可能是一个内在对立统一的辩证关系。这也显示了国际经济法学的价值。国际经济法的视角是纵横交叉、立体的、多元的。

作为公主体,国家制定法律、执行法律、适用法律,是诸位一体。清华大学车丕照教授认为,国家作为国际经济法律秩序主体,具有双重身份,即法律适用主体和法律制定主体。[②] 在这个意义上国家当然也包括了法院。由此引起的一个相关问题是,对仲裁机构的性质也要全面地辩证地看。在中国,在中央一级和地方多级存在着众多的仲裁委员会。在仲裁制度的演变史上,仲裁委员会曾经是政府部门的附属部门,后来演变成独立的社会机构。

---

① See Yale School of Management, Over 1,000 Companies Have Curtailed Operations in Russia—But Some Remain, https://som.yale.edu/story/2022/over-1000-companies-have-curtailed-operations-russia-some-remain, last visited August 8, 2023.

② 参见车丕照:《法学视野下的国际经济秩序》,清华大学出版社2021年版,第43—44页。

马克斯·韦伯有一个从社会学上对国家的定义——国家是暴力的垄断者。① 道格拉斯·诺斯提出过国家悖论的思想：国家既是经济的推动者，又是经济衰落的作者。"国家的存在对于经济增长来说是必不可少的；但是国家又是人为的经济衰退的根源。"②他提出的观点挺有意思。国家规定着产权结构；国家是一种在行使暴力上有比较利益的组织，产权的实质是排他的权力，而一个享有行使暴力的比较利益的组织便处于规定和强制实施产权的地位。③ 回顾一下国家的历史，观察一下现有的国家，在国内，国家以强制力为基础通过征收捐税来获得好处；国际上，国家通过强制力实施经济制裁。美国制裁伊朗，极大地影响到了伊朗和其他国家及其企业的利益。而这些主要是基于美国的强制力以维护美国的安全和价值进行的。美国政府采取的这些措施实际上也损害了美国公司和消费者的利益，但在地缘政治的大背景下，美国政府与美国公司的利益就实现了某种平衡或妥协。这正如美国财政部长耶伦2023年4月所言："即使我们的针对性措施可能产生经济影响，其动机完全出于对我们安全和价值的关注。"④

国家这一主体需要特别的考虑。作为规则的制定者、规则的适用者、规则的解释者，国家主体非常明显地、根本性地区别于私人主体。在一个民事合同中，双方当事人作为私人主体，按照相互的需要约定了合同条款。一旦合同双方当事人对合同条款的含义产生了分歧，任何一方当事人的解释都不能代替法官的解释，因为国家制度决定了当事人是一个被裁决的对象，当事人必须服从法官的判决，否则可能面临来自国家和政府的一系列惩罚。但是，到了国际层面，国家

---

① Max Weber, *The Vocation Lectures*, edited and with an Introduction by David Owen and Tracy B. Strong, Hackett Publishing Company, 2004, p. 33.

② 〔美〕道格拉斯·C. 诺斯：《经济史上的结构和变革》，厉以平译，商务印书馆1992年版（2013年重印），第25页。Douglass Ceil North, *Structure and Change in Economic History*, W. W. Norton & Company, Inc., 1981, p. 20.【The existence of a state is essential for economic growth; the state, however, is the source of man-made economic decline.】

③ 〔美〕道格拉斯·C. 诺斯：《经济史上的结构和变革》，厉以平译，商务印书馆1992年版（2013年重印），第21页、第26页；Douglass Ceil North, *Structure and Change in Economic History*, W. W. Norton & Company, Inc., 1981, pp. 17, 21.【A theory of the state is essential because it is the state that specifies the property rights structure. A state is an organization with a comparative advantage in violence, the essence of property rights is the right to exclude, and an organization which has a comparative advantage in violence is in the position to specify and enforce property rights.】

④ Remarks by Secretary of Treasure Janet L. Yellen on the U. S. —China Economic Relationship at Johns Hopkins School of Advanced International Studies, April 20, 2023, https://home.treasury.gov/news/press-releases/jy1425, last visited August 8, 2023.【Even as our targeted actions may have economic impacts, they are motivated solely by our concerns about our security and values.】

按其意志签订了一个条约,如果在履约过程产生了分歧,可能会提交一个合适的裁判机构作出判决,但这样的判决通常是靠国家自愿执行的,如果没有执行裁决,通常也不会受到外部机构的惩罚。这种情形在贸易投资领域更是如此。我们在新闻报道中不时听到主权债务减免的消息。所以说,国家既是裁判员又是运动员。此外,国际社会中,无国内法中的所谓三权分立问题,但也涉及立法、执法和司法三个过程,国家在立法、执法和司法当中承担不同的角色,在不同过程中发挥不同的作用。

国家是人类文明发展的产物。某种意义上可以说,国家利益高于一切,其他的利益或价值都要为国家让道,作出牺牲。在西方历史上,曾经出现过教皇至上的时期。随着宗教改革、文艺复兴,实现了政教分离,出现了近现代意义上的国家。国家替代宗教,成为至高无上的东西。虽说哲学家主张人应当是目的而不是手段,但在国家面前,为了捍卫国家安全、利益或尊严,无数仁人志士作出牺牲,在这一意义上,人也可能成为手段。人无疑是国家的主人,国家为人而存在,但人又作为政治的人、社会的人而存在,这正是契约论者论证国家产生和存在的原因。按照国家是矛盾的产物、其产生是为了调解矛盾这种理论,国家也是作为矛盾的终结者出现的,与此同时又引发了新的矛盾。即便人权这一当代备受尊崇的事物,作为一个法律概念或法律权利,也只有在国家法律制度当中才存在,在国家订立的国际法律制度中才存在。人有多种需求。黑格尔、恩格斯在考察了人类历史之后,最后的落脚点都是国家。自由贸易也是相对于国家无管制而言的,而国家管制与否,都是国家制度安排的结果。

国家利益、国家安全,都是"高大上"的字眼。国家甚至可以说是人间至圣物。人类文明发展到现在,没有比国家更神圣的东西了。从某种意义上来说,国家可以为所欲为,可以通过变更法律实现它的目的。国有化或私有化是一个非常有说服力的例子。20世纪初期苏俄采取国有化、90年代实施私有化,英国20世纪40年代前后实施国有化、80年代实施私有化,中国20世纪中叶采取国有化、90年代始开始建立社会主义市场经济允许私有企业存在。这些私有制和公有制问题,表面上是产权问题,更深层次上反映了国家意志的变化。

国家的作用在于保护。霍布斯将主权者的职责描述为为人民求安全。这里的安全不仅是保全性命,也包括每个人通过合法的劳动、在不危害国家的条件下可以获得的生活上的一切其他的满足。① 亚当·斯密的《国富论》提到了一个"自然自由制度":"按照自然自由的制度,君主只有三个应尽的义务……第一,保护社会,使不受其他独立社会的侵犯。第二,尽可能保护社会上各个人,使不受社会上任何其他人的侵害或压迫,这就是说,要设立严正的司法机关。第三,建设并维持某些公共事业及某些公共设施(其建设与维持绝不是为着任何个人或任何少数人的利益),这种事业与设施,在由大社会经营时,其利润常能补偿所费而有余,但若由个人或少数人经营,就绝不能补偿所费。"② 美国学者罗伯特·诺奇克提出了"最低限度国家"这一概念。"我们关于国家的主要结论是:能够得到证明的是一种最低限度的国家,其功能仅限于保护人们免于暴力、偷窃、欺诈以及强制履行契约等等;任何更多功能的国家都会侵犯人们的权利,都会强迫人们去做某些事情,从而也都无法得到证明;这种最低限度的国家既是令人鼓舞的,也是正当的。有两点值得注意:国家不可以使用强制手段迫使某些公民援助其他公民,也不可以使用强制手段禁止人们追求自己的利益和自我保护。"③ 前述道格拉斯·诺斯除了提出国家悖论之外,他还提出了或者开启了经济学的另外一个路径,就是制度主义。实际上我们看到,研究经济学的人一般从假设入手,但是几乎不假设国家的存在,而国家作为制度对交易者的行为具有重要的甚至是决定性的影响。看待国际经济

---

① 〔英〕霍布斯:《利维坦》,黎思复、黎廷弼译,商务印书馆 1985 年版,第 260—261 页;Thomas Hobbes, *Leviathan*, Oxford University Press, 1998, p. 222.【But by safety here, is not meant a bare preservation, but also all other contentments of life, which every man by lawful industry, without danger, or hurt to the commonwealth, shall acquire to himself.】

② 〔英〕亚当·斯密:《国富论》(一卷本),郭大力、王亚南译,商务印书馆 2015 年版,第 657 页;Adam Smith, *An Inquiry Into the Nature and Causes of the Wealth of Nations*, Encyclopedia Britannica, 1952, p. 300.【According to the system of natural liberty, the sovereign has only three duties to attend to; three duties of great importance, indeed, but plain and intelligible to common understandings: first, the duty of protecting the society from violence and invasion of other independent societies; secondly, the duty of protecting, as far as possible, every member of the society from the injustice or oppression of every other member of it, or the duty of establishing an exact administration of justice; and, thirdly, the duty of erecting and maintaining certain public works and certain public institutions which it can never be for the interest of any individual, or small number of individuals, to erect and maintain; because the profit could never repay the expense to any individual or small number of individuals, though it may frequently do much more than repay it to a great society.】

③ 〔美〕罗伯特·诺奇克:《无政府,国家和乌托邦》,姚大志译,中国社会科学出版社 2008 年版,第 1 页;Robert Nozick, *Anarchy, State and Utopia*, Willey-Blackwell, 2001, p. 1.【Our main conclusions about the state are that a minimal state, limited to the narrow functions of protection against force, theft, fraud, enforcement of contracts, and so on, is justified; that any more extensive state will violate persons'rights not to be forced to do certain things, and is unjustified; and that the minimal state is inspiring as well as right. Two noteworthy implications are that the state may not use its coercive apparatus for the purpose of getting some citizens to aid others, or in order to prohibit activities to people for their own good or protection.】

关系,理解国际经济法的主体,必须要重视国家制度。

在国内法律体系中,国家主权至高无上,就产生了国家是否承担责任的问题。实际上,即使像中国古代的皇帝、国王,也存在承担责任的问题。例如,中国汉朝汉武帝发布了"罪己诏"。在当代国家制度中,存在着国家承担责任的制度。中国《国家赔偿法》规定了国家的赔偿责任。① 在国际法律体系中,主权国家是独立、平等的,相互间无管辖权,但可以基于自己的意志履行义务、承担责任。这方面,存在着几个国际规则可以参照。一个是《国家对国际不法行为的责任条款草案》(以下简称"国家责任条款"),另一个是《联合国国家及其财产管辖豁免公约》(以下简称"国家豁免公约")。这两个通常被认为属于国际公法的规则,对国际经济法同样适用,而且特别适用。其部分原因在于,这两项规则区分了国家的不同身份,这与我们定义的国际经济关系中的国家双重身份是一致的。

国家通常是公主体,有时也可能是私主体,需要识别和定性。国家有时以私主体的身份行事。如果国家像一般经营者或消费者那样从事了一项商业行为,涉及企业、涉及经济活动,也应当像一般经营者或消费者那样承担责任。在判定国家责任时,须注意识别国家或相关行为体的身份。对于国家豁免问题,要分清是绝对豁免还是相对豁免,是管辖豁免还是执行豁免。如果以私主体身份从事商业活动,一些国家拒绝提供豁免,这就是相对豁免。

在世界银行管理的国际投资争端解决制度中,败诉的东道国政府要执行仲裁裁决。《关于解决各国和其他国家国民之间投资争端的公约》第54条规定,"每一缔约国应承认依据本公约作出的裁决具有约束力,并在其领土内履行该裁决所加的财政义务,正如该裁决是该国法院的最后判决一样。"但同时第55条进一步规定,"第五十四条的规定不得解释为背离任何缔约国现行的关于该国或任何外国执行豁免的法律。"② 由此,引出了该公约并不涉及的国家责任豁免这一问题。国家——用霍布斯的话说——就是一个利维坦,一个特殊的怪物。一个国家可否以

---

① 中国《国家赔偿法》第2条规定:"国家机关和国家机关工作人员行使职权,有本法规定的侵犯公民、法人和其他组织合法权益的情形,造成损害的,受害人有依照本法取得国家赔偿的权利。本法规定的赔偿义务机关,应当依照本法及时履行赔偿义务。"

② ICSID Convention Article 54-55.【Each Contracting State shall recognize an award rendered pursuant to this Convention as binding and enforce the pecuniary obligations imposed by that award within its territories as if it was a final judgment of a court in that State. A Contracting State with a federal constitution may enforce such an award in or through its federal courts and may provide that such courts shall treat the award as if it were a final judgment of the courts of a constituent state.】【Nothing in Article 54 shall be construed as derogating from the law in force in any Contracting State relating to immunity of that State or of any foreign State from execution.】

国家安全为由拒绝执行投资仲裁裁决,包括欧盟可否以欧盟统一性为由拒绝执行裁决,这些都是新问题。在俄乌冲突以后,美国、欧盟等冻结了俄罗斯中央银行的储备金,也引起了如何解决这些争端的问题。

中国香港法院受理了一起乍看跟中国没有关系的案子,投资者要求执行当事国刚果民主共和国政府的财产,该财产在香港特别行政区境内。香港法院面临着是遵循绝对豁免原则还是相对豁免原则的问题。① 按照香港普通法的传统和做法,它遵循英国的做法——相对豁免,但中国中央政府主张绝对豁免,矛盾由此产生。中国外交部驻香港特别行政区公署几次向香港法院发函,要求法院遵循绝对豁免原则,没有形成共识,最后只好按照《香港特别行政区基本法》的规定请全国人大常委会释法。全国人大常委会 2011 年专门就这个问题释法,解决了两个问题。第一,中国在国家责任豁免问题上采取绝对豁免的态度。第二,香港特别行政区作为中国的一部分在国防和外交事务上应当执行中央政府的政策。② 这一问题实际上很微妙。中国国有企业到境外投资时也面临主张绝对豁免还是相对豁免的问题。③ 就香港法院审理刚果民主共和国这一案件而言,在这一个特定问题上和时间点上,中国中央政府的立场和全国人大常委会的释法,实际上重点解决的是中央政府和香港特别行政区在国家责任豁免这一问题上的职权问题。这不排除中央政府在未来某一个时间点改变对国家责任豁免的态度。事实上,中国立法机构于 2022 年年底发布了《外国国家豁免法(草案)》(征求意见稿),区分了商业活动和非商业活动的国家责任豁免。2023 年 9 月中国立法机构正式通过了《中华人民共和国外国国家豁免法》,规定了外国国家及其财产在中华人民共和国的法院享有管辖豁免原则下的有限豁免制度。这意味着,中国开始向相对豁免原则转变。

2.2.2 国家衍生的其他公主体

在考虑公主体的时候,要想到其多样性。构成国家机构的任何组成部分,都可以视为公主体。国家元首、政府部门及工作人员,行政机构、立法机构、司法机构等全部包括在内。在当代世界,司法机构发挥的作用越来越大,成为影响国际经

---

① See *Democratic Republic of the Congo v. FG Hemisphere Associates LLC* (2011), 14 HKCFAR 95.
② 全国人民代表大会常务委员会《关于〈中华人民共和国香港特别行政区基本法〉第 13 条第 1 款和第 19 条的解释》,2011 年 8 月 26 日第十一届全国人民代表大会常务委员会第二十二次会议通过。
③ See *Glob. Tech., Inc. v. Yubei (XinXiang) Power Steering Sys. Co.*, 807 F. 3d 806, 810 (6th Cir. 2015).

济关系的一个重要主体。

政府间国际组织也是我们这里所指的公主体。如联合国、国际货币基金组织、世界银行、世界贸易组织等,由国家通过条约方式成立,负责某一领域的国际关系协调。政府间国际组织有其作用,但也有其缺点。政府间国际组织不能替代国家,不能违背国家利益,特别是不能违背实力强大的大国利益。当国际组织的主要大国成员产生重要分歧的时候,这个组织的能力就会被削弱。世界贸易组织目前正是这种情况。按《世界贸易组织协定》的定位,世界贸易组织"为处理其成员间的贸易关系提供共同的组织框架"。历史上,美苏两霸争强的时候,联合国安理会就是这种情况。俄乌冲突发生后,联合国安理会也是这种情况。

国家或政府间国际组织设立的国际性审判机构,包括国际法院、世界贸易组织争端解决机构、国际投资争端解决中心等,也是我们所说的公主体。这些审判机构的法官组成或者相关职位人员的组成是国际化的。其目的是多元化、有代表性、涵盖不同法律制度,诸如西方的、东方的,发达国家的和发展中国家的。通过这样一个多元的系统和安排,保障各个区域、各个发展阶段、各个法系的代表性,不至于形成一家独断,这符合国家独立、世界多元、国际民主的价值理念。另一方面,任何法官都是有内在偏向的,法官来源多元性正是克服这种内在偏向的一种制度设计。由于所受教育、生活环境、工作经历、所处国度不同,他们具有倾向性是很自然的,无论是有意还是无意的,都是客观存在。仲裁庭也是如此。独任仲裁、临时仲裁在一些地方不被接受,原因之一是缺乏代表性,容易专断。

对于律师是否是国际经济法的主体这一问题,至少在争端解决程序中、在诉讼程序中,当事人有权获得律师代理,换言之,律师有其独特的地位和作用。律师凭借其专长和经验提出观点和方案,被法官或仲裁员接受,一定程度上也促进了国际经济法规范的发展,促进或限制了国际经济活动的进行。依当事人不同,律师的角色不断变换。在作为政府代理人时,律师应视为公主体。

2.2.3 国有企业及特殊情形下的私有企业

一般地说,国有企业指政府投资的从事生产经营活动的企业。国有企业在 20 世纪曾经盛极一时,遍布社会主义国家和资本主义国家。随着 20 世纪 80 年代英国、美国等调整政策,特别是苏联解体、东欧剧变,华盛顿共识流行,国有企业纷纷被私有化,即便像中国这样的社会主义国家也开始国有企业改革,朝着政企分开的方向发展。中国加入世界贸易组织谈判中,国有企业也是关注的重要议题之一,《中国入世议定书》含有就国有企业问题的承诺。① 美国政府对中国国有企业征收反倾销税和反补贴税措施,成为世界贸易组织争端解决机构受理的、中美之间长达十多年的争端。② 中美贸易冲突以来,美国、欧盟、日本等发布的宣言、提出的建议等,集中反映了对国有企业问题的关注。③

在美国奥巴马政府推动谈判的 TPP 第 17 章专门规定了与国有企业及指定垄断企业有关的事项,确立了对国有企业的非商业援助制度。美国特朗普政府时期,美国、墨西哥和加拿大签署了 USMCA,取代了 NAFTA(《北美自由贸易协定》)。USMCA 含有与 TPP 相同的国有企业制度,同时还含有两个所谓的"毒丸条款",一个是非市场经济自由贸易协定条款,另一个是排除非缔约方拥有或控制的实体基于该协定成员投资者提起索赔的资格。④ 这两个协定均将国有企业定义为政府拥有、控制的、主要从事商业活动的企业。⑤ 在这里,国有企业被定义为具有两个属性:政府拥有或控制,从事商业活动。这使得国有企业既不同于政府机关,也不同于一般私有企业。

根据世界贸易组织上诉机构的观点,国有企业本身并不能构成提供补贴的主体。⑥ 这一观点与《国家对国际不法行为的责任条款草案》反映的归因规则是一致的。此外,世界贸易组织《补贴与反补贴措施协定》在界定补贴时规定,如果私有企业代政府提供补贴,也可成为提供补贴的主体。⑦ 这说明,单独企业身份本身这一要素,并不能决定企业是否是提供补贴的主体,还要根据其行为确定,要看企业

---

① See Protocol on the Accession of the People's Republic of China, Part I, Article 3 Non-discrimination, Article 5 Right to Trade, Article 6 State Trading, Article 10 Subsidies, Article 15 Price Comparability in Determining Subsidies and Dumping.

② United States—Definitive Anti-Dumping and Countervailing Duties on Certain Products from China, WT/DS379; United States—Countervailing Duty Measures on Certain Products from China, WT/DS437.

③ See Joint Statement on Trilateral Meeting of the Trade Ministers of the United States, Japan, and the European Union, 2018; G7 Leaders' Statement on Economic Resilience and Economic Security, 23 May 20, 2023; Joint Declaration Against Trade-Related Economic Coercion and Non-Market Policies and Practices, June 09, 2023.

④ See USMCA, Article 32.10 Non-Market Country FTA; Article 14.D.1 Definitions (Claimant).

⑤ See USMCA, Article 22.1 Definitions (State-owned Enterprise); TPP, Article 17.1 Definitions (state-owned enterprise).

⑥ United States—Definitive Anti-Dumping and Countervailing Duties on Certain Products from China, WT/DS379/AB/R, para.318.

⑦ Agreement on Subsidies and Countervailing Measures, Article 1.1(a)(1)(iv).

与政府间的关系,看企业是否行使政府职能。但美国对中国国有企业的反补贴措施中,更倾向于直接认定国有企业是补贴主体。①

私有企业是私人投资的企业,未有政府的资本投入,因而,从股权关系来说,私有企业与政府没有任何关系。但如前所述,根据世界贸易组织《补贴与反补贴措施协定》,如果私有企业接受政府委托或指示,提供财政资助,这种提供与政府自己提供没有实质性差别,则私有企业亦成为提供补贴的主体——公共机构。《国家对国际不法行为的责任条款(草案)》规定了个人或实体的行为归于国家的情形。②因此,私有企业在特殊情况下亦可以成为公主体。

2.3　国际经济法的私主体

2.3.1　私主体的一般特点

如前所述,按照我们对国际经济法的定义,自然人、法人、非政府组织可以成为国际经济法的主体,我们称其为私主体。此外,国家在以私人身份从事商业活动时,也是私主体,特别是涉及国家财产管辖豁免时更是如此。对此前文已经提及,在此不再赘述。

私主体与国家主体的不同,主要体现在它是有限的、法律授权的或者法律施加义务的。相对于国家既是立法者、执法者还是裁判者,私人是被动的权利享有者、被动的义务承担者。

私主体相互间的纠纷,私主体与国家之间的纠纷,可以转化为国家间的纠纷。

---

① United States—Countervailing Duty Measures on Certain Products from China,WT/DS437/AB/RW,para. 6.3.

② Draft articles on Responsibility of States for Internationally Wrongful Acts,2001,Article 5. Conduct of persons or entities exercising elements of governmental authority: The conduct of a person or entity which is not an organ of the State under article 4 but which is empowered by the law of that State to exercise elements of the governmental authority shall be considered an act of the State under international law,provided the person or entity is acting in that capacity in the particular instance.

世界贸易组织争端解决机构处理的加拿大与巴西之间的飞机争端案、美国与欧盟之间的飞机争端案、日本与美国间的胶卷争端案,首先是源自作为私主体之间的竞争,最后上升到国家政府层面。① 私主体与国家间的争端,通常可以在相关国家法律体系内寻求解决和救济;如不能得到妥善解决,私主体可能要求自己的政府与另一国政府解决争端。在国际投资协定中,政府是协定缔约方,但协定的目的是保护投资者的投资。国际投资协定通常规定两种争端解决机制,一是缔约方之间的争端解决机制,另一是投资者与东道国政府间的争端解决机制。这种双重安排反映了私主体与公主体之间的复杂关系以及法律制度安排的多样性。

  香烟被称为"合法的毒品"。出于各方面的考虑和压力,各国政府并没有绝对禁止香烟的生产和消费,而是通过一些方式弱化香烟的吸引力,在香烟包装盒上印制吸烟有害的警告语和让人不舒服的图案是一种措施。菲利普莫瑞斯公司是一家总部设在美国的跨国公司,是世界第一大烟草公司,产品覆盖包括乌拉圭和澳大利亚在内的世界上的大多数国家。乌拉圭和澳大利亚政府采取措施,要求香烟包装以更大的面积展示警示语或图案。菲利普莫瑞斯公司认为该措施侵害了其商标权,遂采取了一系列诉讼或仲裁措施。位于中国香港特别行政区的菲利普莫瑞斯公司亚洲公司对澳大利亚基于联合国贸易法委员会的仲裁规则提出了国际投资仲裁,位于瑞士的菲利普莫瑞斯品牌公司基于国际投资争端解决中心(ICSID)的仲裁规则对乌拉圭提起了国际投资仲裁,作为烟草出口方的洪都拉斯和多米尼加政府在世界贸易组织对澳大利亚提起了诉讼。第一起案件仲裁庭于 2015 年作出裁决,根据澳大利亚和香港特别行政区之间签订的双边投资协定,认为自己没有管辖权。② 菲利普莫瑞斯品牌公司诉乌拉圭案中,仲裁庭于 2016 年 7 月作出仲裁裁决,适用瑞士和乌拉圭的双边投资协定,裁决乌拉圭政府的措施确实损害了生产商的利益,即投资者的利益,但是乌拉圭政府享有规制权【police power】,可以免责。③ 洪都拉斯、多米尼加政府在世界贸易组织诉澳大利亚政府的案件,经过二审程序,2020 年 7 月的上诉裁决维持了专家组的裁决,认为《与贸易有关的知识产权

---

  ① See Japan—Film, WT/DS44; Brazil—Aircraft, WT/DS46; Canada—Aircraft, WT/DS70; EC and its member states—Large Civil Aircraft, WT/DS316; US—Large Civil Aircraft, WT/DS353.

  ② *Philip Morris Asia Limited v. Australia*, PCA Case No. 2012-12, Award on Jurisdiction and Admissibility, December 17, 2015.

  ③ *Philip Morris Brands v. Uruguay*, ICSID Case No. ARB/10/7, Award, July 8, 2016.

协定》赋予了政府权利,没有赋予商标权利人使用其商标的积极权利。①

  以上这些案件实际上提出了不同性质的国际条约项下的权利问题。国家政府是条约缔约方,是否赋予私人权利,需要具体情况具体分析。我们看到,涉及私人主体的时候,可能会出现诸多法律关系。当中涉及国际法和国内法,从国内法的不同部门法的角度说,它涉及贸易法、投资法、知识产权法等,涉及争端解决制度。这些都需要个案具体分析。

  从类型上说,私主体除了自然人之外,还有法人【juridical person】。法人是非自然人,是法律拟制的人,范围广于公司这样的法人【legal person】,包括了合伙、信托等形式。公司,无论是股份公司还是有限责任公司,都有公司国籍这一基本要素。自然人的国籍决定了自然人对国籍所属国家的义务和忠诚度,反过来国家对其公民给予保护。虽然不是所在国公民但拥有所在国永久常住资格(如美国绿卡)的人,也承担了一定的义务并受到一定的保护。国家对在其境外的本国公民提供保护,反映了属人管辖权的发展。一些国家允许公民有多重国籍,一些国家则相反。公司也是一样,甚至更为复杂,主要体现在跨国公司这一情形中,后文详述。

  自然人或公司的国籍,成为国家调整国际经济关系的重要内容和手段。国际投资法中针对外国投资和投资者的非歧视原则,国际货物贸易法中基于产品原产地的不同待遇,世界贸易组织《服务贸易总协定》中服务提供商的待遇,都是源于国籍的规则。在国际投资协定中,还出现了禁止董事会、公司高级管理人员具有特定国籍的要求。② 有些情况下,国籍又是决定一国市场开放的条件。以新西兰为例。新西兰是位于南太平洋的一个岛国,西北与澳大利亚隔海相望。可以想到,新西兰跟其他国家或地区的联系是乘坐轮船或飞机。如果轮船公司或航空公司全部由外国人投资经营会出现什么情况呢?在《全面进步跨太平洋伙伴关系协定》中,新西兰就航空运输方面的投资市场开放作出了如下保留:航空公司由新西兰国民实质拥有或有效控制,在新西兰有主要营业场所,或服从新西兰民航管理局的有效监督控制;除非取得新西兰特别股东的同意,外国国民不得持有超过10%的新西兰国家航空公司具有投票权的股份,且至少有三名董事会成员常驻新

---

  ① Australia—Tobacco Plain Packaging, WT/DS435/AB/R, WT/DS441/AB/R, para. 6.581.
  ② See CPTPP, Article 9.11; USMCA, Article 14.11.

西兰,一半以上的董事会成员必须是新西兰公民。① 新西兰的上述保留,说明了自然人、公司国籍在调整国际经济关系中的作用。美国制裁法律法规中对"美国人"的要求和界定亦是说明这一问题的范例。在美国《出口管制条例》(EAR)中,"美国人"被定义为美国公民、拥有常住居留权的外国人或者其他法定的被保护人,依据美国法律或美国境内各管辖区域法律组成的法人(包括外国分支机构),以及在美国的任何人。②

2.3.2 跨国公司

简单地说,跨国公司指位于某一国家的企业,基于股权或契约安排,与位于其他国家的企业形成了统一决策、配合经营的关系。这一企业通过投资、许可或采购关系,对投资企业、被许可方或供应商施加重大影响。一组企业围绕一个企业,形成了企业团体。美国的苹果公司、麦当劳公司是最易理解的例子。

发布于 2011 年的经合组织《跨国企业准则》使用了 multinational enterprises 这一表述,并认为无需对其给出准确定义,但仍然指出这些企业的联系使得它们能够以多种方式协调其经营。③ 按联合国经济与社会理事会设立的联合国跨国公司委员会 1983 年《联合国跨国公司行为守则草案》给出的定义,"跨国公司,指一个企业,组成这个企业的实体设在两个或两个以上的国家,而不论这些实体的法律形式和活动范围如何;这种企业的业务是通过一个或多个决策中心,根据一定的决策机制经营的,因而具有一贯的政策和共同的战略;企业的各个实体由于所有权或别的因素有关系,其中一个或一个以上的实体能对其他实体的活动施加重要

---

① CPTPP, Annex I, New Zealand.【Such conditions may include requirements that an airline is substantially owned and effectively controlled by New Zealand nationals, has its principal place of business in New Zealand or is subject to the effective regulatory control of the New Zealand Civil Aviation Authority. No one foreign national may hold more than 10 per cent of shares that confer voting rights in Air New Zealand unless they have the permission of the Kiwi Shareholder. In addition: (a) at least three members of the Board of Directors must be ordinarily resident in New Zealand; and (b) more than half of the Board of Directors must be New Zealand citizens.】

② 15 CFR § 772.1 (7/28/2023), Definitions of terms as used in the Export Administration Regulations (EAR).【U. S. person includes (1) Any individual who is a citizen of the United States, a permanent resident alien of the United States, or a protected individual as defined by 8 U.S.C. 1324b(a)(3); (2) Any juridical person organized under the laws of the United States or any jurisdiction within the United States, including foreign branches; and (3) Any person in the United States.】

③ OECD Guidelines for Multinational Enterprises, 2011 edition, p. 17.

影响,尤其是可以同其他实体分享知识、资源以及分担责任"①。这两个文件都提到了跨国公司可以是私有的、国有的或混合的。

除分支机构这一法律形式表明总公司和分支机构是同一法人之外,其他情形下位居核心的企业与其他企业在法律上是不同的法人,且依注册地标准属于不同国籍,受不同国家的法律支配。这一特点与统一决策经营形成了矛盾。这对国际经济关系或国际经济活动的调整具有特别的意义。从法律上说,如何分配责任是最核心的问题。从公司法上说,投资者对其投资承担有限责任,在特殊情形下也可以"揭开公司面纱",使投资者对其投资企业的行为承担责任。从合同法上讲,许可方与被许可方、采购商与供应商是平等的、独立的契约关系,各自对自己的行为负责。从政府规制的角度,问题则比较复杂。在反垄断、反腐败、环境保护、人权保护方面,跨国公司成为关注的焦点。② 在美国实施的出口管制以及经济制裁中,位于美国境外的跨国公司基本上遵循了美国政府的要求。美国不断扩大的域外管辖,与相应的刑事责任联系一起,加重了这方面的问题。

20世纪70年代,联合国经济与社会理事会即设立跨国公司委员会,讨论、制定有关跨国公司的规则。在当代,经济合作与发展组织致力于制定、完善跨国公司的指导准则。时代背景不同,制定主体不同,相关内容也就发生了变化。考虑到跨国公司原来主要以西方发达国家为基地、在发展中国家投资经营,发展到当今发展中国家也出现了大量跨国公司,对跨国公司的要求发生变化是必然的。

认识跨国公司及其可能的权利义务,必须了解跨国公司的国籍以及与此相关的不同规则。简单地说,跨国公司是以某一国为基地在多个国家进行经营的一个企业群。多个公司具有共同的、集中的经营计划,它们之间的联系可能是投资的股东关系,也可能是联营的合作关系。如同自然人的国籍确定标准是多元的一样,公司国籍的确定标准也是多元的,亦可借鉴自然人国籍的确定标准。目的不

---

① United Nations, Economic and Social Council, Commission on Transnational Corporations, Draft United Nations Code of Conduct of Transnational Corporations, Report on the Special Session, Supplement N0. 7, E/1983/17/Rev.1, E/C. 10/J983/S/5/Rev. 1, 1983.【The term "transnational corporation" as used in this Code means an enterprise, comprising entities in two or more countries, regardless of the legal form and fields of activity of these entities, which operates under a system of decision-making, permitting coherent policies and a common strategy through one or more decision-making centres, in which the entities are so linked, by ownership or otherwise, that one or more of them may be able to exercise a significant influence over the activities of others, and, in particular, to share knowledge, resources and responsibilities with the others.】

② 参见余劲松:《跨国公司法律问题专论》,法律出版社2008年版。

同,公司的国籍确定标准也不同。公司的国籍一般采用登记地标准。有学者指出,因为公司是国内法的创制物,公司的创立依赖于国内法所体现的国家的意志,公司应具有其设立地的国籍是合乎逻辑的。① 国际法院在巴塞罗那电车案中指出,"国际法承认,公司实体是国家在其管辖范围内创设的机构"。② 这是登记国采取的标准,也即东道国采取的标准。但实际上,在跨国公司的背景下,从投资国角度看,投资国为保护投资者,将投资者投资企业视为自己国家的企业,基于投资者的国籍来确定公司的国籍。这类似自然人确定国籍的血统标准。国际法委员会《外交保护条款草案》一定程度上反映了这样的观点,该草案第9条规定:"为对公司行使外交保护的目的,国籍国是指公司依照其法律成立的国家。然而,当公司受另一国或另外数国的国民控制,并在成立地国没有实质性商务活动,而且公司的管理总部和财务控制权均处另一国时,那么该国应视为国籍国。"③

在1970年裁决的巴塞罗那电车案中,基于外交保护这一背景,国际法院认为设立地或注册登记地已经为长期实践和大量国际法律文献所确认。法院同时提到,一些国家基于公司管理地、控制地或者拥有多数股票的国民的所属国标准来行使外交保护。④ 国际法委员会在起草《外交保护条款草案》时提到,在巴塞罗那案中国际法院提醒采取股东国籍标准可能会由于造成国际经济关系中的混乱和不确定性而导致采取多重行动,而委员会起草的草案第9条不允许这种多重行动,因而行使外交保护的国家只能是公司设立国,或者公司管理和财务控制所在国。如

---

① M. Sornarajah, *The International Law on Foreign Investment*, 4th edition, Cambridge University Press, 2017, pp. 234-235.

② I. C. J., Barcelona Traction, Second Phrase, Judgement, February 5, para. 38.【International law has hade to recognize the corporate entity as an institution created by States in a domain essentially within their domestic jurisdiction.】

③ Draft Articles on Diplomatic Protection with commentaries, 2006, Article 9.【For the purposes of the diplomatic protection of a corporation, the State of nationality means the State under whose law the corporation was incorporated. However, when the corporation is controlled by nationals of another State or States and has no substantial business activities in the State of incorporation, and the seat of management and the financial control of the corporation are both located in another State, that State shall be regarded as the State of nationality.】

④ I. C. J., Barcelona Traction, Second Phrase, Judgement, 5 February, para. 70.【"The traditional rule attributes the right of diplomatic protection of a corporate entity to the State under the laws of which it is incorporated and in whose territory it has its registered office. These two criteria have been confirmed by long practice and by numerous international instruments. This notwithstanding, further or different links are at times said to be required in order that a right of diplomatic protection should exist. Indeed, it has been the practice of some States to give a company incorporated under their law diplomatic protection solely when it has its seat (siège social) or management or centre of control in their territory, or when a majority or a substantial proportion of the shares has been owned by nationals of the State concerned."】

果公司管理地和财务控制的所在分属不同国家，则适用公司设立地。①

在相关国际经济法律文件中，公司国籍也得到了规定。《解决国家与他国国民间投资争端公约》在界定另一缔约国国民时，兼采了多重标准：首先是东道国之外的缔约国国籍的法人；其次，东道国国籍的法人，但为外国控制，在公约目的上，视为另一缔约国国民。②

世界贸易组织《服务贸易总协定》将法人（juridical person）界定为根据适用法律设立或组建的任何法律实体，包括公司、信托、合伙、基金等。在此基础上，该协定将"另一成员的法人"定义为基于该另一成员法律设立或组建的并在该另一成员或任何其他成员领土内从事实质性业务活动的法人；对于通过商业存在提供服务的情况，指由该成员的自然人或法人拥有或控制的法人，或者前述另一成员的法人拥有或控制的法人。同时，该协定还进一步定义了拥有、控制或附属三种情形。③ 这表明，《服务贸易总协定》这一法律文件也使用了多重国籍确定标准，首先和基本的标准是设立标准，其次是拥有或控制标准。

使用设立地作为确定法人国籍的标准，简单易行，但同时也可能只是一个空壳公司，与设立地无实质性联系。这正是前述《服务贸易总协定》既要求在某一成员境内设立同时又要求具有实质性业务活动的原因。在一些双边投资协定或自由贸易协定投资章节中，常存在拒绝授惠条款。例如，《全面与进步跨太平洋伙伴关系协定》投资章即含有如下条款：缔约方可拒绝将本章规定的利益授予另一缔约方企业的投资者及其投资，如果该企业由非缔约方的人所有或控制，或由拒绝授予

---

① Draft Articles on Diplomatic Protection with commentaries, 2006, Article 9, Commentary, para. 6.【Draft Article 9 does not allow such multiple actions. The State of nationality with the right to exercise diplomatic protection is either the State of incorporation or, if the required conditions are met, the State of the seat of management and financial control of the corporation. If the seat of management and the place of financial control are located in different States, the State of incorporation remains the State entitled to exercise diplomatic protection.】

② 《解决国家与他国国民间投资争端公约》第 25 条第 2 款。Convention on the Settlement of Investment Dispute Between State and Nationals of Other States, Article 25. 2.【Any juridical person which had the nationality of a Contracting State other than the State party to the dispute, and any juridical person which had the nationality of the Contracting State party to the dispute which, because of foreign control, the parties have agreed should be treated as a national of another Contracting State for the purposes of this Convention.】

③ GATS, Article 28 Definitions.【"Juridical person of another Member" means a juridical person which is either: (i) constituted or otherwise organized under the law of that other Member, and is engaged in substantive business operations in the territory of that Member or any other Member; or (ii) in the case of the supply of a service through commercial presence, owned or controlled by natural persons of that Member, or by juridical persons of that other Member identified under subparagraph (i).】

利益的缔约方的人所有或控制,且该企业在拒绝授予利益的缔约方之外的任何缔约方境内没有实质性商业活动。①

2.3.3 非政府组织

非政府组织对国际经济活动越来越发挥着重要影响。从主体角度讲,非政府组织是一个私主体,是基于国内法设立的一种组织形式,除国际红十字会外,不是国际公法上的主体。在这一意义上,非政府组织和公司等无实质性区别。它的重要性在于它是代表、推广、捍卫某种价值的组织,基于特定价值观评判、影响国家、国际组织、企业或消费者。如人权组织、环保组织等。世界贸易组织1999年西雅图部长会议、2003年坎昆部长会议,都因受到非政府组织的干扰而未取得会议的预期目的。

非政府组织代表的是一个价值利益体。人本身就是多需求的、矛盾的,有时顾此失彼。非政府组织通过它们的推动,促进社会的全面认知和综合治理,在推动规则制定方面发挥着越来越大的作用。非政府组织还通过法庭之友(Amicus Curiae)的形式,向一些国际裁判机构提交材料,以期影响裁决结果。非政府组织发挥它的作用制定行业标准、消费标准、环保标准等。虽然这些标准无法律上的约束力,但可以影响生产商、消费者或社会公众的选择,进而发挥更大的影响。

非政府组织类型复杂,各国对非政府组织的态度也不相同。有些组织与政府存在着密切的联系,有些与政府无实质性联系,需要区别对待。

---

① CPTPP, Article 9.15.【A Party may deny the benefits of this Chapter to an investor of another Party that is an enterprise of that other Party and to investments of that investor if the enterprise: (a) is owned or controlled by a person of a non-Party or of the denying Party; and (b) has no substantial business activities in the territory of any Party other than the denying Party.】

3 国际经济关系的竞争、合作与发展

3.1 国际经济关系中的竞争与合作现实
3.2 经济竞争的全面性
3.3 国际合作的有限性和脆弱性
3.4 竞争与合作的原则
3.5 国际社会共同发展

3.1 国际经济关系中的竞争与合作现实

我们定义的国际经济法是调整国际经济关系的法律规范的总称。国际经济关系构成了国际经济法调整的对象或客体。前文中我们提及了通过国际经济活动表现出的国际经济关系内容,但没有分析国际经济关系具有什么特点。人们也普遍认为,国际法是调整国际关系的规范,但在国际法的教材中极少对国际关系予以说明或分析。这一方面说明我们对国际法和国际经济法的调整对象缺乏了解,另一方面也造成了对国际公法是否调整国际经济关系从而纳入我们定义的国际经济法这一"观念对象"(ideal object)的分歧。在中国的法科教育中,除了一些选修性质的案例分析课程外,几乎都是纯法学理论、法律规范的传授;国际法作为其中的一门课程来讲授,亦是如此。法科生不可能对国际关系有很多的了解。

一般来说,国际关系应包括国家之间的各种关系。从内容上说,国际关系既包括政治关系,也包括经济关系,还包括诸如气候变化等形成的新的关系。从主体上说,如前所述,国际关系也包括国家与国家组成的国际组织以及该类组织间的相互关系,还包括国家对待个体而形成的关系,如人权保护、投资保护、贸易歧视、反对恐怖主义等。考虑到人类经济交往活动的普遍性,可以说,国际经济关系是国际关系的基本内容之一。

国际法调整的国际关系,与国际关系学所说的国际关系,原则上应当是一样的,但国际法学者多关注法律规范本身,少关注国际关系这一对象。在国际关系学中,国际关系的理论有多种,自由主义和现实主义是其主要理论。它们各说各话。自由主义的鼻祖可以追溯到国际法的先驱者、撰写国际法巨著《战争与和平》的格老秀斯,现实主义的鼻祖可以追溯到撰写《伯罗奔尼撒战争史》的修昔底德。从格老秀斯既被视为国际法学的先驱又被视为国际关系学的先驱这一事实,也可以看出国际法学与国际关系学之间的密切联系,只不过二者的关注重点和方法不同。汉斯·摩根索曾担任国际法教授,后成为国际关系学大家,亦说明了国际法学与国际关系学的共通性和差异性。从学科角度讲,国际关系这个学科主要是第一次世界大战时期或之后产生的,远远晚于国际法学科,其诞生的原因和时间也表明了国际关系研究的现实主义理论的基础性。现实主义认为,以权力所界定的利益概念是普遍的客观范畴,是穿越国际政治领域道路的主要路标,拒绝把特定国家的道德愿望等同于普天之下适用的道德法则。① 但现实主义并非国际关系研究的唯一理论,一些新的学派陆续产生,试图对国际关系进行新的认识探索,如建构主义、制度主义、女权主义、马克思主义学派、英国学派,等等。多边主义是一种新观点。②

国际关系现实主义理论的基本观点是国际社会的无政府状态。③ 这一观点与国际法的观点基本一致。在国际社会中并不存在一个中央权威机构,各国有时用自助和干涉将法律掌握在自己的手中,目前可供强制执行国际法的方法不足。④ 我们在说国际法特征的时候会说到无政府状态,可以认为国际法的理论基础应当是现实主义的。国际法是最承认现实的,并基于现实制定新的规则。法律的制定是现实的需要,法律的实施要解决现实问题,审判庭要解决面前的现实争端。立法部门、行政机构、法院都面临着解决眼前的现实问题的任务。律师、法官、公司法务或者政府工作人员,都要基于现有规则,解决当下问题,需要寻找一个现实的解决办法。中国国际法学大家王铁崖指出:"目前及可预见的国际关系的现实是国家在国际关系中处于主要地位,并同时需要遵守一些法律原则、规则和制度。因此,国际法之所以为国际法,其效力根据在法律上在于国家的意志的合致,而在社会上在于国际社会中交往的必要。从这种角度来看,这种现实主义可以说是法律现实主义。"⑤

---

① 〔美〕汉斯·摩根索,肯尼思·汤普森、戴维·克林顿修订:《国家间政治——权力斗争与和平》(第七版),徐昕等译,北京大学出版社 2006 年版,第 29、37 页;Hans J. Morgenthau, revised by Kenneth W. Thompson, *Politics Among Nations*: *The Struggle for Power and Peace*, 6th edition, New York, Alfred A. Knopf. Inc. , 1985, pp. 4, 11. 5, 13.
② 〔美〕约翰·鲁杰主编:《多边主义》,苏长河等译,浙江人民出版社 2003 年版;John G. Ruggie (ed.), *Multilateralism Matters*: *The Theory and Praxis of An Institutional Form*, Columbia University Press, 1993.
③ See Hedley Null, *The Anarchical Society*: *A Study of Order in World Politics*, Palgrave Macmillan, 2012.
④ 〔英〕詹宁斯、瓦茨修订:《奥本海国际法》(第 9 版)(第一卷第一分册),王铁崖等译,中国大百科全书出版社 1995 年版,第 6—7 页;Sir Robert Jennings and Sir Arthur Watts, *Oppenheim's International Law*, Volume I-Peace, 9th edition, Addison Wesley Longman Limited, 1996, p. 10.
⑤ 王铁崖:《国际法引论》,北京大学出版社 1998 年版,序。

我们说国际法的理论基础是现实主义理论,但我们不能将国际法等同于国际关系现实,因为国际法体现了一定的规范,国际条约是用语言表达出来的价值规范。无论是西方的哲人还是中国的先哲,在谈到人跟动物的区别的时候,通常谈到人有道德性、伦理性、社会性,公认法律代表着人类文明的发展成果。与对法律的认识充满争议一样,国际法是否是法也存在着争议,但国际法作为国家和国际社会治理的手段,其作用不可否认。每次大的战争之后或国际格局大的变化之后,国际社会都会致力于制定共同遵循的国际法规则。17世纪"三十年战争"、第一次世界大战和第二次世界大战,苏联解体、东欧剧变,都是如此。1648年《威斯特伐利亚和约》、1919年《国际联盟盟约》、1945年《联合国宪章》、1994年《世界贸易组织协定》,均是大事件后的产物。这也是越来越多的国际关系学者关注制度作用的原因所在。国际关系理论更多地体现出实然性,而国际法表现出应然性。人类期望借共同遵循的规则谋求安全秩序、和平生活。

国际法调整国际关系。国际关系与国际法互为表里。国际法是通过国家的意思自治、国家的习惯、惯例来确定约束自己的一种手段或者一种规制。通俗地说,国际法是国家约定俗成的产物;既包括了主权国家相互间艰难谈判达成的约定,也包括萧规曹随式的默认。因此,国际法调整下的国际政治关系和国际经济关系,就不再是弱肉强食的丛林规则,而是体现着国家间竞争与合作关系的文明规则,其目的是为了国际社会的共同发展。经济强制措施替代残暴战争的转变,反映了国家和国际社会的意愿与选择,反映了法律调整的国际关系现实。

国际法只是调整国际经济关系的方法之一,在国际法之外还存在国内法。国内法调整国际政治关系、国际经济关系,符合是我们对国际经济法的定义。2023年6月中国立法机构正式通过了《对外关系法》,规定"中华人民共和国发展同各国的外交关系和经济、文化等各领域的交流与合作,发展同联合国等国际组织的关系,适用本法"。① 就"对外关系法"这一名称而言,美国存在由学者编纂的《对外关系法重述》,它是对美国法院审理的美国对外关系的相关判例的法理概括和提炼,但其本身不是法律。根据美国宪法,国会负责处理对外关系,制定立法,批准国际条约。例如,美国国会1994年通过了批准乌拉圭回合谈判成果的《乌拉圭回合协定实施法》,明确了国际义务和国内法实施问题。

没有规则的社会,类似于霍布斯所说的所有人对所有人战争的社会。有了法

---

① 我国《对外关系法》第2条。

律的规范,人类的活动、行动变得文明起来。人道法和人权法的发展就是典型范例。人们基于法律调整自己的规范,人们基于自己的意志制定调整行为的法律。国内如此,国际也如此。同时,我们也清醒地认识到,国家是人的集合体。人具有自利本性,首先以自己为出发点。作为人的集合体,国家也具有这样的自利特征。主权国家是独立、平等的,国际社会是一种平行社会,各个国家均将国家利益当作对外交往的根本指导原则,与其他利益相比国家利益占有更优先的地位。为了维护国家的生存与发展,国家之间存在着激烈的竞争关系。国家间的竞争关系是一种事实性常态。但由于任何国家主观上和客观上都不可能征服或消灭所有其他国家,其生存和发展不得不需要其他国家的支持,国家间的合作也是一种事实性常态。

国家间的竞争与合作是一个相互对立又相互补充的矛盾状态。竞争是一种现实状态,合作是一种现实要求。任何国家都不可能独自地解决所面临的问题,如气候变化问题、全球疫情问题。如果说竞争是自利心的表现①,合作则是公利心的要求。人恰恰是自利和公利的结合体。国家之间也是这样。不同地方的人民各自组成了国家,但国家相互之间没有组成一个类似个人组成国家的国际联合体。从某种意义上说,国家合作是一种无奈,如果有一个国家可以独自解决它面临的所有问题,它可能不需要合作。美国拜登政府发布的国家安全战略报告提及的中美合作表现出这一点。从这个角度来讲,合作又是竞争的另一种说法,或者另一种表现方式,就像我们经常认为的静止是运动的另一种方式一样。合作是为了更好地竞争、为了取得更大的预期。通过合作去解决光靠竞争不能解决的问题,也符合国际关系现实主义理论。霍布斯在论证国家产生的时候,也采取了类似的说法,为了解决所有人对所有人的战争问题,解决儿童和老人的问题,需要一个相互合作的共同体,于是就创造了这么一个利维坦(国家)。② 个人交出了部分权利,换得国家对个人的保护和照料,这就是合作。契约就是合作。

美国拜登政府国务卿布林肯在阐释该政府对中国的政策时指出,"我们有信心

---

① 〔英〕霍布斯:《利维坦》,黎思复、黎廷弼译,商务印书馆2013年版,第94页;Thomas Hobbes, *Leviathan*, Oxford University Press, 1998, p. 83.

② 〔英〕霍布斯:《利维坦》,黎思复、黎廷弼译,商务印书馆2013年版,第95页、第132页;Thomas Hobbes, *Leviathan*, New York, Oxford University Press, 1998, pp. 84, 114-115.

进行竞争,可能时进行合作,必要时进行对抗"。① 这一态度贯穿于美国拜登政府对中国政策的始终。欧盟理事会 2023 年 6 月的会议结论,也再次确认"对中国采取多种政策方法,中国同时是伙伴、竞争者和制度性对手"。② 英国政府在其 2023 年最新战略中指出,英国准备解决国际环境中的对抗,目标是更好合作和有管理的竞争。③ 可以说,这确实是一个竞争与合作并存的时代。

国际经济关系中的竞争与合作,摆脱了赤裸裸的坚船利炮式的经济掠夺,更多地通过法律手段规范彼此的经济关系。我们当今看到的经济制裁措施、出口管制措施的泛化,基本上建立在不断丰富的法律规则基础上。美国不断强化自己的域外执法措施,欧盟不断强化调整国际经济关系的法律,中国也极力弥补相关的涉外法律缺口。似乎可以这样说,国际经济关系中的竞争与合作,与法律调整国际经济关系的强化,是同方向、共发展的。

3.2 经济竞争的全面性

国际贸易的本质就是互通有无,低买高卖,交易双方各自取得自己预期得到的东西。在供应方或需求方之间,存在着替代关系,存在着竞争性,存在优胜劣汰。这种竞争性不仅存在于特定经营者之间,存在于自然人、法人之间,也存在于国家或经济体之间。诸多国际贸易理论,基本上是围绕着竞争进行的。国际经济关系的特征之一是竞争性。重商主义立足于国家本位,为了获得更多的财富而奖出限

---

① Antony J. Blinken, Secretary of State, Speech at The George Washington University, The Administration's Approach to the People's Republic of China, May 26, 2022, https://www.state.gov/the-administrations-approach-to-the-peoples-republic-of-china/, last visited July 7, 2023.【We'll compete with confidence; we'll cooperate whenever we can; we'll contest where we must.】

② European Council, European Council meeting (29 and 30 June 2023)—conclusions, Brussels, June 30, 2023,(Or. en), EUCO/7/23.

③ HM Government, Integrated Review Refresh 2023: Responding to a More Contested and Volatile World, March 2023.【While the UK will be prepared to address contestation and confrontation in the international environment, our goal is to see better cooperation and well-managed competition.】

入。亚当·斯密的自由贸易理论立足于生产商，减少政府干预，由企业自己决定生产什么、如何生产、如何交易。产业保护理论则又站在国家立场上，从国家生产力出发，保护国家产业，提高国际竞争力，而法律则是保护这一竞争力的重要手段。因此，无论是个体层面还是国家层面，竞争是普遍存在的、激烈的，只是竞争的对象和方法有所不同。

优势理论是支持经济竞争的经济理论。第一个是斯密的绝对优势理论，一国生产的产品比在另一国生产的产品有成本优势。第二个是李嘉图的相对优势理论，一国境内可以生产两种产品，但从国际贸易角度看，生产其中一种产品比生产另一种产品更有机会成本优势。第三个就是赫克歇尔和俄林模型提出的要素禀赋理论，它不是按完成品来考虑，而是按其中的零部件、生产要素来考虑，生产商在某一生产要素上更有优势。汽车的整车产业和零部件产业可以说明这一理论，英特尔只生产芯片、IBM转而只生产软件都是这一理论的应用例子。现在经济全球化主要还是靠通讯和交通，通讯和交通的发展使得成本变得极低，几乎到了零时空的地步。资本家正是利用了经济全球化的优势，把全世界的要素禀赋利用起来。这三个优势理论可以并存。绝对优势可以说是没有竞争对手，相对优势可以扬长避短，要素优势可以一夫当关，都可以从国际贸易获得利益。经济的全面竞争体现在各个方面，但归根结底，集中体现在产业优势。新冠疫情后凸显了产业链、供应链安全的重要性，一些国家和经济体强调经济韧性。美国通过补贴政策鼓励产业回归或友岸外包，其基本目标仍然是建立具有国际竞争力的产业，尽可能摆脱受制于人的情况，即所谓的"脱钩"或去风险。

竞争优势可以从要素和制成品两个角度看，涉及多个方面。人口多是一个优势，但人口多也是一个劣势；长寿被视为是社会发展水平的一个指标，但老龄社会也带来一系列新的问题。如果说市场经济是一个竞争优势，市场规模也是一个优势。竞争优势具有一定的相对性，即使是绝对竞争优势也有其相对性，需要辩证地去看。

上述竞争优势理论主要是从生产商的角度、从纯经济的角度来分析的。但国际社会不仅存在生产商，也存在工人和消费者；不仅存在投资者，也存在其他利益相关者。因而，存在着非经济问题的经济化问题。比方说人权，通过保护人权，提高保护人权的标准，提高和改善劳工环境、就业环境，通过保护环境等一系列社会制度，都可以达到提高对方成本、增加自己优势的目的。就劳工和环境来说，1994年的《北美自由贸易协定》本身并没有包括劳工和环境这两个要素或者说主题，后来通过议定书的方式加入协定里。后来劳工和环境这两个主题成为发达经济体缔结的自由贸易协定的必备内容。发展中国家为主谈判签署的协定极少包括劳工和环境这两章,即使包括了这些议题,也多是倡导性、原则性内容,可操作性规则较少,且基本不适用贸易协定的正式争端解决程序,而这些正是发达国家向发展中国家主张优势的领域所在。以美国为首的发达国家逐渐地将劳工保护问题当作经济贸易问题来处理,不遵循劳工保护条款可能带来潜在的贸易制裁。在美国诉危地马拉劳工保护案中,专家组依据美国和危地马拉作为缔约方的自由贸易协定条款[1],裁决危地马拉未能有效实施劳工保护法律,但其方式未影响贸易,因而未违反自由贸易协定。[2] 自由贸易协定中的类似条款,越来越把传统上不视为与贸易有关的问题涵盖在贸易问题之内,虽有贸易影响要求、因果关系分析等,传统上属于非经济问题的经济问题化已经非常明显了。

人类对经济的认识是不断发展的。新的科学技术带来的经济变化举世瞩目。科技成为第一生产力,数据成为重要生产力,制度性公共产品成为基础生产力。传统的狭隘性的经济观念需要开放式与时俱进。从一定意义说,没有什么事项与经济、生产能力、生产效率、竞争力无关。知识产权保护就是一个最好的例子。保护知识产权就是保护创新、保护发展、保护竞争力,同时也带来了保护成本问题。在特定时空下,知识产权就是竞争优势。要求对方国家提高知识产权的保护水平,要求对方国家保护本国的发明成果等,反对侵权、仿冒,就提高了本国产品的竞争能力、加大了对方的成本。但光靠知识产权法是不够的,因为它是一个确权的、保护权利人的法律,很可能由此导致知识产权权利人的滥用。这时就需要关注市场竞争效果的反垄断法出手。保护竞争需要综合性法律制度共同发力。

传统非经济问题的经济化,从另一个角度,可以表达为经济问题的伦理化或者道德化,即所谓的公平贸易问题。前一章已经对此进行了分析讨论。这种经济问题的伦理化,归根结底都是站在国家利益的角度,是国家和国家间的竞争、国内与外国产业的竞争。经济问题伦理化,通过表现价值观的法律制度来予以落实,对某些经济行为予以负面评价、限制或者禁止,可以更好地满足人的不同需求和合

---

[1] The Dominican Republic-Central America Free Trade Agreement (CAFTA-DR) Article 16.2: Enforcement of Labor Laws: 1. (a) A Party shall not fail to effectively enforce its labor laws, through a sustained or recurring course of action or inaction, in a manner affecting trade between the Parties, after the date of entry into force of this Agreement.

[2] In the Matter of Guatemala—Issues Relating to the Obligations Under Article 16.2.1(a) of the CAFTA-DR, Final Report of the Pane, June 14, 2017, para.496.

理预期。

更高的竞争优势是国际经济规则的引领和破坏,这是最具竞争力的,也是最具破坏力的。产品、标准和制度,其具有的竞争优势依次升高。法律规则的制定是非常重要的。洛克在其《政府论》中特别强调规则制定的作用。《国际联盟盟约》规定可以采取经济制裁措施处理国际经济关系,《联合国宪章》第七章建立了包括经济制裁在内的制裁制度,1947年《关税与贸易总协定》确立的多边最惠国待遇替代了英联邦的优惠待遇制度,都是极为重要的规则制度。规则本身很重要,规则的引领和破坏更重要。如果这个规则削弱一国的竞争力,限制了它的发展,这个国家很可能就会想别的办法。针对有人认为的美国特朗普政府退出国际规则引领的说法,特朗普政府并不认可,认为其一直在引领规则,只不过是换了一种具体方式而已。美国拜登政府不再继续推进自由贸易协定做法,不再将企业关注的效率和低成本作为政策重点,改而关注工人利益,并推动印太经济框架,就是一种引领。世界贸易组织框架内,一些成员推动诸边贸易谈判,也是规则引领。规则,即法律,是一种最根本的竞争力。

竞争导致优胜劣汰,可能带来不均衡的结果。但人们主观上并不具备愿赌服输的心态,在竞争过程中总是想方设法来维护、扩大自己的优势,减少或改变自己的劣势。就国家而言,促进经济发展、保持经济繁荣是国家的政策目标。这一目标有别于企业的营利。随着经济全球化程度的加深,有能力的企业充分利用全球性资源,进行全球性生产经营,由此可能带来此消彼长的结果。美国汽车之城底特律,曾经作为美国繁荣经济的代表,亦受到了自由化和去产业化的不利影响。①

这种竞争带来的不平衡,可以体现在产业之间、地区之间、阶层之间,既可以是国内的,也可以是国际的,国内与国际紧密联系在一起的。美国拜登政府改变传统的以开放市场为主的贸易政策,转而采取以工人为中心的贸易政策,其目的是试图解决前几十年自由贸易政策带来的所谓竞争失衡。美国政府提出的中美贸易中美国吃亏论,实为美国政府认为竞争失衡,与之相联系的是权利义务不平衡。美国在一系列倡议中提出拒绝给予中国发展中国家地位②,就是为了解决所谓失

---

① See Remarks by Ambassador Tai During the Opening Session of the APEC Ministers Responsible for Trade Meeting, May 25, 2023, https://ustr.gov/about-us/policy-offices/press-office/speeches-and-remarks/2023/may/remarks-ambassador-tai-during-opening-session-apec-ministers-responsible-trade-meeting, 7 July 2023.

② See WTO, An Undifferentiated WTO: Self-declared Development Status Risks Institutional Irrelevance, Communication from the United States, WT/GC/W/757, January 16, 2019.

衡问题而进行的平衡权利义务关系的一种企图。

对于竞争带来的不均衡,需要从动态和静态两个角度去看,更多的要动态地看。既要静态地看到竞争有失败者,更要动态地看到产业发展、国家经济的发展过程和规律。所谓比较优势,通常指的是特定时间、特定空间的比较优势。一个时间的比较优势可能成为下一步发展的比较劣势。美国柯达和日本富士胶卷代表了当时的最高水平,美国和日本政府还曾为此诉讼到世界贸易组织争端解决机制。但现在日常生活中已经见不到胶卷的影子。曾经风行一时的寻呼机也已经被现代智能手机所替代。因此,拥有比较优势只是暂时的,科技、经济、社会、人类需求永远在不断发展中。从区域看,一个区域的优势也不代表该区域总能保持优势。从产业发展规律看,以纺织业为例,先是英国、再是北美、再到日韩、后到香港地区和中国内地,再向东南亚其他地区发展,可以说产业转移是经济发展到一定阶段的必然结果。旧的产业转移后,新的产业随之兴起,而新产业的产生与发展是无限的,产业升级是一个不断持续的过程。随着生产要素的变化,从农耕社会到工业社会再到智能产品社会,人类经济总是以辞旧迎新的方式向前发展。借助新的生产力要素,特别是网络、数据等,一些原本落后的地区,获得了新的发展机遇。美国底特律作为汽车城市,其繁荣和衰败与汽车产业发展有密切联系,其复兴也将与新的产业发展机会联系在一起。这种情形在世界其他地方也一样。在看到废弃的矿区、空旷的村落、衰败的城区的同时,我们也看到新兴产业、新兴区域、新兴城市在发展,看到处于国际社会中的不同国家在纷纷寻求自己新的比较优势,不停地竞争。

3.3 国际合作的有限性和脆弱性

3.3.1 合作的必要性

竞争是国际经济关系的本质。对良性竞争或恶性竞争的进一步区分,也不能否认竞争本身的存在。但良性竞争和恶性竞争的区分,也说明了竞争方式的区别。按照美国国务卿布林肯对国际关系的三分法——合作、竞争、对抗,合作可以视为良性竞争,对抗可以视为恶性竞争。抛开对抗不说,合作与竞争构成了国际经贸关系的主旋律。

在霍布斯描述的所有人对所有人的战争中,是不存在合作的。这种所有人对所有人的战争也不利于所有人,因而需要找到一种有利于所有人的方法。对霍布斯而言,这就是社会契约论,通过合作来保持共存。西方国际关系理论中的均衡理论,中国战国时期的"合纵连横",都反映了这样的思想。人类历史表明,任何一个民族或国家都不可能独霸天下,其他民族或国家对试图独霸天下的民族或国家表现出共同的反抗。随着人类文明的发展,特别是随着国际法的发展,国家主权、独立、平等的观念被普遍接受,共处共进的观念正进一步得到巩固。更为重要的是,在人类科技发展的推动下,地球上的所有国家或民族组成了"地球村",各个国家之间相互影响和依赖。试图脱钩断链的想法不现实,这也是"去风险""多元化"的类似说法得以流行的原因。

但想法的不现实并不意味着没有这种想法,也不等于没有人实施这种想法。经济的全球性和政治的地域性或者法律的地域性之间存在着一定的矛盾。在李斯特批评亚当·斯密理论的时候,他说亚当·斯密把国家给忘了,可谓道出了本质。亚当·斯密的理论是在"自然自由的制度"的推定下适用的,用今天的术语讲,相当于在世界政府的框架下自由竞争。亚当·斯密忽视了国家的独立、生存和发展,忽视了国家间的竞争,忽视了国家间不时发生的战争现实。为了避免出现极端的、主观上不想接受的情况,合作是必要的。

在看到合作必要性的同时,还要看到,合作很大程度上来说是主权国的意志体现,受到主权国家意志的约束,受到国内法的制约。与竞争的内在性和不变性相比,合作也是博弈式的、动态的,甚至也可以说是机会主义的。合作表现出有限性和脆弱性,表现出一定的无奈、愿景、手段。合作的领域、合作的程度,常常受到诸多因素的影响,政府的更替、思潮的转变都会影响既有的合作。对这种合作应该有客观清醒的认识。一旦条件发生变化,合作就可能终止。美国退出伊核协议,并重新启动制裁,就是例子。在意大利、法国、德国和波兰等欧盟部分成员国退出或即将退出《能源宪章条约》后,欧盟正制定立法整体退出该条约。[①] 国家间的合作可以用当今的婚姻关系来类比。一般地说,当今婚姻制度的最大特点是婚姻自由,包括结婚自由和离婚自由,根本出发点是要维持独立性和尊严。国际法就如婚约,有缔约也有违约、毁约。期望一部条约可以适用于万世,期待国家间永远只有合作,是不现实的。无论是国家还是个人,都不会、也不能放弃独立性。当合作影响到独立性或引发风险时,合作可能就会被放弃或破坏。

3.3.2 合作方式

国家间合作的方式有多种。结合我们论述的主题,可以将国家间合作分为有法律基础的合作和无法律基础的合作。后者如两国建交之前的合作、两国之间的默契等。国家间合作更多地采取前者。美国与其盟友签署了一系列盟约,中国与"一带一路"沿线国家签署了一系列备忘录,都是合作协议。合作协议是否提供法律救济,或许存在一定的区别,但不是决定性的。如前所述,独立国家具有签约和退约的自由。

国际组织的建立和运作是国家间合作的一种高级方式。国际组织的章程规定了国家合作的方式。决策方式是对合作方式的根本性规定。类似世界贸易组织全体赞成的正向共识决策方式和全体否决的反向共识决策方式,类似联合国安理会的常任理事国一致同意且9票制要求,类似国际货币基金组织的加权决策方式,其他的诸如三分之二、四分之三或简单多数的票决方式,都对合作提出了具体要求。在世界贸易组织争端解决机制的改革过程中,没有美国的同意,任何改革方案都不可能获得通过;同样,没有欧盟或中国等重要成员的同意,也不可能取得改革共识。这就需要成员间彼此最大限度地合作,求同存异,促进共识。世界贸易组织多哈回合谈判所要求的一揽子协议方式没有取得预期的成果,现在一些成员推动的诸边谈判模式(JSI)是对新的合作模式的探索。世界贸易组织总干事伊维拉欢迎《投资便利化协定》诸边谈判的完成,并认为"谈判是逐步的自下而上的,使所有

---

① Statement by the Secretary General of the Energy Charter Secretariat on the draft Council Decision proposing the withdrawal of the European Union from the Energy Charter Treaty, 11 July 2023, https://www.energycharter.org/media/news/article/statement-by-the-secretary-general-of-the-energy-charter-secretariat-on-the-draft-council-decision-p/? tx_news_pi1%5Bcontroller%5D=News&tx_news_pi1%5Baction%5D=detail&cHash=44c59eb08571a57c64875f5eb94512d2, last visited August 13, 2023.

成员了解所提出的建议并从中受益"。①

履行国际协定义务是合作,通过争端解决机制解决争端也是合作。就国家而言,履行违约责任,也是一种合作方式。世界贸易组织争端解决机制一度被认为是"皇冠明珠",被认为是"长了牙齿"的制度,但即使在该机制运行良好时期,也有一些争端方通过磋商、以相互满意的方式解决了彼此间的争端。在一些国际协定中,有些规则争议适用该协定强制的争端解决程序,有些规则争议不适用这样的程序,而由相关缔约方磋商。初期的自由贸易协定对劳工、环境等内容的规定,多采取非强制性的磋商方式。如今的一些自由贸易协定中,特别是美国签署的自由贸易协定中,劳工、环境等争端被纳入强制性争端解决程序,但另有一些内容,如反垄断,不适用协定强制性争端解决程序。有一些章节,如有关中小企业的规定,基本上是道义性的合作规定。即便《1947年关税与贸易总协定》这一被普遍视为规定了强制性义务的协定,其第四部分"贸易与发展"基本上是道义性的倡导,并无具体的、可强制性的规定,可以视为是合作性规定。国际经贸条约中,世界贸易组织协定、自由贸易协定、双边投资协定,都规定了多种争端处理方式,这是合作;在一个协定中规定了众多议题,也是合作。自由贸易协定包括了货物贸易、服务贸易、投资、金融、知识产权、反垄断、税收等内容,也包括人权、劳工、反腐等内容,从而将自由贸易协定打造成一种综合治理的手段和机制平台,也是合作。

有些条约本质上就是合作性条约,并无违约救济性措施的规定或相关机制。世界知识产权组织管理的众多条约,如《保护工业产权巴黎公约》《保护文学艺术作品伯尔尼公约》,都无救济规定。这或许可以解释1991年到1992年中美之间知识产权谈判达成保护国际版权共识的原因以及乌拉圭回合谈判中纳入与贸易有关的知识产权议题的原因。《生物多样性公约》是一个名副其实的合作规定,它没有要求而是授权各个缔约方政府决定具体采取什么方式去实施。世界卫生组织《烟草控制框架公约》、联合国大会通过的《世界气候变化框架公约》,都是合作性安排。基于《联合国气候变化框架公约》达成的《巴黎协定》,体现了国家的自主安排。美国特朗普政府退出了这一协定,美国拜登政府又重新加入了这一协定。

1976年修订、1978年生效的《国际货币基金组织协定》第4条是一个全新条

---

① WTO, Investment facilitation negotiators announce deal on Agreement's text, https://www.wto.org/english/news_e/news23_e/infac_06jul23_e.htm July 8, 2023.【Talks have been step-by-step and bottom-up, allowing all members to understand what is being proposed and how it will benefit them.】

款,以浮动汇率制度取代了原本的固定汇率制度。修订后的第 4 条规定了成员与国际货币基金组织的合作义务①,是基金组织成员的基本行为规范。国际货币基金组织制定了相关规则,监督成员履行合作义务,避免操纵汇率。② 由于成员承担的是合作义务,国际货币基金组织监督的方法是对话方式、遵循合理怀疑从无的原则,迄今为止,还未出现国际货币基金组织认定成员违反合作义务的情形。但美国财政部却多次认定一些国家存在汇率操纵情形,美国甚至以越南盾存在汇率补贴为名征收反补贴税。③

　　根据国际条约是否具有强有力的争端解决机制,可以将国际法规则分为硬法和软法。有一种说法是,国际法硬法不硬、软法不软。对国际法的这一说法主要是相对于国内法而言的,指出了国际法发挥作用的特殊性。就软法而言,广义的国际法还包括类似谅解备忘录的法律义件,规定了签署方未来努力的内容,没有强制性的法律约束力。一些国家联合发布的一系列声明,也属于合作性的安排,指出了彼此的努力方向。美国特朗普政府期间以及拜登政府初期美国、欧盟和日本发布的有关贸易政策的多项联合声明,七国集团(G7)领导人会议和部长会议发布的诸多联合声明,都属于这一类型的合作安排。有的国际组织特意不采取条约方式而采取示范法方式,促进合作。国际统一私法协会制定的《国际商事合同通则》,联合国贸易法委员会通过的一系列示范法,都为推动相关立法发挥了重要的作用,其作用方式是合作的而非强制的。还要看到,有一些国际规范代表了一些技术标准,如国际电信联盟制定的标准、国际劳工组织制定的某些标准,虽属于软法范围,但其作用不容忽视。一些非政府组织推动的规范,一些产业协会使用的标准合同,例如国际商会制定的国际贸易惯例,都发挥重要的作用。设立于比利时的环球银行金融电信协会(SWIFT)性质上虽是一个非营利企业,功能上却是环

---

① Articles of Agreement of the International Monetary Fund, Article IV Obligations Regarding Exchange Arrangements, Section 1. General obligations of members: ... each member undertakes to collaborate with the Fund and other members to assure orderly exchange arrangements and to promote a stable system of exchange rates.

② IMF, 1977 Decision on Principles and Procedures, Decision No. 5392-(77/63), adopted April 29, 1977; Bilateral Surveillance over Member's Policies, Public Information Notice (PIN) No. 07/69, June 15, 2007; IMF, IMF Executive Board Adopts New Decision on Bilateral and Multilateral Surveillance, Public Information Notice (PIN) No. 12/89, July 30, 2012.

③ U. S. Department of Commerce Issues Affirmative Preliminary Countervailing Duty Determination for Passenger Vehicles and Light Truck Tires from Vietnam, Wednesday, November 4, 2020, https://www.commerce.gov/news/press-releases/2020/11/us-department-commerce-issues-affirmative-preliminary-countervailing, July 8, 2023.

球同业银行进行数据传送等的合作机构。俄乌冲突后,美国、欧盟等推动将俄罗斯数家银行排除在 SWIFT 系统之外。

国际法的国际合作安排要落脚到国内法来实施。国内法规定了一国处理国际经贸关系的基本原则、制度框架、部门权限划分、相关具体措施等。从执行力角度讲,国内法的作用一般超过国际法。不干涉他国内政,体现出合作理念。美国法院等采取的国际礼让和不方便法院或者不方便管辖原则或做法,都是合作方式,实际上是国内政府机构或国内司法机构在法律规定范围内自我设限的一种合作方式,以避免不必要的国际冲突。

3.3.3 国际合作与单边措施

由于合作涉及双方或多方行动,一定意义上说,合作可以理解成是双边或多边性的,竞争可理解为单边性的,但是不能简单地套用多边主义或单边主义。单边主义或多边主义不是一种法律语言,而是某种思想、某种思潮,根据特定的时间、地点、场合产生的一种行为倾向性,且与制度相关。约翰·鲁杰提出了对作为制度的多边主义的剖析[①],中国政府提出真正的多边主义,都含有与国际制度的联系。就政府行为而言,单纯违约本身,不能归类于单边主义,单边主义应当是大规模的、系统的、普遍的置国际规则于不顾的做法。多边主义,如果用在世界贸易组织法框架下,主要指的是遵循世界贸易组织的规则和程序。如果 A 成员指控 B 成员违反了相关义务,它只能通过磋商方式或者通过世界贸易组织规定的争端解决机制的方式来解决,而不能自认为利益受到侵害就随意采取贸易限制措施。在不同时期、由不同国家起诉而由不同机构审理的美国 301 条款案件具有相同的结果[②],其原因主要在于美国未遵循关税与贸易总协定或世界贸易组织要求的程序。

单边主义和多边主义实际上反映了各个国家、各个经济体对待国际制度的不同态度。如果继续探究下去,是个人跟集体、个人跟社会、个人跟国家的关系问题,这是一个不可能一劳永逸得到解决的问题,也不可能具有唯一的答案。众多

---

① 〔美〕约翰·鲁杰主编:《多边主义》,苏长和等译,浙江人民出版社 2003 年版,第 3—54 页。John G. Ruggie (ed.), *Multilateralism Matters: The Theory and Praxis of an Institutional Form*, Columbia University Press, 1993, pp.3-47.

② See United States—Sections 301-310 of the Trade Act 1974, WT/DS152, adopted on January 27, 2000; United States—Tariff Measures on Certain Goods from China, WT/DS543, panel report under appeal.

国家构成了一个国际社会,国家和国际社会之间的关系建立在国家主权、独立、平等的基础上。由于国际社会中国家之上无权威,国家间关系又回到了竞争和合作的问题上来。什么时候竞争,什么时候合作,什么时候采取单边方式,什么时候遵循多边程序,都由国家来决定。在某一特定时间点上,某一政府行为可能是对国际制度的违反和破坏;但是从法律制度动态发展的观念去看,某一违法行为可能构成了新的国际规则制定的契机,这就是我们说的需求驱动,对既有规则的完善和更新,在更高的层次上促进法律制度的发展。美国总统尼克松1971年8月宣布美元与黄金脱钩,导致了国际货币基金组织协定确立的固定汇率制度的事实上的破产,催生了当代浮动汇率制度的产生。关税与贸易总协定时期存在的缔约方阻止争端解决报告的做法,催生了世界贸易组织的以反向共识通过争端解决报告的做法,并建立了上诉机制。但上诉机制实际运行的结果导致了美国阻挠上诉机构成员遴选从而导致上诉机制瘫痪。世界贸易组织争端解决机制乃至世界贸易组织何去何从,需要世界贸易组织全体成员通力合作,达成新的共识。这些都表明,在某一时期认为可行的做法,在另一时期可能变得不合时宜。

世界贸易组织164个成员,遵循着共识决策原则,光靠个别成员捍卫多边主义不会取得预期的效果。要看到多边主义的优势,也看到多边主义的不足。在世界贸易组织上诉机制瘫痪后,欧盟和中国等成员推动建立了临时上诉仲裁机制,并且也开始处理案件。但同时,世界贸易组织争端解决机制的专家组机制继续运转,包括欧盟和美国等在内的成员仍然向本已瘫痪的上诉机制提起上诉。目前,世界贸易组织成员之间还缺乏解决面前困境的合作意愿和具体行动。如果缺乏合作意愿,再好的制度也会停摆。世界贸易组织总干事选举曾多次遇到因成员缺乏合作而陷入僵局的情形。世界贸易组织成立后的首任总干事选举,美国和欧盟就总干事人选产生分歧,美国支持一个候选人,欧盟支持另一个候选人,互不相让,最后不得不妥协,本来是一人四年的一个任期,分成每人任期三年的两个任期。经过这次事件后,世界贸易组织制定了新的总干事选举程序,之后的总干事选举顺利了几届,但是2020年又出现了僵局。中国、欧盟及绝大多数成员支持同一候选人,美国单独支持另一候选人。美国拜登政府上台后改变了态度,与其他成员合作,才最终选出世界贸易组织总干事。这说明,国际社会中,如果主要大国或者经济体不能达成共识,合作就无法进行,可能需要进行竞争性博弈,需要妥协。大国具有特殊的合作责任。

3.4 竞争与合作的原则

3.4.1 合作共赢还是零和博弈

中国政府早在20世纪50年代,就同其他发展中国家一起提出了"和平共处五项原则"。这实际上就体现了合作原则。中国政府一贯主张合作共赢,反对零和思维。中国共产党第二十次全国代表大会报告将合作共赢视为历史潮流不可阻挡,但同时也指出人类社会面临零和博弈的挑战。① 合作共赢这一中国共产党和中国政府的一贯主张,并没有获得美国、欧盟等国家或经济体的普遍接受。美国2022年国家安全战略报告将竞争置于报告的第一部分,提出了地缘政治竞争、战略竞争,并提出了民主政体与专制政体之间的竞争,认为中国是唯一有意图、有潜在能力重塑国际秩序的国家,计划竞胜中国【Out-compete China】。② 欧盟坚持将中国视为伙伴、竞争者和制度性对手。可以看出,世界主要国家或经济体对国际经济关系的主张是不同的。

主张是一种主观期望,一种未来发展目标,不代表现实。通向未来的道路是多种多样的,也是曲折循环的。从合作共赢与零和博弈的对立看,胜赢的结果和方法间至少存在着四种不同的关系:竞争独赢、合作共赢、竞争共赢、合作独赢。这正如博弈理论的囚徒困境所表明的。但与博弈理论的囚徒困境不同的是,囚徒的选择是有限的,已经存在的规则早已经确定了囚徒的身份,而在国际经济关系中未来是不确定的,活动者不同的选择完全可以塑造选择者的未来。人类的历史从来不是以特定人的意志为转移的,而是诸多合力的结果。近代以来的战争史表明,挑动、发起战争者,基本上没有实现其战争初衷。

---

① 习近平:《高举中国特色社会主义伟大旗帜 为全面建设社会主义现代化国家而团结奋斗——在中国共产党第二十次全国代表大会上的报告》(2022年10月16日),第十四部分"促进世界和平与发展,推动构建人类命运共同体"。

② White House, National Security Strategy, October 22, 2022, Part I and Part III.

竞争、合作与胜赢的关系

	独赢	共赢
竞争	竞争独赢	竞争共赢
合作	合作独赢	合作共赢

在中美贸易中，中国政府主张合作双赢，也认为实现了双赢。但美国特朗普政府认为美国在中美贸易中吃亏了，并基于美国1974年《贸易法》301条款采取了一系列贸易限制措施，随后基于各种理由采取了一系列制裁措施。这些措施在拜登政府得到了延续。拜登政府进一步强化了出口管制措施，甚至采取对外投资管制措施[①]，采取"小院高墙式"脱钩去风险措施。特朗普政府和拜登政府都强调实施以工人利益为中心的贸易政策，以此来指导美国的对外经贸关系，采取相应的执法措施。事实上，如果接受以美国底特律为代表的传统工业城市的衰落是美国贸易吃亏论的证明，中国东北作为传统的工业基地，作为新中国工业的摇篮，如今也失去了昔日光环，这是否也可作为中国贸易吃亏论的证据？

如前所述，国际经贸关系既包括国家间的关系，也包括生产商的关系，还包括消费者和工人的关系，以及这些不同关系的相互关系。无论是国家间的竞争还是合作，其结果都是多方面的。由于利益的不同及其冲突，部分利益体的胜出就可能意味着其他利益的退出。在20世纪80年代以来的经济自由化、全球化浪潮中，发达国家的投资者是赢家，这也意味着发达国家的工人因为工厂外迁而可能成为输家。是保护投资者（工厂主）还是保护工人？这个问题实际上在资本主义生产方式产生之初就已经存在了，今天普遍强调的劳工权利保护、社会福利保障，恰恰是早期工人运动的目标。就具体解决方式而言，是国内解决，还是国际解决？19世纪的国际工人运动、20世纪的社会主义运动和不结盟运动，实际上都在进行这方面的探求。北欧福利型国家选择了国内解决方案，原来的计划经济体制国家亦选择了国内解决方案，几乎所有国家都选择了国内解决方案。但是，这种国内方案不足以解决国际经济关系存在的问题。这也正是德国经济学家李斯特提出国家生产力、国家竞争力而不能仅关注生产商利益的原因所在。现实中，此消彼长的

---

① White House, Executive Order on Addressing United States Investments in Certain National Security Technologies and Products in Countries of Concern, AUGUST 09, 2023, https://www.whitehouse.gov/briefing-room/presidential-actions/2023/08/09/executive-order-on-addressing-united-states-investments-in-certain-national-security-technologies-and-products-in-countries-of-concern/, last visited August 15, 2023.

动态竞争,欲拒还迎的务实合作,在不断的具体政策调整中和优先执法措施中,满足着不同利益体的不同要求。

3.4.2 竞争与合作中遵循的原则

3.4.2.1 国家利益

竞争是本质,合作是手段也是目标。合作的目的是什么?指导原则是什么?是为了主权国家,为了国家的独立、平等,为了国家利益,还是为了国际社会共同利益?国家利益与国际共同利益是什么关系?《联合国国际法原则宣言》规定:"各国不问在政治、经济及社会制度上有何差异,均有义务在国际关系之各方面彼此合作,以期维持国际和平与安全,并增进国际经济安全与进步、各国一般福利及不受此差异所生歧视之国际合作。"[①]应该说,国家利益是国际竞争与合作所遵循的根本原则。国家利益虽然难于准确界定,但确是存在的。国家安全是最核心的最稳定的国家利益,不因时代和形势变换而变换,也不因各种思潮主张而动摇。外围性的国家利益可以变化,可以随着具体形势、问题的不同而有所调整,强化或弱化某一具体利益,但核心利益是底线、是内核。美国最早发起贸易战的理由是贸易逆差、贸易不公平、贸易吃亏论,但后来的发展越来越证明这是中美两国矛盾的具体体现,这一事实也为民主党拜登政府取代共和党特朗普政府但坚持同一政策所证实。美国拜登政府发布的国家安全战略和特朗普发布的国家安全战略一脉相承。在中国方面,维护国家统一、国家安全的根本宗旨没有变。面对着美国等以中国香港、新疆事项为由采取的贸易制裁措施,中国政府针锋相对。但我们同时看到,中美双方为了捍卫各自的利益,均采取了竞争与合作的两手,在适合竞争的领域竞争,在适合合作的领域合作。之所以出现似乎与各自主张不同的措施,都是为了捍卫自己的国家利益。各个国家站在不同的角度,对相同问题采取不一样的立场,这也是国家间竞争的一个表现。而尽管立场不同,却仍然进行交流访

[①] 1970 Declaration on Principles of International Law concerning Friendly Relations and Co-operation among States in according with the Charter of the United Nations, Adopted by the UN General Assembly Resolution 2625 (XXV) of 24 October 1970, Principle 4, The Duty of States to Co-operate with One Another in Accordance with the Charter.【States have the duty to co-operate with one another, irrespective of the differences in their political, economic and social systems, in the various spheres of international relations, in order to maintain international peace and security and to promote international economic stability and progress, the general welfare of nations and international co-operation free from discrimination based on such differences.】

谈,这又是合作的表现。

主权、安全和发展是国家利益的核心。国家主权、安全、发展是中国政府的一贯提法,但可以适用于全世界各个国家,没有哪一个国家不捍卫自己的主权、安全和发展利益。主权是国家身份,安全是最基本条件,发展是一国的权利和空间。在主权、安全和发展之间,也会存在一定的矛盾和冲突,具体发展哪一些利益,需要根据整体利益与局部利益、长远利益与眼前利益来妥善平衡。以2020年1月15日中美签署的《中美贸易协定》为例。中美双方举行了多轮的艰苦谈判,有博弈有合作,谈判结果为中美双方政府接受。对于这一协定,有的人认为中国让步太多,但不让步就不能达成双方满意的结果。一个稳定的、可预期的中美贸易关系,是中国政府追求的目标,为了更好地发展中美贸易,适当让步也是可以接受的,也可以视为为了捍卫更根本的权利或者发展权利。现在回头看,2020年签署的《中美贸易协定》只是双方矛盾的一种局部的暂时的解决。竞争与合作仍然在路上。

3.4.2.2 经济利益和产业利益

在战争的作用与合法性被削弱之后,经济利益冲突、经济战的地位和作用得到凸显。经济利益主要是产业利益。相对完整的产业链、产业群、相对完备的产业体系,能够更好地保障供应链的韧性和安全。李斯特在其著作中指出:"如果不靠我们自己的法制,在以我们自己的国家利益为前提下指导我们自己的国内产业,就不能防止外国以它自己实际的或者推定的利益为依据来限制我们的国内企业。这种情况下,无论如何对我们生产力的发展都是不利的。"[①]这话可谓一语道破天机。新冠疫情全球暴发期间,口罩供应都成为影响国家利益的大事。时至今日,美国政府强化的并且与其他盟国一起实施的芯片出口管制,通过《芯片与科学法》补贴美国芯片产业建设,都是实例。

经济利益和国家安全实际上是相互转换的。由于科学技术的发展,传统上对国家安全的理解过于狭义,主要按照战争、武力等造成的危险判断安全。传统上,军用品和民用品的区别还是比较明显的。随着当今军民两用物品的增多,特别是

---

① 〔德〕弗里德里希·李斯特:《政治经济学的国民体系》,陈万煦译,商务印书馆1961年版,2017年重印,第166页。Frederich List, *The National System of Political Economy*, Longmans, Green, and Co., 1909, p.136.【It follows from this, that were we to disown giving, by means of our own legislation, a direction to our own national industry in accordance with our own national interests, we could not prevent foreign nations from regulating our national industry after a fashion which corresponds with their own real or presumed advantage, and which in any case operates disadvantageously to the development of our own productive powers.】

智能产品的出现,经济安全的范畴越来越广,经济利益和国家安全形成了非常密切的关系。我们需要扩大对国家安全的理解,我们需要提高经济利益和国家安全的高度与维度。在大国之间发生大规模战争可能性较小的情况下,经济利益发挥的作用会越来越大。

3.4.2.3 遵循《联合国宪章》和以《联合国宪章》为基础的国际规则

《联合国宪章》确立了当代国际政治秩序和法律秩序,确立了国家间交往的基本原则和规则。联合国大会1970年通过了《关于各国依联合国宪章建立友好关系及合作之国际法原则之宣言》(以下简称《国际法原则宣言》),由当时的所有成员国投票通过,体现出了共同认知、普遍认可。一定意义上也可以说它构成了一般习惯法的内容。宣言包括很多部分,其中一个部分就是各国依据宪章彼此合作之义务。第一,通过合作以维持国际和平与安全。合作明显地表现出了手段的特征。第二,依据平等和不干涉原则处理经济、社会、文化、技术及贸易方面的国际关系。这些国际关系就是我们所说的经贸关系,属于国际经济法调整的内容。同时需要指出的是,这里说的不干涉经济、社会、文化、技术和贸易,不要从字面上去理解,需要从国家独立与合作两方面去理解,看是否违背了国家意志。以关税为例。传统上,一个国家的关税都是国家独立制定的,后来逐渐发展到通过双边互惠协定的方式来规定。美国在1930年《关税法》之前,关税税率由国会立法直接规定,从1934年《互惠贸易协定法》开始,通过双边协定、彼此减让的方式来规定关税的税率,最终发展到《关税与贸易总协定》以及现在的世界贸易组织。但这种互惠安排要与历史上违背一国意志的不平等条约区分开来。现在经贸领域实际上是一个合作和竞争的关系,通过独立、平等的谈判达成协议,反映了彼此独立接受的成果。以《中国加入世界贸易组织议定书》的内容为例。该议定书第12条是"特定产品过渡性保障措施"的规定,为期12年。① 孤立地看,这是对中国的一种歧视性安排,但从过渡性安排这一角度看,从中国申请加入世界贸易组织这一角度看,议定书中规定的条件反映了中国政府与世界贸易组织其他相关成员的共同意志,是要价—出价谈判的结果,是竞争与合作的结果。

3.4.2.4 共同发展

联合国《国际法原则宣言》规定了维护国际和平与安全的合作义务。国家在和

---

① China's Accession Protocol,Part I,Article 16.

平与安全的基础上发展。发展问题是国际社会最关注的问题之一。联合国以及联合国贸发会议、布雷顿森林集团、世界贸易组织等国际机构，通过不同的方式促进全球发展。国际经济新秩序、成为人权组成部分的发展权、世界贸易组织多哈发展回合，代表了国际社会促进发展的努力。经济增长、社会进步、人的发展，成为国际社会发展观的三部曲。无论是中国政府倡导的新发展观，美国政府提出的以工人为中心的贸易政策，欧盟提出的战略展望，还是联合国提出的 2030 年发展议程，可持续发展是各国和国际社会共同的目标。只有实现共同发展，才能克服或避免所谓的吃亏论、不平衡论、风险论，才能抑制破坏可持续发展的各种单边措施。无论如何定义竞争与合作关系，发展是其中的一环。下文进一步分析。

3.5 国际社会共同发展

3.5.1 从发展到可持续发展

无论是竞争还是合作，相对于发展而言，都是手段。发展才是目的。

促进经济及社会发展，是《联合国宪章》的一项宗旨，其序言规定"运用国际机构，以促成全球人民经济及社会之进展"。《联合国宪章》设立经济与社会理事会，就国际经济、社会、教育、卫生及其他有关事项进行研究、作出报告，并向联合国大会、联合国会员国及专门机关提出建议，就增进全球人类之人权及尊重和维持基本自由提出建议，并向安理会提供情报、协助安理会。《联合国宪章》的这些规则，为联合国处理发展问题提供了依据和指导。联合国大会在促进发展方面发挥了重要的作用。为解决发展问题，联合国大会发起多个发展十年倡议、发展议程，促进全球发展特别是发展中国家的经济发展。

发展中国家通过联合国大会建立国际经济新秩序的努力，主要处理发达国家与发展中国家之间的国际经济关系，并没有就"发展"这一概念本身的内涵进行探讨，也没有探讨发达国家是否也面临着发展问题。这一情形在 20 世纪 70 年代得到改变。发达国家看到了以经济增长为主的发展模式产生的问题，提出了可持续发展的发展理念。1972年罗马俱乐部发表《增长的极限》报告,预言经济增长不可能无限持续下去;同年联合国人类环境大会通了《联合国人类环境宣言》。1973年爆发石油危机。经济增长带来的环境问题越来越影响着人们对发展的看法。1980年联邦德国前总理勃兰特领导的国际发展问题独立委员会向联合国秘书长提交《北方和南方:争取生存的纲领》的研究报告("勃兰特委员会报告"),提出发展中国家和发达国家相互依存及共同面临的发展问题。1987年挪威前首相布伦特兰领导联合国世界环境与发展委员会向联合国秘书长提交了《我们共同的未来》的调查报告("布伦特兰报告"),提出并强调不同代际可持续发展——满足当代人的需要,又不损害后代人满足自身需要的能力——的重要性,指出人类面临共同的挑战,号召全球共同努力。① 这些事件和报告,极大地影响了国际社会对发展的认知,发展已经不再局限于消除发达国家与发展中国家之间的经济差距,环境保护、人权等内涵逐步渗透到发展这一概念中。

　　1986年联合国大会通过的《发展权利宣言》②,将发展权利界定为一项不可剥夺的人权,既是个人人权,又是集体人权,涵盖经济、社会、文化和政治发展四个领域,将发展观提升到一个新的高度。"发展是经济、社会、文化和政治的全面进程,其目的是在全体人民和所有个人积极、自由和有意义地参与发展及其带来的利益的公平分配的基础上,不断改善全体人民和所有个人的福利。""发展权利是一项不可剥夺的人权,由于这种权利,每个人和所有各国人民有权参与、促进并享受经济、社会、文化和政治发展,在这种发展中,所有人权和基本自由都能获得充分实现。"③《发展权利宣言》,以《世界人权宣言》《经济、社会、文化权利国际公约》和《公民权利和政治权利国际公约》为基础,承认人是发展进程的主体,发展政策应使人

---

① 世界环境与发展委员会的报告《我们共同的未来》,载于联合国大会文件 A/42/427 中文本。UN General Assembly,A/42/427,August 4,1987,Report of the World Commission on Environment and Development:Our Common Future.,https://documents-dds-ny.un.org/doc/UNDOC/GEN/N87/184/67/IMG/N8718467.pdf? OpenElement,Last visited August 12,2023.

② 联合国大会1986年12月4日第41/128号决议通过。Declaration on the Right to Development,Adopted by General Assembly resolution 41/128 of December 4,1986.

③ 《发展权利宣言》序言和第1条第1款。Declaration on the Right to Development,preamble and Article 1.1.【Development is a comprehensive economic, social, cultural and political process, which aims at the constant improvement of the well-being of the entire population and of all individuals on the basis of their active, free and meaningful participation in development and in the fair distribution of benefits resulting therefrom. 】【The right to development is an inalienable human right by virtue of which every human person and all peoples are entitled to participate in, contribute to, and enjoy economic, social, cultural and political development, in which all human rights and fundamental freedoms can be fully realized.】

成为发展的主要参与者和受益者,而创造有利于各国人民和个人发展的条件是国家的主要责任,发展机会均等是国家和组成国家的个人的一项特有权利。通过这些规定,《发展权利宣言》将个人与国家、发达国家与发展中国家的共同发展紧密联系在一起,强化了每一个国家促进发展的主要责任。

冷战结束,以"华盛顿共识"为代表的经济政策盛行①,国际经济新秩序追求的发展理念淡化,建立在可持续发展和发展权基础上的发展观念得到强化。1992年《联合国里约环境和发展宣言》代表了发展与环境关系的一个新时代的开始。该宣言确立的"各国负有共同的但有区别的责任"原则,与可持续发展一起,在《联合国气候变化框架公约》中以首要法律原则的形式得到了确认:"各缔约方应当在公平的基础上,并根据他们共同但有区别的责任和各自的能力,为人类当代和后代的利益保护气候系统。"②2015年达成的《联合国气候变化框架公约》之《巴黎协议》进一步明确推行《联合国气候变化框架公约》目标,并遵循其原则,"以公平为基础并体现共同但有区别的责任和各自能力的原则,同时要根据不同的国情",以"国家自主贡献"的方式执行。③ 这种安排,既加强了对气候变化威胁的全球应对,又将可持续发展和消除贫穷结合起来。

2015年10月29日,习近平在党的十八届五中全会第二次全体会议上提出了创新、协调、绿色、开放、共享的新发展理念。2018年3月11日,第十三届全国人民代表大会第一次会议通过的中华人民共和国宪法修正案增加了"贯彻新发展理念"的内容。2022年党的二十大报告进一步明确提出"加快构建新发展格局,着力推动高质量发展"的要求和目标。④ 2021年9月21日,国家主席习近平在北京以

---

① "华盛顿共识"指设于美国华盛顿的世界银行和国际货币基金组织、美国财政部自20世纪80年代以来向发展中国家特别是拉丁美洲国家提供援助时提出的政策条件,主要包括私有化、市场化、放松管制、紧缩财政等内容。1989年英国经济学家John Williamson首次使用这一概念描述这一做法。See John Williamson, What Washington Means by Policy Reform, in John Williamson (ed.): *Latin American Readjustment: How Much has Happened*, Washington: Institute for International Economics 1989.

② 《联合国气候变化公约》第3条"原则"第1项。United Nations Framework Convention on Climate Change (UNFCCC), Article 3.1 Principles.【The Parties should protect the climate system for the benefit of present and future generations of humankind, on the basis of equity and in accordance with their common but differentiated responsibilities and respective capabilities.】

③ 《巴黎协议》序言,第2条和第3条。Paris Agreement, Preamble, Articles 2.2 and 3.1.【This Agreement will be implemented to reflect equity and the principle of common but differentiated responsibilities and respective capabilities, in the light of different national circumstances.】

④ 习近平:《高举中国特色社会主义伟大旗帜 为全面建设社会主义现代化国家而团结奋斗——在中国共产党第二十次全国代表大会上的报告》,2022年10月16日,第四部分。

视频方式出席第七十六届联合国大会一般性辩论并发表重要讲话,提出全球发展倡议:一是坚持发展优先;二是坚持以人民为中心;三是坚持普惠包容;四是坚持创新驱动;五是坚持人与自然和谐共生;六是坚持行动导向。① 这代表着中国对发展全球理念的重要贡献。

3.5.2 与发展有关的贸易规则

国际社会对发展的理解愈益丰富和深入。但认知只有落实于规则、以制度作支撑,才能落地生根具有生命力。

1964 年联合国贸发会议上,发展中国家提出发达国家应当向发展中国家提供优惠以补偿既有贸易制度造成的不公正。作为回应,关税与贸易总协定缔约方全体于 1965 年 2 月以《关于修订关税与贸易总协定增加第四部分贸易与发展的议定书》的形式,修改了《关税与贸易总协定》,并于 1966 年生效。但该部分并没有规定发达国家帮助发展中国家发展或向发展中国家出口产品提供优惠的法律义务。1968 年联合国秘书长召集的援助发展中国家计划的会议,同意建立一个"普遍的、非互惠和非歧视的优惠待遇",即普遍优惠待遇,由各国自主实施。② 由于该优惠待遇被认为违反关税与贸易总协定的非歧视待遇,关税与贸易总协定缔约方全体大会 1971 年通过决定,对向发展中国家提供普遍优惠待遇的国家暂时豁免《关税与贸易总协定》第 1 条规定的普遍无条件的最惠国待遇义务。1979 年关税与贸易总协定东京回合谈判期间,缔约方全体又通过了"发展中国家的差别和更优惠的待遇、互惠和全面参与"的决定("1979 年授权条款"),授权发达缔约方根据普遍优惠待遇制度对产自发展中国家的产品给予优惠的关税待遇。③ 1995 年生效的《世界贸易组织协定》正式将 1979 年授权条款纳入世界贸易组织规则体系,成为对发展中国家永久性提供优惠待遇的法律依据。

除 1979 年授权条款外,《世界贸易组织协定》中还存在其他的针对发展中国家的特殊待遇条款。《世界贸易组织协定》是为处理世界贸易组织成员间贸易关系

---

① 《习近平出席第七十六届联合国大会一般性辩论并发表重要讲话》,载《人民日报》2021 年 9 月 22 日第 1 版。

② The Agreed Conclusions of the United Nations Conference on Trade and Development Special Committee on Preferences, 1968, EC-Preferences, WT/DS246/R, Annex D-4.

③ GATT, Generalized System of Preferences; Decision of 25 June 1971, L/3545, June 28, 1971; GATT, Differential and More Favourable Treatment, Reciprocity and Fuller Participation of Developing Countries; Decision of 28 November 1979, L/4903, December 3, 1979.

提供共同组织机构的协定。① 世界贸易组织的宗旨,是提高生活水平、保证充分就业、保证实际收入和有效需求的大幅稳定增长、扩大货物和服务的生产和贸易,并遵循可持续发展目标,最佳利用资源、保护和维护环境。保护发展中国家与其经济发展需要相当的贸易份额也是该组织的目标之一。通过贸易自由化、达成互惠互利安排,实现上述目标。② 在具体规则中,发展中国家成员享有特殊差别待遇的形式是多种的:发展中国家成员承担不同于发达国家成员的较低水平的义务,发展中国家成员履行义务的灵活性,对最不发达成员提供更优惠待遇,发达国家"尽最大努力"帮助发展中国家的承诺,总理事会授权免除发展中国家成员的某项义务,向发展中国家提供技术援助和培训。世界贸易组织规则中还对最不发达国家成员的义务作出了特别规定。世界贸易组织还专门针对发展中国家的情况,修订《与贸易有关的知识产权协定》。

2001年11月在卡塔尔多哈举行的世界贸易组织部长会议通过部长宣言、发起多哈回合谈判。"忆及《世界贸易组织协定》序言,我们将继续作出积极努力,确保发展中国家特别是最不发达国家,在世界贸易增长中获得与其经济发展需求相当的份额。在这方面,加强市场准入、平衡的规则、具有针对性、资金可持续的技术支持和能力建设方案具有重要的作用。"③时任总干事拉米进一步强调,"发展维度一直是本回合议程每一领域中谈判的核心……发展是多哈回合存在的理由"。④世界贸易组织秘书处曾汇总多哈回合谈判中有关发展的诸项内容,并总结指出,发展已经融入谈判的每一事项,已经提出的大量谈判建议均旨在解决每一议题的

---

① WTO Agreement, Article 2.1.
② WTO Agreement, Preamble.
③ Doha WTO Ministerial 2001: Ministerial Declaration, WT/MIN(01)/DEC/1, November 20, 2001, available at https://www.wto.org/english/thewto_e/minist_e/min01_e/mindecl_e.htm, last visited August 12, 2023.【Recalling the Preamble to the Marrakesh Agreement, we shall continue to make positive efforts designed to ensure that developing countries, and especially the least-developed among them, secure a share in the growth of world trade commensurate with the needs of their economic development. In this context, enhanced market access, balanced rules, and well targeted, sustainably financed technical assistance and capacity-building programmes have important roles to play.】
④ Lamy says the Round's development potential must be preserved, available at https://www.wto.org/english/news_e/news05_e/stat_lamy_28nov05_e.htm, last visited August 12, 2023.【The development dimension remains at the very centre of these negotiations in every area of the Round's agenda... development is at the core of this Round. Development is the raison d'être of the Doha Round.】

发展方面。① 正由于多哈回合谈判将发展置于核心地位,又被称为"多哈发展回合"或"多哈发展议程"。对发展中国家的特殊差别待遇和贸易援助,是发展谈判的两个方面,延续了发展中国家的长期要求。但是,以发展为核心的世界贸易组织多哈谈判,经历十几年的艰辛历程后无果而终。这些事件表明,国际社会促进发展的努力面临着重大的困难。

世界贸易组织多哈谈判遇挫期间和失败后,双边和区域自由贸易安排得到了发展。经济发展水平不一的经济体之间缔结自由贸易协定、建立自由贸易区,成为涵盖广泛议题、强化综合治理、促进经济发展的手段。无论是发达国家还是发展中国家,遵循市场相互开放、贸易投资壁垒相互降低、互利互惠共同发展的原则,规范相互间的贸易关系,明确彼此权利和义务。在自由贸易协定或类似安排中,几乎均将发展列为其中的内容。不过,虽然促进发展是每一个自由贸易协定谈判方所宣称的主要目的,但自由贸易协定中的"发展"章节内容却又满是空洞劝告和善良愿景。与其他章节的强制性义务相比,有关发展的规定仍显软弱,类似于 GATT1947 第四部分。

中美贸易冲突和新冠疫情以来,特别是俄乌冲突以来,当今国际社会对待发展问题的态度更为复杂、任务更为艰巨。各国经济发展的差异性,发达国家经济的内在不平衡和不稳定性,发展中国家的发展和变化,使当今国际经济格局一方面不同于过去的东西方间、南北方间的对抗,另一方面仍带有某种竞争、对抗的因素。经济发展演变成了国家安全的重要维度。随着发达国家去风险措施的加剧,世界正面临着不同区域间、不同国家间脱钩的危险。这种逆全球化的措施和局势,使得促进贸易自由化的世界贸易组织规则更加边缘化。美国正在推动印太经济框架,背离了传统的扩大市场准入的做法;欧盟正在强化基于经济安全的发展战略,促进供应链韧性,防止经济依赖武器化造成的风险。中国方面,中国提出"中国秉持共商共建共享的全球治理观"。② 中共二十大报告进一步明确,"中国提出了全球发展倡议、全球安全倡议,愿同国际社会一道努力落实。中国坚持对话协商,推动建设一个持久和平的世界;坚持共建共享,推动建设一个普遍安全的世

---

① See Developmental aspects of the Doha Round of Negotiations, Note by the Secretariat, WT/COMTD/W/143/Rev. 1, 22 November 2005, available at https://www.wto.org/english/news_e/news05_e/stat_lamy_28nov05_e.htm, last visited August 12, 2023.

② 习近平:《决胜全面建成小康社会 夺取新时代中国特色社会主义伟大胜利——在中国共产党第十九次全国代表大会上的报告》,2017 年 10 月 18 日。

界;坚持合作共赢,推动建设一个共同繁荣的世界;坚持交流互鉴,推动建设一个开放包容的世界;坚持绿色低碳,推动建设一个清洁美丽的世界。"[1]所有这些努力,都预示着全球共同发展将是一个渐进的艰难的发展过程。有关发展的国际经济规则也将得到重塑。

---

[1] 习近平:《高举中国特色社会主义伟大旗帜 为全面建设社会主义现代化国家而团结奋斗——在中国共产党第二十次全国代表大会上的报告》(2022年10月16日),第十四部分"促进世界和平与发展,推动构建人类命运共同体"。

4 国际经济法的价值观:自由、公平和安全

4.1 国际经济法的价值观
4.2 自由贸易与贸易保护的双重奏
4.3 人言人殊的公平贸易
4.4 无处不在、时隐时显的国家安全

4.1 国际经济法的价值观

4.1.1 国际经济法中是否存在价值命题

法律是行为规范,规定应当干什么和不能干什么。在法律学者中,自然法和实在法、应然和实然【lex lata and lex ferenda】①、合法性和正当性这几对概念是回避不开的。本质上,这是法律和道德的关系问题,是法律的价值观问题。用西方法理学的术语,可以说是法律的道德无涉或道德有涉。② 用中国的当代术语,是法治和德治问题。类似的问题似乎已是常识。但在国际经济法中,似乎很少存在这样的价值性追问。国际经济法中是否也存在价值观这样的问题,在国际经济法的教学和研究、制定和适用中多大程度上考虑了价值观问题?

既然在其他法律中存在着价值观问题,那么国际经济法作为调整国际经济关系的法律规范的总称,逻辑上也应该存在着价值观问题。提出在多大程度上考虑了价值观这样的问题,旨在表明国际经济法中存在着价值观问题,但也存在着忽视价值观的问题。文明人和野蛮人的划分、国际经济新秩序的构建、市场经济秩序、公平公正的国际经济秩序等宏大命题,都是价值观的表达。但另一方面,又存在着忽视价值观多元性的情形,存在着以一种价值观抑制甚至取代另一价值观的现象。举例来说,投资者利益和东道国公共利益都应受到保护,但在一段时间内投资者保护被强调到了不恰当的程度,可持续发展理念的提出和接受一定程度上平衡了投资者利益和东道国公共利益的保护问题。发达国家与发展中国家的区分,不仅仅是发展水平的界定,也体现了发达国家和发展中国家不同价值观的追求。曾经被奉为圭臬的效率原则和低成本原则,如今被美国拜登政府贸易代表说

---

① See Bin Cheng,"How Should We Study International Law?", 13 *Chinese Yearbook of International Law and Affairs* 214 (1994—1995), pp. 225-228.

② See H. L. A. Hart, *The Concept of Law*, 2nd edition, Clarendon Press, 1994.

成是比烂/逐底竞争。① 这真是价值观的巨大变化,其影响不可低估。在中国,改革开放后的一段时间内,国家政策导向是效率优先、兼顾公平,企业减员增效曾是其表现形式;如今,国家政策导向转为公平优先、兼顾效率,反映出价值观的变化,亦对经济活动、社会发展产生重要影响。

按我们的主流认识,国际经济法是调整国际经贸关系的法律规范的总称,包括了公法与私法两类规范、国际法和国内法两种法律体系。这些不同法律规则因为调整国际经贸关系这一共同任务,成为国际经济法学这一学科的研究对象,成为边沁表述的"观念对象"。因为是诸种法律规范的总称,国际经济法的价值观问题既与其他规范的价值观相联系,也具有自己的独特性。作为一个独立学科,国际经济法学必须研究价值观问题。这一认知,无关思想左右、无关地域中外。而法律中的价值问题,既是现实又是历史。国际经济法中的价值观问题也不例外。事实上,国内许多国际经济法学者已经对这一问题进行了比较深入的研究。②

4.1.2 贸易到非贸易的价值发展

价值引领规则,规则规范行动。回顾一下近代国际法的思想史和发展史,可以看到各种价值此起彼伏。从格老秀斯对海上捕获的辩护到维多利亚对与美洲交往权的论证,从奴隶贸易到禁止奴隶贸易,从殖民到非殖民,再到今天被视为天经地义的人权,这些不同的价值观直接影响到国际经贸规则的发展和适用。美国法院最早在反垄断法案件中适用的效果原则,经过初期的国际社会反对和抗议后③,已经被普遍接受为调整国际市场中企业行为的规则。如今,美国贸易代表对竞争政策中消费者福利标准的反思④,也将对美国反垄断法政策以及国际社会国际经贸往来产生新的影响。

---

① Ambassador Katherine Tai's Remarks at the National Press Club on Supply Chain Resilience, https://ustr.gov/about-us/policy-offices/press-office/speeches-and-remarks/2023/june/ambassador-katherine-tais-remarks-national-press-club-supply-chain-resilience, July 3, 2023.

② 参见车丕照:《法学视野中的国际经济秩序》,清华大学出版社2021年版,第三章"国际经济秩序的价值目标";何志鹏:《国际经济法治:全球变革与中国立场》,高等教育出版社2015年版,第二篇"国际经济法治的价值定位";刘志云:《国际经济法律自由化原理研究》,厦门大学出版社2005年版。

③ See Cecil J Olmstead (ed.), *Extra-territorial Application of Laws and Responses Thereto*, International Law Association in association with ESC Publishing Limited, 1984.

④ Ambassador Katherine Tai's Remarks at the National Press Club on Supply Chain Resilience, https://ustr.gov/about-us/policy-offices/press-office/speeches-and-remarks/2023/june/ambassador-katherine-tais-remarks-national-press-club-supply-chain-resilience, July 3, 2023.

一般地说,国际经济关系的调整包括了正面的允许、促进和反面的限制、禁止,从历史的发展过程看,经贸关系或经贸活动是逐步扩大的,贸易限制由大量的、普遍的发展到少量的、例外的。在市场准入方面,由正面清单过渡到负面清单时,自由贸易价值得到了充分体现。

GATT1947和《世界贸易组织协定》奠定了促进贸易自由化的多边贸易秩序的基础。正是建立在自由贸易这样的价值观基础之上,才有GATT1947的一般例外和安全例外条款。这样的规则架构安排,体现出不同价值之间的联系,突出公共利益和国家安全的至上价值,但从中也明显地看出自由贸易与国家安全的二分法。到世界贸易组织时代,这样的一般例外和国家安全例外进一步扩大到服务贸易、知识产权保护及相关投资,并且在具体事项上有了进一步扩大。例如,《服务贸易总协定》一般例外条款扩大到公共秩序、个人隐私、个人信息以及安全【safety】。在国际投资方面,传统双边投资协定几乎未有类似于GATT1947的一般例外条款和国家安全例外条款,体现出单纯的财产保护和明显的私有财产不受侵犯这样的价值取向;如今,双边投资协定和自由贸易协定投资章节中出现了类似GATT1947的一般例外和基本安全例外条款,并有所扩展。平衡投资者利益和东道国公共利益、促进可持续发展,逐步成为全球性的价值共识。

类似上述的一般例外或国家安全例外条款,构成了自由贸易基本制度的例外,更多地用于争端解决程序中的正当性抗辩,免除违约责任。这种对公共利益价值或安全价值的维护是避让式的、被动的,这些价值本身并没有普遍渗透到具体贸易规则中。当代的国际经贸规则似乎朝着价值观贸易的方向发展,贸易规则本身体现了价值的取舍。产业链安全要求就是一个例子。禁止强迫劳动、环境保护、劳工保护、反腐败等,越来越多的价值直接体现在规则中,而不是作为例外出现。在可预期的未来,这样的变化将变得更为明显。国际经济法的价值,不仅仅是贸易价值,非贸易价值将会越来越多。价值与经贸关系紧紧地联系在一起,体现出价值与经贸关系既相互促进又相互制约的辩证关系。

4.1.3 国际经济法的重要价值

既然国际经济法是多种法律规范的总称,其他法律规范中的价值命题也应当成为国际经济法的价值命题。但国际经济法不是构成整体中的个体,它是总体,它的价值命题必然有其独特之处,既有综合性又有独特性。最根本的、最普遍的价值命题是贸易与非贸易的关系,用中国语言表述,是义与利的关系。在中国传统文化中,取义舍利的倾向性是很明显的。《论语》中的"不义而富且贵,于我如浮云"这一思想,也体现在国际经济法的价值中。从一定意义上讲,国际经济法的价值观,就是人的价值观。人的需求是多样性的、价值观是多元的,在处理个人与社会、社会与自然、国家与国际社会的关系中,多元价值观中又表现出一定的主流性,而这种主流性又随着社会、经济、科技的变化而转变;同时,非主流价值也对主流价值产生一定的影响,在满足一定条件时原来的非主流价值转变为主流价值。由于地域、交通、通讯、民族、语言文化等因素的影响,不同国家和地区的主流价值观并非同步演进,在时间和空间上表现出一定的差异性。

国际经济法的价值观,集中体现为自由、公平和安全三大主题。这三大主题相互联系和影响,在不同时期和领域发挥着不同的作用和影响,各国亦基于自己的国情表现出不同的偏好。自由贸易一直被视为主流价值观,反映了国际经济交往的需求和现实。自从商品经济产生以来,为交换而生产成为推进人类文明进步的巨大动力,一国闭关锁国不可能进步和发展。自由贸易作为一种必然性,作为推动人类文明向前发展的力量,得到倡导和遵循。但人类固有的、不同于动物的道德观、义利观,表现出对某些行为的厌恶和拒斥,表现为对某些经济活动、贸易行为的厌恶和拒斥,从而对自由贸易产生了约束。这种对待贸易行为的道德观,就是公平贸易价值观。奴隶贸易的废除很典型地反映了人类的这种价值追求。当今世界对人权的尊重和保护,也体现在国际经济交往过程中,丰富了公平贸易的内涵。但无论是自由贸易还是公平贸易,都发生于不同国家或经济体之间,由于不同国家或经济体间的自然禀赋、科技实力、发展水平等不同,国际经济交往可能影响国家或经济体的独立性和价值观,从而引发对安全的担忧。因此,国家安全成为国际经济交往的最基本的关注。任何一个国家主观上都不会把丧失自己的独立性作为扩大对外经济交往的条件。殖民地国家政治上独立后对经济独立的追求,当今世界各国对供应链安全的关注,美国等发达国家国际经贸政策的调整和转变,无一不体现出了对安全的优先关注。

自由、公平和安全,像一个不稳定三角形,因内力和外力的作用而发生变化。不同国家在不同时期的优先关注并不相同,同一时期不同国家的优先关注并不相同,同一国家不同时期的优先关注也不相同。一国经贸政策首先反映本国人民的需求、反映本国利益诉求,这些需求和诉求不断变化和发展。一国内部的政治力量也影响着一国对外意志的表达。这些因素影响到经贸政策的法律化。例如，历史上，美国行政部门推动《国际贸易组织宪章》的谈判和制定，但没有获得立法部门的审批和同意；美国特朗普政府上任第一天就宣布退出前任政府推动谈判达成的《跨太平洋伙伴关系协定》。另一方面，国内利益关注的转变，直接影响对外经贸政策。美国特朗普政府和拜登政府以工人为核心的贸易政策，弱化了对自由贸易政策的追求。这种政策变化进而影响到其他国家的认知和经贸政策的变化，在国际社会未能达成共识时将引起不同国家间贸易政策和执法措施的冲突。

4.2 自由贸易与贸易保护的双重奏

4.2.1 从重商主义到自由贸易

从贸易政策讲，实际上始终存在着自由贸易和贸易保护两种主张。这两种主张乍听起来似乎是相互对立的，但实质上是同一个问题的两个方面，而且这两种主张无所谓好坏。不同时间、不同地点、不同国家交替采取这两种主流贸易政策。经济政策总是要解决现实问题，现实变了，经济政策也要进行相应的调整。从历史观点看，自由贸易与贸易保护这两种主张或学说相互交替、相互影响、相互完善。在一个特定时间内，某种政策占有主流地位，相应地影响到了法律制度的构建。研究国际经济法，离不开对贸易政策的认识和理解。政策与法律紧密相关。这也是国际经济法的现实性。

在西方的经济学说史上，重商主义被视为某种起源意义上的学说的东西。无论是自由贸易还是贸易保护，实际上都需要解决一个最基本的问题，即对外贸易所需要的支付货币。没有支付货币，就不能进行对外贸易。从货币史讲，货币虽然并不天然就是金银，但由于金银的特点，金银成为普遍接受的货币。前期重商主义主张金银作为货币就是财产，保护财产的办法是少支出金银，增加财产的方法就是多收取金银，反映到对外贸易上，应当多出口、少进口。同时，对外贸易是以国家为单位进行的，货物的奖出限入自然成为后期重商主义的重要内容。这是当前一些人使用国家重商主义这一表述的重要思想来源。

我们现在知道,货币并不必然就是金银,换言之,金银并不是唯一的财产表现形式。但即使是这样,各国依然面临着一个对外进行经济活动所需要的支付工具的问题。一般情况下,出口商只接受自己能够使用的货币,通常情况下是自己所在国的货币,而进口商只能用外币支付。另外一种贸易形式是易货贸易,但相比于货币流通媒介的作用,易货贸易受到很多限制,只有在缺乏支付货币或较为原始的贸易中使用。用外币支付必然存在着一个收支顺差和逆差的问题,面临着外汇储备多少的问题。美国在发起中美贸易战之初的说辞就是中美贸易之间中国存在着巨大的顺差,但美国人说的只是货物贸易,不包括服务贸易,也不包括投资。构成一个国家的外汇收入和支出的顺差或者逆差,主要有三种形式:第一,贸易收入;第二,外来投资;第三,外来汇款。有外汇才能进口。缺少外汇,又必须维持基本的进口,办法只能是贷款,向国际货币基金组织贷款,向其他国家或私营机构贷款,但同时会受到贷款条件的限制。有钱才能办事,有外汇才能从事国际经济活动。从这一角度讲,重商主义的思路,无论是过去还是现在,都有一定的合理性。

如果不是把金银或外汇视为财产本身像守财奴那样守着,而是把它视为一个类似流动蓄水池那样的东西,那么只要保证有充分的流动水源就可以解决问题。有进有出、大进大出,对外贸易就会发展。这是新的财富观,这种财富观体现在亚当·斯密的《国富论》这一著作中,从而产生了新的学说,这就是自由贸易学说。熊彼特认为重商主义还不构成经济学说,因为那时候还没有经济学这个学科,而只是大家普遍遵循的规则或者信条,即最大程度地获得金银,增加国家的财富。那个时候的奖出限入是一个总体上的奖出限入,还没有到后来的产品选择和产业选择。

自由贸易被认为是一种经济学说。亚当·斯密从学说的角度、从体系的角度来讲被公认为是经济学的奠基人。他在《国富论》里猛批重商主义,但实际上亚当·斯密是承认重商主义在保护国内产业方面的效率、效用和效果的,认可重商主义的作用。斯密批判重商主义的理由是,他认为重商主义没有站在消费者的立场上。他主张政府应当少干预经济活动。所以,亚当·斯密的理论实际上是区分了政府、生产商和消费者。生产商生产产品是为了满足消费者的需求,而站在消费者的立场,生产商应获得最大的生产自由,不需要政府干预这只手,只需要市场这只无形的手。这就是亚当·斯密"看不见的手"理论。实际上"看不见的手"这个具体表述在其著作中并没有明确地、充分地分析讨论,之后的经济学家从《国富论》这一著作中获得灵感、引申出来,进一步完善,形成所谓的自由放任理论。亚当·斯密指出:"一切特惠或限制的制度,一经完全废除,最明白最单纯的自然自由制度就会建立起来。每一个人,在他不违反正义的法律时,都应享有完全的自由,让他采用自己的方法,追求自己的利益,以其劳动及资本和任何其他人或其他阶级相竞争。这样,君主们就被完全解除了监督私人产业、指导私人产业,使之最适合于社会利益的义务。"① 亚当·斯密预设了一种"自然自由的制度",按照自然自由的制度,君主只有三个应尽的义务。第一,保护社会,使不受其他独立社会的侵犯。第二,尽可能保护社会上各个人,使其不受社会上任何其他人的侵害或压迫。第三,建设并维持某些公共事业及某些公共设施。② 亚当·斯密在此指出了政府应尽的三项义务,涵盖了对外关系、社会秩序和公共事业,可谓内涵极为丰富、功能极为强大。由于他是为企业自由立论,对这三项义务具体包括哪些内容、如何实施这三项义务并没有多论。事实上,随着社会发展,国家经济管理职能越来越大,公共事业和公共设施也变得越来越多、越来越重要。

亚当·斯密不但指出政府应该少干预经济活动,而且还提出为自己谋福利就是为社会做贡献的个人资本主义思想:"在这一场合,像在其他许多场合一样,他受着一只看不见的手的指导,去尽力达到一个并非他本意想要达到的目的。也并不因为事非出于本意,就对社会有害。他追求自己的利益,往往使他能比在真正

---

① 〔英〕亚当·斯密:《国富论》(单卷本),郭大力、王亚南译,商务印书馆 2015 年版,第 656 页。Adam Smith, *An Inquiry into the Nature and Causes of the Wealth of Nations*, Encyclopedia Britannica, 1952, p. 300.【All systems either of preference or of restraint, therefore, being thus completely taken away, the obvious and simple system of natural liberty establishes itself of its own accord. Every man, as long as he does not violate the laws of justice, is left perfectly free to pursue his own interest his own way, and to bring both his industry and capital into competition with those of any other man, or order of men. The sovereign is completely discharged from a duty, in the attempting to perform which he must always be exposed to innumerable delusions, and for the proper performance of which no human wisdom or knowledge could ever be sufficient; the duty of superintending the industry of private people, and of directing it towards the employments most suitable to the interest of the society.】

② 〔英〕亚当·斯密:《国富论》(单卷本),郭大力、王亚南译,商务印书馆 2015 年版,第 657 页。Adam Smith, *An Inquiry into the Nature and Causes of the Wealth of Nations*, Encyclopedia Britannica, 1952, p. 300.

出于本意的情况下更有效地促进社会的利益。"①但资本主义社会不断爆发的经济危机表明，自美国特朗普政府开始、美国拜登政府强化的以工人为核心的贸易政策表明，亚当·斯密的"看不见的手"理论并不是包治百病的万能良药。

4.2.2 从自由贸易到产业保护

事实上，无需资本主义经济危机来证明亚当·斯密自由放任政策的片面性。就在英国这一学说流行不久，美国的财政部部长汉密尔顿、德国经济学家李斯特已经有了更深刻的认识。美国成立之后，汉密尔顿担任财政部长，为了发展美国的产业，采取了保护主义的措施，限制进口、促进出口。汉密尔顿在分析了美国和欧洲的情况后指出，"在这样的情况下，美国不能和欧洲按平等的条款交换；缺乏互惠将使他们成为自由制度的牺牲品，这一制度诱导他们只看到农业而看不到制造业。"②到美国考察的李斯特，深受汉密尔顿政策的影响，后来结合德国的情况提出了更为详细的产业保护理论。李斯特认为，国家要发展经济，要提高生产力，必须采取保护国内产业的措施，不能让类似英国的那些国家的发达产业的廉价商品冲垮了后起国家的产业基础；产业基础一旦被冲垮，很难有机会再恢复过来。可以看出，李斯特是明确站在国家的角度来看这个问题，而不是站在生产商的角度来看问题。这就是我们说的政治经济学。经济学有多种划分方法。一类是划分为理论经济学和应用经济学，一类是划分为宏观经济学和微观经济学，还有一种分法就是政治经济学和市场经济学。纯粹从一个企业的投入产出角度，从市场竞争角度，当然就是站在企业的角度上，而不是站在国家竞争这个角度上。

李斯特认为，"流行学派的理论体系存在着三个主要缺点。第一是无边无际的

---

① 〔英〕亚当·斯密：《国富论》(单卷本)，郭大力、王亚南译，商务印书馆 2015 年版，第 428 页。Adam Smith, *An Inquiry into the Nature and Causes of the Wealth of Nations*, Encyclopedia Britannica, 1952, p. 300. 【By preferring the support of domestic to that of foreign industry, he intends only his own security; and by directing that industry in such a manner as its produce may be of the greatest value, he intends only his own gain, and he is in this, as in many other cases, led by an invisible hand to promote an end which was no part of his intention. Nor is it always the worse for the society that it was no part of it. By pursuing his own interest he frequently promotes that of the society more effectually than when he really intends to promote it.】

② Alexander Hamilton's Final Version of the Report on the Subject of Manufactures, 5 December 1791, Founders Online, National Archives, https://founders.archives.gov/documents/Hamilton/01-10-02-0001-0007, last visited August 10, 2023.【In such a position of things, the United States cannot exchange with Europe on equal terms; and the want of reciprocity would render them the victim of a system, which should induce them to confine their views to agriculture and refrain from manufactures.】

世界主义，它不承认国家原则，也不考虑如何满足国家利益。第二是死板的唯物主义，它处处只是顾到事物的单纯交换价值，而没有考虑到国家的精神和政治利益，眼前和长远的利益以及国家的生产力。第三是支离破碎的狭隘的本位主义和个人主义。对于社会劳动的本质和特征以及力量联合在更大关系中的作用一概不顾，只是把人类想象成处于没有分裂为各个国家的情况下与社会（全人类）进行着自由交换，只是在这样的情况下来考虑自然而然发展起来的私人事业……但是在个人与整个人类之间还有一个中介者，这就是国家。"①他在这里边提到了几个概念，第一个是单纯的交换价值，第二个是国家的生产力，第三个是国家的精神和政治利益。可以看出李斯特表现出非常明显的国家站位。与此相联系，李斯特提出了国家政府在制定法律、发展本国产业方面的作用："如果不靠我们自己的法制，在以我们自己国家利益为前提下指导我们自己的国内工业，就不能防止外国以它们自己的实际或推定利益为依据，来限制我们的国内工业；在这种情况下，无论如何对我们生产力的发展总是不利的。"②

从企业角度而言，李斯特的主张似乎是不受欢迎的。李斯特与亚当·斯密学说的最大分歧是政府对经济活动的干预程度问题。到20世纪上半叶，凯恩斯主义又一时大行其道。20世纪80年代起私有化、自由化为代表的"华盛顿共识"占了上风。到了今天，风向转换，美国拜登政府国家安全顾问倡导"新华盛顿共识"、美国贸易代表反对效率和低成本优先的传统贸易政策。

---

① 〔德〕弗里德里希·李斯特：《政治经济学的国民体系》，陈万煦译，商务印书馆1961年版，2017年重印，第171页。Frederich List，*The National System of Political Economy*，Longmans, Green, and Co.，1909，p.141.【The system of the school suffers, as we have already shown in the preceding chapters, from three main defects: firstly, from boundless cosmopolitanism, which neither recognises the principle of nationality, nor takes into consideration the satisfaction of its interests; secondly, from a dead materialism, which everywhere regards chiefly the mere exchangeable value of things without taking into consideration the mental and political, the present and the future interests, and the productive powers of the nation; thirdly, from a disorganising particularism and individualism, which, ignoring the nature and character of social labour and the operation of the union of powers in their higher consequences, considers private industry only as it would develop itself under a state of free interchange with society (i. e. with the whole human race) were that race not divided into separate national societies. Between each individual and entire humanity, however, stands THE NATION.】

② 〔德〕弗里德里希·李斯特：《政治经济学的国民体系》，陈万煦译，商务印书馆1961年版，2017年重印，第166页。Frederich List，*The National System of Political Economy*，Longmans, Green, and Co.，1909，p.136.【It follows from this, that were we to disown giving, by means of our own legislation, a direction to our own national industry in accordance with our own national interests, we could not prevent foreign nations from regulating our national industry after a fashion which corresponds with their own real or presumed advantage, and which in any case operates disadvantageously to the development of our own productive powers.】

重商主义、自由贸易和产业保护这三种主张之间的关系，单个说来，重商主义是母版，自由主义是升级版，保护主义是相对于自由主义的对应版。熊彼特在《经济分析史》中对诸种保护主义的论点，例如幼稚工业论、军事论、关键工业论、全面自给自足论、就业论、刺激论或润滑论等，进行了分析，最后作出了这样的评论："就这些论点而言，几乎没有什么严重的错误可以记载。"①可以认为，这几种贸易政策之间不是完全的替代关系，而是互补关系，应该辩证地去看待它们。贸易政策带有很大的工具性，并不能成为我们衡量对和错、合法与非法的根本性标准。

4.2.3 贸易政策与法律权利

以自由或保护为价值表象的贸易政策，体现为具体的法律权利义务。英国等殖民国家曾经打着贸易自由的旗号，宣称贸易自由、贸易权、交往权或者访问权是天赋权利。今天回头看，贸易权实际上是一项协定权利，而不是一个习惯法上的权利。所谓天赋权利最多也只是西方一度宣扬的自然法上的权利。既然是协定权利，就需要相关国家就市场准入和贸易待遇进行谈判，这中间存在着博弈和讨价还价的过程。谈判达成的协定规定了不同的待遇标准。所谓最惠国待遇、国民待遇、特殊差别待遇、自由贸易区待遇等，都是协定待遇。国际投资法中的习惯法上的待遇，反而是模糊不清、需要进一步释明的，该释明也是通过协定来实现。

贸易政策实际上跟政府管理经济的权限紧密连在一起。自由、保护或规制，本质上是政府和市场的关系问题。自由主义是小政府的理论，倡导市场化、私有化、小政府，而到了凯恩斯主义是政府干预理论，甚至是政府设立企业直接经营，20世纪上半叶国有企业在意大利、英国等国家内一度盛行。自由贸易理论和贸易保护理论这两个理论此起彼伏，互相交叉。在同一个时期，同一个政府对不同事项也可能有不同的侧重；在不同的时间，更可能有不同的侧重。二者并不是天然对立的。小政府还是大政府的判断标准不是按政府工作人员的人数来看，而是按功能看，而随着人类活动的频繁和扩展，政府功能是不断扩大的。可以说，今天的任何一个政府都超过了18世纪的政府职能范围。美国罗斯福新政前后的美国联邦政府的职能是不一样的。美国特朗普政府所说的"买美国货、雇美国人"，拜登政府

---

① Joseph A. Schumpeter, *History of Economic Analysis*, Allen & Unwin (Publishers) Ltd., 1954, p. 332.【The infant-industry argument, the military argument, the key-industry argument, the general-autarky argument, the employment argument, the stimulus argument, and lubrication argument etc. .】So far as these arguments are concerned, there is little serious error to record.】

继续坚持的保护就业,这些都不是美国联邦政府成立时的政府职能。在讨论大小政府时,还要区分联邦制政府和单一制政府。联邦制中联邦政府相对较小,很可能是因为某些功能是由州政府享有或行使的,某一方面没有联邦立法并不等于没有州立法来调整。所有国家,无论哪一个国家,无论是社会主义国家还是资本主义国家,无论是自由市场经济国家还是社会主义市场经济国家,国家管理经济的职能都扩大了,应该用辩证的、发展的眼光去看待政府对经济的管理活动。亚当·斯密说的君主的三项职责已经得到了极大的充实和发展。就中国的经济体制改革而言,简政放权曾经是一项主要任务和目标,其含义不是放弃政府监管的权力,而是要区分企业自主经营的权利和政府监管的权利。历史地全面地看,国家经济管理职能的扩大并没有一个量的终极标准。各个国家基于各自的制度、环境、问题来判断。横向比较看,某一个国家政府一时没有监督管理的事项,并不意味着没有监督管理的必要性和正当性。这很可能是由于发展水平原因,还没有意识到或虽然意识到但还没有能力来处理类似事情。环境保护问题即是一例。现在全球气候变暖问题对世界各国都提出了挑战,但各国采取的应对措施是不同的。

受自由贸易思想影响的经贸制度当属GATT1947以及1995年生效的《世界贸易组织协定》。二者都以促进贸易自由化为目标和宗旨,其制度设计是降低贸易壁垒、消除国际经贸关系中的歧视性待遇。《1947年关税与贸易总协定》形成于第二次世界大战胜利后初期,扩大货物生产和交换成为当时人们的努力目标。1995年生效的《世界贸易组织协定》形成于东欧剧变、苏联解体后,世界进入了一个市场经济时代,一个被称为"历史终结"的时代,经济一体化、自由化、市场化成为努力目标。《世界贸易组织协定》建立的完整的、更可靠的和持久的多边贸易体制,确认了以往贸易自由化的努力成果和乌拉圭回合谈判所形成的全部结果。建立在世界贸易组织框架基础上的自由贸易协定,进一步拓展了自由化的范围,代表着新的自由化努力和成果。原先存在着的自由贸易协定对世界贸易组织多边体制的不利影响的担忧,很快转变为对自由贸易协定的追逐。数量更多、壁垒更低、市场更大,成为一时成风的自由化风景。

《世界贸易组织协定》代表着自由化的成果。但这不意味着自由化永远是共识、是唯一共识。美国总统特朗普及其贸易代表莱特希泽就是这一共识的反对者。特朗普提出的"买美国货、雇美国人"的口号,莱特希泽负责实施的一系列贸易措施,极大地扭转了似乎已经被接受为常识的自由贸易政策。莱特希泽更于

2023年6月出版了反映其贸易理念的书籍《没有贸易是免费的》，进一步宣传其理论。① 但如果认为击败特朗普成为美国总统的拜登及其政府采取了与特朗普不同的贸易政策，则又错了。拜登政府的官员表现出了极强的非自由贸易政策倾向。贸易代表凯瑟琳·戴认为，传统的自由贸易协定政策是不可取的，是逐底竞争；传统的企业优先追求效率和低成本的认识是不可取的。② 拜登政府国家安全顾问提出了建立"新华盛顿共识"的倡议，倡导更公平、更持久的全球经济秩序。③ 拜登政府的财政部长表示，为了捍卫国家安全和保护人权，即使采取措施存在不利影响也在所不惜。④

中国改革开放是接受市场经济、自由贸易理念的结果。中国入世作出了放开贸易权的承诺。基于这一承诺和世界贸易组织规则的要求，中国于2004年修改了《对外贸易法》，最重要的一点是放开外贸经营权。价值观的转变带来了法律权利义务的改变。

4.3 人言人殊的公平贸易

4.3.1 贸易的道德判断

如前所示，当我们提倡自由贸易的时候，又有一个声音出现了——公平贸易。人是有道德观念的。中国哲学史上几大辩论，其中就包括人禽之辩、善恶之辩、义

---

① Robert Lighthizer, *No Trade is Free: Changing Course, Taking on China, and Helping America's Works*, Broadside Books, 2023.
② Ambassador Katherine Tai's Remarks at the National Press Club on Supply Chain Resilience, https://ustr.gov/about-us/policy-offices/press-office/speeches-and-remarks/2023/june/ambassador-katherine-tais-remarks-national-press-club-supply-chain-resilience, July 3, 2023.
③ Remarks by National Security Advisor Jake Sullivan on Renewing American Economic Leadership at the Brookings Institution, https://www.whitehouse.gov/briefing-room/speeches-remarks/2023/04/27/remarks-by-national-security-advisor-jake-sullivan-on-renewing-american-economic-leadership-at-the-brookings-institution/, July 4, 2023.
④ Remarks by Secretary of the Treasury Janet L. Yellen on the U.S.—China Economic Relationship at Johns Hopkins School of Advanced International Studies, https://home.treasury.gov/news/press-releases/jy1425, July 4, 2023.

利之辨。西方国家也是这样,自亚里士多德起就谴责某些交易,到了托马斯·阿奎那时代更是如此。宗教在协调贸易和信仰,实际上都涉及贸易的道德判断。另外,从个人意志的角度来讲,从社会多元的角度来讲,不同的人对同一个事物实际上总会有不同的观点,而不同观点的基础主要是从自利的角度出发。这种自利是一种视角。人的思维总是从自己的视角、自己的立场出发的,将外在的事物纳入自己的思维之中,然后产生出自己的看法。又因为人是道德的人,有自己的道德判断,对同一事物也会产生不同的看法。具体到对贸易的看法,独立性、自利性、自判性、地域性、制度性,等等,都会导致大家对待贸易有不同的道德观评价。

不同的道德评价导致趋利避害的追求。反映在法律制度上,会出现限制什么、鼓励什么的倾向性;反映在具体贸易措施上,会成为增加对方成本、提高自己收益的方法和手段。这些道德评价会影响贸易优势的发挥,包括人们经常提到的比较优势、绝对优势和要素禀赋优势的发挥。这些道德观打着正当性的旗子,客观上起到了限制或者促进贸易进行的作用。比如环境破坏、强迫劳动、侵犯人权,等等。贸易的正当性或者道德性或者公平性,构成一个正当性之争。另外。在一定意义上、一定程度上,由于每一个人都是独立个体,相互不能替代或赞同,都存在不同的判断标准,因而可能产生双标或伪善的问题,其极端的表现是其工具性。因为它无法衡量,某种意义上来说又是一个话语权之争。

亚里士多德最早提出公平价格这个问题,但没有进一步引申。作为神学家的阿奎那提出"公平价格"问题,赋予了贸易宗教色彩和道德色彩,从而提出了贸易正当性问题。经济学家更关注资源的有效分配,他们在谈论公平价格的时候,关注劳动成本、效用、生产总成本、市场价格、盛行的价格等问题。[1] 从法律的角度来讲,由于法律反映一定的价值观,追求法律正义,也存在公平贸易问题,国内法和国际法上均是如此。这类似于中国文化中所说的"君子爱财,取之有道"。

公平问题是人类普遍关注的问题。但何为公平,却没有普遍适用的统一标准,不同的人、针对不同的事项、在不同的时期和地域,对公平的看法是不一样的。以竞争为例,公平可以从竞争机会、竞争过程和竞争结果来分析定性。美国最高法院 2023 年 6 月 29 日发布的有关哈佛学院和北卡罗来纳大学招生政策的判决,对

---

[1] 参见〔美〕哈里·兰德雷斯、大卫·C. 柯南德尔:《经济思想史》(第四版),周文译,人民邮电出版社 2014 年版,第 34—41 页;Harry Landreth and David C. Colander, *History of Economic Thought*, 4th edition, Houghton Mifflin Company, 2002, pp. 32-38.

平等保护条款给出了新的解释标准①,凸显了机会、过程和结果的差异性。美国特朗普政府曾提出中美贸易美国吃亏论:与中国承诺关税相比,美国承诺关税过低,这不公平;中国对美国贸易存在巨额顺差,这不公平;中国已经成为发达的发展中国家,仍享有发展中国家的优惠待遇,这不公平;中国实施产业政策,这不公平;中国吸引美国企业去投资,导致美国工厂倒闭、工人失业,这不公平;等等。实际上,美国的承诺关税不是中国决定的,而是美国与相关成员谈判后美国承诺的;中国承诺关税,主要是与美国谈判达成的。美国存在着大量的对中国的出口管制,不向中国出口附加值高的产品,且没有计入服务贸易,这种顺差的说法是不全面的。中国开放市场,美国企业自主来中国投资,美国企业为赚钱而来且多是盈利的。发展中国家待遇问题,也是相互谈判的结果。我们看到,从最初分配到再分配,从国际关系到国内事务,从企业到工人,从产品到市场,从不同角度界定的公平可能是不同的。意识形态也影响着对公平的认知。

"公平"这个词缺乏统一的含义。前述历史上的哲学家、法学家都争论过这一问题。有美国学者结合美国进口政策对"公平"含义分析指出,"'公平'的客观定义不是、从来不是确定美国政府何时反对进口的依据。不公平贸易法提供了限制进口的政治说辞。"②在关税与贸易总协定框架内,最初的所谓不公平贸易主要指企业倾销和政府补贴。倾销或补贴的结果都导致出口货物的出口价格比较便宜,有利于进口国的消费者,但不利于进口国同类产品的生产商,即进口国国内产业。为保护国内产业,进口国政府通过征收反倾销税或反补贴税的方式,抵消倾销或补贴、消除国内产业所受的损害,反倾销税或反补贴税的额度不应超过倾销幅度或补贴数额。

倾销或补贴被认为是不公平的主要原因是,接受倾销或补贴的进口产品损害进口国国内产业。这是一种以行为后果为认定标准的认识。世界贸易组织相关规则规定,如果已无损害发生,应停止征收反倾销税或反补贴税。③《补贴与反补贴

---

① Students For Fair Admissions, Inc., v. President and Fellows of Harvard College, Decided June 29, 2023, 600 U. S. _(2023).

② J. Michael Finger, "The Meaning of 'Unfair' in United States Import Policy", in J. Michael Finger (ed.), *Institutions and Trade Policy*, Edward Elgar, 2002, p. 187.【An objective definition of 'unfair' neither is nor ever has been the basis for determining when the U. S. government will act against imports. The unfair trade laws provide the political rhetoric for restricting imports...】

③ Agreement on Implementation of Article VI of the General Agreement on Tariffs and Trade 1994 (ADA), Article 11; SCM, Article 21.

措施协定》区分了三类补贴,分别是禁止性补贴、可诉性补贴和不可诉补贴。包括出口补贴和进口替代补贴在内的禁止性补贴被认为直接扭曲国际贸易,其损害后果不证自明。不可诉补贴构成补贴,但不具有专向性,或被认为具有某种正当性从而可以免予采取反补贴措施。符合条件的研发补贴、环境保护补贴、落后地区补贴等,属于后一类型。但不可诉补贴的规定仅有5年的有效适用期,目前已经终止。① 可诉补贴介于禁止性补贴和不可诉补贴之间,其是否违反相关规定、进口国能否采取反补贴措施,需要基于补贴进口对国内产业的损害情况而定。②《补贴与反补贴措施协定》对补贴的不同分类及不同对待,反映了对补贴这一行为的不同态度。有的被认为或被推定为是坏的,因而被禁止,可谓本身违法;有的被认为有一定正当性所以免予采取措施;有的本身无谓是非,需要基于引起的后果确定。

倾销或补贴被认为是不公平贸易,主要是认为造成了倾销者或接受补贴者的不正当优势。后来这样的认识进一步泛化,扩大到其他被认为具有不正当优势的领域。③ 例如,出口国环境保护水平低、劳工条件差、知识产权保护程度低等,被认为没有支付应当支付的环境保护费用、劳工保障费用、知识产权保护费用等,都被认为赋予了这些生产商不正当优势。环境、劳工、人权、腐败、透明、拒绝司法、政府不作为,等等,都可以成为指责贸易不公平的理由,越来越多地被纳入自由贸易协定中,通过贸易限制手段来捍卫这些价值。类似做法,表面看来具有一定的合理性,但却忽视了发展水平的实际差异和相关措施的现实可能性。中国古语说:"衣食足然后知礼节。"在没有解决人的温饱的情况下,奢谈环境保护是不现实的。以工人场所没有舒适的工作条件为由采取贸易限制措施,具有很大的专断性和歧视性。

自由贸易与公平贸易之间具有一定的内在矛盾性,如何进行制度上的对接和配合需要作出巨大的努力、寻求普遍的共识。知识产权保护程度高的国家往往认为知识产权保护水平低的国家的生产商从事不公平竞争。要求提供并强化知识产权保护,是发达国家一贯的主张和做法。1979年中美建交时签署的《中美贸易协定》要求中国提供专利等保护,但其时中国并不存在知识产权制度,中国1984年才有《专利法》、1990年才有《著作权法》。1991年中美之间爆发了剑拔弩张的知

---

① SCM, Article 31.
② See SCM, Part V, Countervailing Measures, Articles 10 to 23.
③ See Jagdish Bhagwati and Robert E. Hudec (ed.), *Fair Trade and Harmonization—Prerequisites for Free Trade?* Volume 2 Legal Analysis, MIT Press, 1996.

识产权谈判,美国以对中国进行贸易制裁相威胁,要求中国提高知识产权保护水平,中国国务院于 1992 年发布《实施国际著作权条约的规定》。① 在国际层面,关税与贸易总协定乌拉圭回合谈判中,尽管存在发展中国家的反对,发达国家将知识产权保护纳入谈判范围,并最终形成了《与贸易有关的知识产权协定》,形成了世界知识产权组织和世界贸易组织共同保护知识产权的双轨制。根据《与贸易有关的知识产权协定》产生的争端,可以直接诉诸世界贸易组织争端解决程序。这是将知识产权保护与贸易规则直接合二为一的做法。另一方面,考虑到发展中国家的情况,GATT1994 第 23 条争端解决条款所规定的非违反性申诉和其他情形申诉,在《世界贸易组织协定》生效之日起 5 年内不适用。这一规定一直延长至今。

在劳工保护和环境保护方面,相关规则与贸易规则的衔接并不像知识产权保护那样直接、顺畅。这从《北美自由贸易协定》最初未包括劳工条款和环境条款这一事实可以看出,美国、加拿大和墨西哥另以议定书的方式增加了劳工保护和环境保护的内容。在以后的自由贸易协定中,劳工和环境条款的作用得到强化。例如,替代《北美自由贸易协定》的《美墨加协定》正式包括了劳工章和环境章,要求不得以促进贸易或投资为由弱化劳工保护,禁止进口使用强制劳动生产的产品。② CPTPP 中亦含有劳工、环境和反腐败章节,但《区域全面经济伙伴关系协定》(RCEP)暂时还未含有这些内容。

由于公平贸易是一种道德评价,本质上是话语问题,实际上就是贸易和非贸易价值冲突的问题,即中国话语所说的义和利的问题。现实中,道德评价的分歧和矛盾成为国家和国家之间竞争的手段,贸易措施就会成为捍卫其他价值的措施,公平贸易的价值性变成了公平贸易的工具性。2021 年 3 月,美国、欧盟、加拿大等经济体以中国新疆存在强迫劳动为由,对与中国新疆相关的产品采取禁止进口措施。③ 2021 年 12 月美国国会通过立法,建立了"可反驳的禁止进口推定",由相关企业自证不存在相关情形。④ 这种推定存在相关情形的做法,虽然存在执法者的尽职调

---

① Provisions on the Implementation of the International Copyright Treaties, Order of the State Council of the People's Republic of China (No. 105), September 25, 1992.

② USMCA, Articles 23.4, 23.6.

③ COUNCIL IMPLEMENTING REGULATION (EU) 2021/478 of 22 March 2021 implementing Regulation (EU) 2020/1998 concerning restrictive measures against serious human rights violations and abuses, OJ L 99 I/1, 22.3.2021; U. S. Department of Treasury, Treasury Sanctions Chinese Government Officials in Connection with Serious Human Rights Abuse in Xinjiang, https://home.treasury.gov/news/press-releases/jy0070, last visited August 11, 2023.

④ Public Law 117-78, DEC. 23, 2021, 135 STAT. 1525, 22 USC 6901 note.

查,仍然存在违反一般法治规则特别是正当程序原则的嫌疑。

以价值观主导的贸易,是人性特别是人的道德性的体现。每个人都有自己的爱憎,从事国家治理的统治者亦是如此,亦根据自己的偏好制定和实施相关的法律和政策。正由于这种偏好的存在,国际社会中具有经济、政治或军事实力的一些国家或经济体,更容易对其他国家采取贸易限制措施,一系列的经济制裁措施也由此而起。这实际上也反映了所谓公平贸易的不公平性。用中国的话语说,"只许州官放火,不许百姓点灯";用西方的话语说,就是双标和伪善。在国际范围内统一实施有关价值观的法律和政策,还有很长的路要走。

4.3.2 美国法律中的301条款和337条款

在巴格沃蒂和赫达克主编的《公平贸易和协调》一书法律卷中,有关公平性概念问题选取了两个题目,一个是反倾销与反补贴法问题,另一个是美国301条款问题。[①] 我们在此以美国法律中的301条款和337条款为例,分析一下对公平的认定。

美国总统特朗普上任后,指示美国贸易代表办公室对中国的贸易制度以及一般意义上的经济政策进行301条款调查。2018年3月,美国贸易代表发布报告,认定中国的相关政策或做法是不合理的、不公平的,美国政府据此对中国出口产品加征关税,从而引发了中美之间的贸易冲突。民主党拜登政府上台并没有改变共和党特朗普政府的做法。截至2023年7月,美国对中国出口产品加征关税措施一直持续。

301条款,最早规定在美国1974年《贸易法》第301节,但现在其内容已经不限于第301节。在经历了不断修订增容后,301条款已经成为一个相对独立的制度,包括大家经常听到的一般301、特殊301、超级301。一般301是一般性规定;特殊301专门针对知识产权事项;超级301针对重点国家进行监督或者制裁。301条款制度的内容是调查与救济相结合。如果美国贸易代表经过调查认定某一国家的行为、政策或做法不合理,将要求其他国家采取相关措施予以纠正,否则美国政府将采取贸易限制措施。

根据301条款,某一外国政府的法律、政策或做法,即使不侵犯美国的国际法

---

① See Jagdish Bhagwati and Robert E. Hudec (ed.), *Fair Trade and Harmonization—Prerequisites for Free Trade?* Volume 2 Legal Analysis, MIT Press, 1996, pp. 415-471.

律权利或者与之冲突,但只要是不公平和不正当的,就是不合理的。不公平的行为、政策或做法,包括但不限于下述任何行为:第一,拒绝给予公平公正的设立企业的机会;拒绝对知识产权提供充分有效的公平公正的保护,即使该国没有违反《与贸易有关的知识产权协定》项下的义务;对依赖知识产权保护的美国人拒绝提供公平公正的非歧视的市场准入机会;拒绝给予公平公正的市场机会,限制美国产品或服务进入外国市场,包括外国政府默许外国企业或企业间系统的反竞争的与商业考虑不一致的活动。第二,构成定向出口、侵犯劳工权利、未有效履行美国为一方的国际协定承诺等。①

美国301条款制度下,美国政府可以限制进口相关国家的产品。美国特朗普政府对中国出口产品的加征措施即是一例。我们看到,美国301条款措施针对的是被调查对象国境内的法律、政策或行为,其直接目的是希望打开对象国的国内市场,为美国企业和知识产权权利人提供更大的市场准入机会。表面上,美国采取的是进口限制措施,实质上却是出口促进措施。基于美国庞大市场对相关国家的吸引力,美国政府试图以此为杠杆进一步撬开相关国家的市场。而其他国家的法律、政策或行为是否合理公平,仅依美国政府单方评价,即使没有违反国际协定也可能被认定为不合理、不公平的。

美国337条款制度,来自1930年《关税法》的第337节。与301条款旨在进入对象国市场不同,这种进口贸易中的不公平做法包括两种类型,一类就是一般的不公平贸易做法,另一类是有关知识产权的不公平贸易做法。

一般不公平的贸易做法,指货物所有人、进口商、销售商及其代理人向美国进口或者在销售中的不公平竞争方法和不公平的做法,该做法具有下述威胁或效

---

① See 19 U. S. C. § 2411(d) Actions by United States Trade Representative (2021).【Acts, policies, and practices that are unreasonable include, but are not limited to, any act, policy, or practice, or any combination of acts, policies, or practices, which (i) denies fair and equitable opportunities for the establishment of an enterprise, denies provision of adequate and effective protection of intellectual property rights notwithstanding the fact that the foreign country may be in compliance with the specific obligations of TRIPS Agreement, denies nondiscriminatory market access opportunities for United States persons that rely upon intellectual property protection, or denies market opportunities... access of United States goods or services to a foreign market; or (ii) constitutes export targeting, constitutes a persistent pattern of conduct that denies workers the right of association, denies workers the right to organize and bargain collectively, permits any form of forced or compulsory labor, fails to provide a minimum age for the employment of children, or fails to provide standards for minimum wages, hours of work, and occupational safety and health of workers, or constitutes a persistent pattern of conduct by the government of a foreign country under which that government fails to effectively enforce commitments under agreements to which the foreign country and the United States are parties.】

果:第一,破坏或者实质损害美国产业;第二,阻止或者阻碍美国产业的建立;第三,限制或者垄断美国的贸易和商业。337条款的第二个方面专门针对知识产权的不公平做法,但区别于一般意义上的知识产权侵权。只有专利、版权、商标、掩膜作品或者外观设计所保护的物品相关的美国产业存在或者处于设立过程中时,才认定这些做法是不公平的。① 因此,与一般性不公平贸易做法一致,其不公平性在于相关做法对美国产业产生不利影响。虽然法律表面上亦要求相关做法侵犯知识产权,但由于337条款调查和相关措施由国际贸易委员会负责,而一般知识产权侵权案件由联邦法院审理,是其他救济措施之外的并行措施,重点关注美国产业影响,因而国际贸易委员会对不公平的认定标准并不必然等同于联邦法院的标准。在关税与贸易总协定时期,美国的337制度就被诉诸关税与贸易总协定争端解决机制,被裁决违反了国民待遇义务。② 这一制度虽经修改,但其根本性内容没有改变。

如果美国政府认定进口产品中存在所谓的一般不公平贸易做法或者有关知识产权的不公平贸易做法,它可以采取相应的救济措施,包括临时性救济措施和永久性救济措施。美国政府可禁止进口被调查人的被调查产品,还可禁止进口被调查人之外的同类产品。对某一外国而言,后一措施相当于封杀了该外国对美国的相关产品的出口。

我们看到,无论是美国的301条款还是337条款,其涉及的所谓不公平贸易做法,带有明显的专断性,特别是即使其他国家的措施符合世界贸易组织规则,也可能被认定为不公平的贸易做法。这些立法,在正常的贸易规制措施之外,另行创造了一些进攻性更强的贸易限制措施。对于美国的这些立法,无论是在关税与贸易总协定时期还是在世界贸易组织时期,都曾经成为贸易争端的对象,诉诸争端解决机制。特朗普政府对中国采取的301措施,也被世界贸易组织专家组裁定违法,但美国政府通过提起上诉搁置了这一事项。③ 可以认为,美国这些法律对不公平贸易做法的认定标准,进一步凸显了公平贸易的主观性和复杂性,也更体现出

---

① 19 USC §1337 Unfair Practices in Import Trade (2021).【Only if an industry in the United States, relating to the articles protected by the patent, copyright, trademark, mask work, or design concerned, exists or is in the process of being established.】

② US-Automobile spring assemblies, L/5333, adopted in 1983; United States—Section 337 of the Tariff Act of 1930—Recourse by Canada to Article XXIII:1, L/6213, 1987, no further actions; United States—Section 337 of the Tariff Act of 1930, L/6439, adopted in 1989.

③ United States—Tariff Measures on Certain Goods from China, WT/DS543, panel report under appeal.

贸易保护而非自由贸易的特征。这也是美国对中国产品采取 301 措施被世界贸易组织专家组认定为违反相关义务的一般性原因。

4.4 无处不在、时隐时显的国家安全

4.4.1 被边缘化的国家安全

2017 年 4 月美国商务部根据 1962 年《贸易扩大法》第 232 条国家安全条款，对钢铝产品进口发起了 232 调查。调查报告得出了钢铝产品进口在第 232 条意义上损害国家安全的结论，建议美国总统立即对钢铁进口采取配额或关税措施。[①] 2018 年 3 月，美国总统发布公告，宣布对钢铝产品进口采取加征关税或实施配额的贸易限制措施，该措施适用于除墨西哥、加拿大等极少数国家产品之外的所有国家或经济体的钢铝产品进口，由此开启了美国基于国家安全理由强化贸易措施的时代。中国、挪威、瑞士、土耳其、欧盟等世贸成员均对美国的钢铝措施提出诉讼，美国以国家安全为由提出抗辩。[②]

几乎同时，在世界贸易组织争端解决机构 2017 年开始审理的乌克兰诉俄罗斯过境运输案中，被诉方俄罗斯基于国家安全提出了抗辩，并且提出审理案件的专家组不得对国家安全进行审查。作为案件第三方的美国支持俄罗斯的主张。专家组基于 GATT1994 第 21 条安全例外条款的结构和用语，得出了专家组可以审理国家安全抗辩的结论并支持了俄罗斯的国家安全抗辩。争端双方均未对专家组报告提出上诉，争端解决机构通过了这一报告，使这一争端解决报告产生了法律效力。[③] 这一专家组报告为后续的相关案件提供了指导。在随后的中国等成员诉美

[①] U. S. Department of Commerce, The Effect of Imports of Steel on the National Section: An Investigation Conducted under Section 232 of the Trade Expansion Act of 1962, as Amended, January 11, 2018.

[②] United States—Certain Measures on Steel and Aluminum Products, WT/DS544, WT/DS552, WT/DS556, WT/DS564, Panel report under appeal.

[③] Russia—Measures Concerning Traffic in Transit, WT/DS512/R, April 4, 2019, adopted on April 26, 2019.

国钢铝产品案、卡塔尔诉沙特知识产权保护案、中国香港诉美国原产地标记案中①，能否基于国家安全理由采取贸易限制措施，成为争议的焦点。相关专家组基本上遵循了乌克兰诉俄罗斯案的裁判思路。

　　国家安全，是以国家为单位组成的国际社会最高层次的价值。人的生命、生活、尊严、自由，都和国家安全紧密联系在一起，靠国家来维系。人类历史上不受限制的战争权一定程度上说明了战争借以维护的国家安全的重要性。《联合国宪章》禁止处理国际关系中使用武力或以武力相威胁，但仍然保留了国家的自卫权。但是，建立在《联合国宪章》基础上的国际经济秩序，很大程度上忽视了国家安全，在将国家安全神圣化的同时也将其边缘化了。国家安全的核心地位不容被忽视、被边缘化。一旦相关时机到来，国家安全就会再次成为人们关注的中心。当前国际社会面对的正是国家安全问题。

　　构成当代国际秩序和国际制度基础的《联合国宪章》设立并授权安全理事会承担维持国际和平及安全的主要责任，安全理事会断定和平威胁、和平破坏或侵略行为之存在，决定采取包括经济制裁和武力在内的行动，联合国会员国应予以执行。②专门处理国际和平与安全的安理会及相关制度的设计，带来了一个不利的附带后果：寄希望于安理会，在其他制度安排中缺乏对国家安全的足够关注。

　　GATT1947、《服务贸易总协定》和《与贸易有关的知识产权协定》在规定了贸易自由化义务的同时，均规定了基本安全利益例外条款，规定任何义务规定都不得解释为阻止成员采取其视为保护其基本安全利益所必要的措施。这一制度性安排，使得以世界贸易组织规则为核心的国际经贸体系实际上绕开了国家安全问题，成为与国家安全问题相隔离的、"自成一体"的国际经贸体系。如果把国家间的经贸关系问题视为国家安全问题，并赋予国家安全问题以优先地位，则可能导致违背这些国际经贸规则并使之失去作用，从而破坏国际经贸关系。因此，自GATT1947适用起的实践中，国家安全条款被有意无意地回避了。在国家安全例外的制度安排中，如何援引国家安全例外条款、如何定义国家安全、如何处理当事国与国际社会的安全关系等问题，实际上并没有得到关注和解决。一段时间内，如何处理国际经贸关系中的国家安全问题，事实上是靠国际社会成员相互间的谅

---

① See Saudi Arabia—Measures concerning the Protection of Intellectual Property Rights, WT/DS567; United States—Origin Marking Requirement, WT/DS597.
② 《联合国宪章》第23条、第24条、第25条、第39条、第41条、第42条、第49条。

解来处理的。安全例外条款谈判时面对荷兰代表团对"基本安全利益"含义的质疑,提出这一条款草案的美国代表承认这是一个平衡问题,而谈判委员会则提出"国际贸易组织内部的氛围将是遏制荷兰提出的那类滥用的唯一有效保障"。① 1982年英国与阿根廷爆发马岛冲突,阿根廷被西方国家制裁,应阿根廷的强烈要求,关税与贸易总协定部长会议发表部长宣言,要求缔约方克制适用基于非经济性理由的、与GATT947不符的限制性贸易措施。② 缔约方大会同时作出了有关第21条的决定,号召缔约方尽可能通知根据第21条采取的措施,受该措施影响的缔约方保留协定项下的全部权利。③ 大家相互不触碰这一极为敏感的话题,绕开这一棘手的问题,一些成员对其他成员的处理方式表示法律上的沉默等,维持了一段时间的岁月静好的表象。但是,"纸里包不住火"。一旦条件具备,这种潜伏的火焰将爆发出来。前述世界贸易组织争端解决机构受理、审理的有关国家安全的案件标志着这一问题的爆发。

  当代国际经贸体系以世界贸易组织协定为核心。这一体系实际上是由第二次世界大战后冷战时期两大对立的贸易体系由单一贸易体系取代的结果。冷战时期,以苏联为首的社会主义国家组成了经济互助委员会,以美国为首的资本主义国家达成了关税与贸易总协定,直至苏联解体、经济互助委员会解散前的约40年时间里,两大贸易体系不相往来。在世界贸易组织取代关税与贸易总协定之后,随着中国和俄罗斯等成员加入世界贸易组织,随着发展中国家成员经济实力的增强,美国等少数发达国家主导关税与贸易总协定的时代告一段落,国家安全问题在世界贸易组织这一体系中显现出来。正如现有相关案件所表明的,一些成员希望世界贸易组织来处理国家安全问题,美国则坚定地认为世界贸易组织不是处理国家问题的适当场所。美国早在20世纪80年代即表达过同样的观点:"关税与贸易总协定,作为一个贸易组织,没有权能来判断这些事项,如果它变成了讨论和政

---

  ① Russia—Measures concerning Traffic in Transit,WT/DS512/R/Add. 1,p. 109.【"The atmosphere inside the ITO will be the only efficient guarantee against abuses of the kind" raised by the Netherlands delegate.】

  ② GATT,Contracting Parties Thirty-Eighth Session,Ministerial Declaration,adopted on November 29,1982,L/5424,p. 3 (para. 7).

  ③ GATT,Decision Concerning Article XXI of the General Agreement,Decision of 30 November 1982,L/5426,p. 1.

治和安全问题的场所,其解决贸易问题的效果也会受到削弱。"①时至 2023 年 4 月,在世界贸易组织争端解决机构会议上,美国仍然坚持这样的观点,认为世界贸易组织无权评估成员的外交事务,无权就美国和其他一些成员对自由、人权价值以及维护这些价值所采取的措施作出判断。美国重申成员应解决这一问题以防止削弱世界贸易组织,并澄清和通过对其他安全例外的共识。②

在乌克兰诉俄罗斯案中,争端方和第三方存在着对援引国家安全例外条款的不同认识。此外,还要注意到,同一成员在不同历史时期对待这一问题的态度可能存在着变化,特别是那些历史上采取过经济制裁措施的成员。在所有成员中,只有美国的态度是前后一致的。而欧盟及其成员国,以及加拿大、澳大利亚等国,历史上都在联合国安理会授权之外自主采取过经济制裁措施,并都认为其措施具有正当性。这些国家自己的做法与其在乌克兰诉俄罗斯案中的态度是矛盾的。客观地说,同一国家在不同时间在不同事项上的态度可能是不一致的。

4.4.2 重要到不能明确普遍界定的国家安全

上述美国在世界贸易组织争端解决机构中的表态,以及一些成员在不同时间的不同态度,充分说明国家安全的重要性,重要到不许其他成员对自己的国家安全说三道四的程度。这正是国际经贸争端解决中出现的所谓国家安全的"自判性"和"他判性"问题。

乌克兰诉俄罗斯过境运输限制案中,被诉方俄罗斯以 GATT1994 第 21 条第 3 款抗辩,认为其措施是其认为维护其基本安全利益采取的必要措施,属于自我判断范围,专家组根本就不能审查,第三方美国支持俄罗斯的这一立场。申诉方乌克兰认为专家组应该审查,且俄罗斯对其抗辩应履行举证责任。参与案件的第三

---

① Russia—Measures concerning Traffic in Transit, WT/DS512/R, p. 119.【The United States also considered that GATT, as a trade organization, had "no competence to judge such matters" and that its effectiveness in addressing trade issues would only be weakened if it became a "forum for debating political and security issues".】

② Statements by the United States at the Meeting of the WTO Dispute Settlement Body Geneva, April 28, 2023, https://geneva.usmission.gov/2023/05/02/statements-by-the-united-states-at-the-april-28-2023-dsb-meeting/, July 5, 2023.【The WTO does not have the competence or the authority to assess the foreign affairs relationships of a Member. Nor does it have the competence or authority to pass judgment on the value that the United States—and some other Members—place on freedom and human rights, and the actions they take in seeking to secure those values. The United States reiterates that Members need to address this issue to prevent undermining of the WTO, and clarify and adopt a shared understanding of the essential security exception.】

方多支持乌克兰的立场,但亦有分歧。基于《关税与贸易总协定》第 21 条安全例外条款中"其认为"这一明确表述,基于该条款所列举的裂变、武器弹药、战时或国际关系紧急情形这些事项,并基于《争端解决规则与程序谅解》相关条款特别是有关专家组职责的规定,该案专家组区分了该条款的不同内容,采取了二分法。专家组认为,前一部分"其认为保护其基本安全利益的必要措施"属于被诉成员自判范围,后一部分"战时或国际关系其他紧急情形时采取的"需要专家组进行客观评估。① 同时,在举证责任问题上,一些成员认为基本安全属于自判范围,援引安全例外条款进行抗辩的成员应提供证据证明其措施与相关情形间存在着"可信度测试"【plausibility test】的关系。一些第三方成员一方面认可基本安全例外确立了主观标准,另一方面又认为专家组可以对俄罗斯的抗辩进行审查。有的第三方成员认为,专家组可以审查安全例外条款的法律依据不是该条款本身,而应是确立专家组管辖权和职责的《争端解决规则与程序谅解》中的规定,即该谅解第 11 条要求的"专家组应客观评估向其提交的事项"这一要求。另有第三方成员,如新加坡,认为整个基本安全例外条款,包括专家组认为具有客观性的"国际关系紧急情况",都含有内在主观性,但为了防止抗辩成员滥用这一条款,应引入善意原则,是否善意则需要专家组客观审查。欧盟作为第三方,认可专家组的二分法,认为国际关系紧急情况属于客观的事实情形,专家组可以审查,但专家组不能对基本安全利益的正当性进行事后猜测。欧盟同时认为,不是任何利益都可以适用这一例外,纯粹的经济利益或不重要的安全利益将不构成此处所指的基本安全利益。澳大利亚作为第三方提出,俄罗斯作为抗辩方可以自己确定什么措施是必要的,而专家组应对事实进行评估,评估俄罗斯是否事实上认为其措施是必要的。俄罗斯作为抗辩方、美国作为第三方,坚决认为整个基本安全例外条款都属于抗辩成员自判的范围。作为申诉方的乌克兰则强调,多边贸易制度涉及贸易关系而非安全关系,俄罗斯和美国忽视了世界贸易组织作为一个整体反映了世贸成员在贸易关注和非贸易关注之间的平衡这样一个事实。② 可以说,对于国家安全事项,众说纷纭。

从现实和发展趋势看,经济安全本身越来越被提高到国家安全的高度、当作国

---

① Russia—Measures concerning Traffic in Transit,WT/DS512/R/,pp. 50-51,103-105.
② Russia—Measures concerning Traffic in Transit,WT/DS512/R/,pp. 52-59;WT/DS512/R/Add. 1,pp. 69-110.

家安全的组成部分,并可以经济安全为由,采取超越一般规则的非常措施。美国相关立法的演变印证了这一点。1988年美国国会通过的1950年《国防生产法》修正案中包括了"国家安全和基本商业"的表述,被时任总统里根否决,认为这一用语将扩大国家安全的定义,超出传统的军事/国防概念,包括了强烈的经济成分。最终法律文本中删除了"基本商业"这一表述。① 但美国2018年通过的《外国投资风险审查现代化法》则明确涵盖了国家安全,并将国家安全定义为"足以包括与国土安全相关的那些问题,包括对基础设施的适用"。② 美国近期前后两任总统特朗普和拜登在其国家安全战略中都明确"经济安全是国家安全"。③ 事实上,外国投资引起的国家安全问题很久以前就已经存在,加拿大是较早对此明确立法的国家。④ 近期,包括美国、欧盟、中国在内的许多法域强化了外国投资的国家安全审查,确认经济安全是国家安全的制度认知。在中国,经济安全亦构成中国总体国家安全观的一个方面。除国家政权、主权、统一和领土完整外,中国2015年《国家安全法》第2条亦将人民福祉、经济社会可持续发展和国家其他重大利益列入国家安全之内。欧盟于2019年通过了《外国直接投资审查框架条例》,确立了全欧盟范围内的外国投资国家安全审查制度。⑤ 欧盟于2023年6月专门发布了《欧洲经济安全战略》⑥,指出民用和军用部门的界限越来越模糊,经济方面存在的风险直接威胁国家安全。英国和德国2023年上半年发布的国家安全战略都凸显了国家安全的综合性,强调了对经济安全的关注。⑦

传统上聚焦于国防军事安全的国家安全,其内涵和外延都发生了变化。传统

---

① CRS, The Committee on Foreign Investment in the United States (CFIUS), RL33388, updated February 26, 2020, p. 7.【beyond the traditional concept of military/defense to one that included a strong economic component】

② 50 U.S.C. §4565(a)(1)(2021).【The term "national security" shall be construed so as to include those issues relating to homeland security, including its application to critical infrastructure.】

③ White House, National Security Strategy of the United States of America, December, 2017, p. 17; White House, Interim National Security Strategic Guidance, March 2021, p. 15.

④ 加拿大1973年制定了《外国投资审查法》,规定审查投资是否有利于加拿大;1985年制定《加拿大投资法》,明确对投资进行审查以保护国家安全。在之后加拿大参加的《北美自由贸易协定》等投资协定、自由贸易协定中,加拿大均对国家安全审查作出了保留。

⑤ See Regulation (EU) 2019/452 of the European Parliament and of the Council of 19 March 2019 Establishing a Framework for the Screening of Foreign Direct Investments into the Union, Official Journal of the European Union, L 79 I/1, 21.3.2019.

⑥ European Economic Security Strategy, Brussels, 20/06/20023, JOIN(2023) 20 final.

⑦ See HM Government Integrated Reviews Refresh 2023: Responding to a More Contested and Volatile World, March 2023; Integrated Security for Germany: National Security Strategy.

安全和非传统安全的表述,说明了当今国家安全的多面性和复杂性。这也是许多国家对国家安全采取综合观、总体观、统一观的原因所在。新冠疫情带来的对供应链安全的担忧,导致一些国家试图"脱钩断链""去风险"。

世界贸易组织争端解决机构多个专家组关于关税与贸易总协定第 21 条国家安全例外的解释,特别是部分由援引成员主观自判、部分由审理争端的专家组客观裁判的理解,是严格基于该条条文文字作出的。如果相关条文发生变化,由此得出的解释也可能变化甚至必然变化。事实上国家安全例外条款正在变化发展之中。

美国作为 GATT1947 第 21 条国家安全例外条款的起草者和对他国经济制裁的积极实施者,一贯主张基本安全利益保护措施的必要性由国家自判。美国近期推动制定的自由贸易协定或投资协定中的安全例外条款条文发生了变化。1993 年 NAFTA 中的安全例外条款在结构和内容上与 GATT1994 第 21 条类似。美国 2012 年推动、2015 年完成、2016 年签署的 TPP 中的安全例外条款,已经不存在乌克兰诉俄罗斯案专家组借以进行客观审查的要素,不再存在裂变、武器弹药等事项,将 GATT1994 第 21 条第 2 项和第 3 项的内容合并为一项:本协定的任何规定不应解释为"阻止缔约方采取其认为履行维持或恢复国际和平与安全义务或保护其基本安全利益所必要的措施"。日本、澳大利亚、新西兰、加拿大、越南、印尼等国签署、适用的 CPTPP,除个别涉及美国的条款外,全面纳入了 TPP,上述安全例外条款也成为这些国家相互间接受、适用的条款。美国 2018 年与墨西哥、加拿大签署的 USMCA 中的安全例外条款也采取了与 TPP 相同的内容。①

如果说 CPTPP 由于纳入 TPP 而无法更改安全例外条款,如果说美国主导签署 USMCA 对其他缔约方强加其意志,新加坡、新西兰和智利三国于 2020 年签署的《数字经济伙伴关系协定》(DEPA)则应认为反映了他们自己的独立意志,但该协定安全例外条款与上述这些协定中的安全例外条款完全相同。② 这种支持完全自判的规定与新加坡在乌克兰诉俄罗斯案中持有的安全例外自判的立场相一致。

中国参加了 RCEP。该协定对国家安全例外条款明确作出了不同的新规定,

---

① TPP Article 29.2;USMCA, Article 32.2.【Nothing in this Agreement shall be construed to... preclude a Party from applying measures that it considers necessary for the fulfilment of its obligations with respect to the maintenance or restoration of international peace or security, or the protection of its own essential security interests.】

② Digital Economy Partnership Agreement,Article 15.2.

在几处地方规定了国家安全例外问题,除了第 17 章"一般条款和例外"包含了类似《关税与贸易总协定》第 21 条的安全例外条款之外,在其他相应章节亦作出了特别规定。与《1994 年关税与贸易总协定》第 21 条国家安全例外条款相比,该章第 13 条安全例外在基本安全利益一款中增加了一项有关保护包括通讯、电力和水利基础设施在内的公有或私有的公共基础设施内容,另增加"国家紧急状态"与"战争或国际关系中的其他紧急情况"并列。① "国家紧急状态"是由国家自主宣布的,显然是相关国家自我判断的典型例子,这一内容的增加也势必对后两项内容"战争"或"国际关系中的其他紧急情况"的解释和适用产生影响。另外,RCEP 在其第 12 章第 14 条有关计算设施位置的规定中,对国家安全的自判性作出特别的规定:"本条的任何规定不得阻止一缔约方采取或维持……该缔约方认为对保护其基本安全利益所必要的任何措施。其他缔约方不得对此类措施提出异议。"② 这应该说是关于国家安全自判性的最明确的规定。

　　早在冷战初期,西方学者即指出了国家安全内涵和外延的不确定性,国家安全作为有歧义的符号,可能随时间和空间的不同而发生变化。③ "安全"这一概念是国家利益从福利内涵到安全内涵的变化,优先性成为安全的衡量标准,对安全的威胁不仅是客观的,更是主观的;既涉及对安全目标的设定,也涉及实现安全目标方法的选择。而道德等价值性规范,亦是安全目标和实现方法取舍的对象。对国家安全达成相对统一的共识,是促进国家安全制度协调的重要目标和手段。

　　试图通过世界贸易组织解决国家安全问题,反映了一种现实困境。既要维护国家自主定义、维护国家安全的权利,又要反对国家借国家安全之名对贸易措施的滥用;既指望不上联合国安理会,又不想就此罢休。在当今的国际秩序中,更好地发挥联合国安理会在维护国际和平与安全中的作用,应当是解决国家安全争端的最核心、最有效的方法。国际努力的方向应是完善安理会的运作机制,而不是绕开安理会另起炉灶、另辟蹊径或叠床架屋。在安理会不能有效解决相关问题的情况下,有关国家通过双边努力解决存在的问题,是从根本上解决问题的思路。

---

　　① RCEP, Chapter 17, Article 13.【taken so as to protect critical public infrastructures including communications, power, and water infrastructures; taken in time of national emergency or war or other emergency in international relations】

　　② RCEP, Article 12.14.3.【Nothing in this Article shall prevent a Party from adopting or maintaining... any measure that it considers necessary for the protection of its essential security interests. Such measures shall not be disputed by other Parties.】

　　③ Arnold Wolfers, "'National Security' as an Ambiguous Symbol", *Political Science Quarterly*, Vol. 67, No. 4 (Dec., 1952), pp. 481-502.

美国对尼加拉瓜实施的经济制裁,在尼加拉瓜诉诸国际法院、关税与贸易总协定都没有解决的情况下,最终还是由双方改变自己的政策解决了争议。此外,明确诸如世界贸易组织对此问题的看法和程序也很重要。美国政府在2023年7月5日最新向世界贸易组织提出的世界贸易组织争端解决目标文件再次强调尊重成员的基本安全利益,世界贸易组织争端解决机制不是争论和决定成员基本安全利益的场所。① 还应当看到,基于国际条约、国际机制的特点和主权国家的独立性,对国际机制不应抱有超出现实可能的预期。国家适当克制,也是解决之道之一。但主权国家之间的国际竞争、冲突是不可避免的,期待风平浪静的永久和平是不现实的。某种程度上,时间流逝、国际格局变化、国内政府或政策变更,有助于国际争端的解决。

  中国国家主席习近平在博鳌亚洲论坛2022年年会开幕式上的主旨演讲中提出全球安全倡议,代表了中国政府对国家安全问题的态度:"中方愿在此提出全球安全倡议:我们要坚持共同、综合、合作、可持续的安全观,共同维护世界和平和安全;坚持尊重各国主权、领土完整,不干涉别国内政,尊重各国人民自主选择的发展道路和社会制度;坚持遵守联合国宪章宗旨和原则,摒弃冷战思维,反对单边主义,不搞集团政治和阵营对抗;坚持重视各国合理安全关切,秉持安全不可分割原则,构建均衡、有效、可持续的安全架构,反对把本国安全建立在他国不安全的基础之上;坚持通过对话协商以和平方式解决国家间的分歧和争端,支持一切有利于和平解决危机的努力,不能搞双重标准,反对滥用单边制裁和'长臂管辖';坚持统筹维护传统领域和非传统领域安全,共同应对地区争端和恐怖主义、气候变化、网络安全、生物安全等全球性问题。"②

---

  ① WTO, U. S. Objectives for a Reformed Dispute Settlement System, Communication from the United States, JOB/DSB/4, July 5, 2023.【RESPECTING THE ESSENTIAL SECURITY INTERESTS OF MEMBERS: WTO dispute settlement cannot be a forum for debating and deciding on the essential security interests of Members. We support a system that respects the right of Members to determine what action is necessary to protect their essential security interests.】

  ② 《习近平在博鳌亚洲论坛2022年年会开幕式上发表主旨演讲》,载《人民日报》2022年4月22日第1版。

5 规制权及其实施方式

5.1 有关规制权的代表性案件
5.2 作为国家主权的规制权
5.3 国家规制权的内容和规制形式
5.4 国家规制权的冲突与合作

5.1 有关规制权的代表性案件

国家对贸易的规制权是国家内在的一种权利。但由于各种原因,这一权利并未很好地得到承认。世界贸易组织争端解决机构审理的几起涉及中国的案子,以及菲利普·莫瑞斯品牌公司对乌干达提起的国际投资仲裁案件,可以作为我们分析国家规制权的起点。

在美国诉中国出版物案中,美国指控,中国入世承诺允许在中国设立的外商投资企业经营外国出版物,包括进出口和零售,但实际上中国政府的《出版物管理条例》及相关规则禁止这样做。这一事实非常明显,中国政府未反驳美国的这一指控,但却以《中国入世议定书》第一部分第5条第1款进行抗辩。该款规定:"在不损害中国以与符合《世界贸易组织协定》的方式管理贸易的权利的情况下,中国应逐步放宽贸易权的获得及其范围,以便在加入后3年内,使所有在中国的企业均有权在中国的全部关税领土内从事所有货物的贸易,但附件2A所列依照本议定书继续实行国家贸易的货物除外。"[1]中国基于上述规定的句首部分【the introductory clause】,援引GATT1994第20条一般例外中的保护公共道德条款进行抗辩。但争端方和专家组对中国能否援引这一条款存在分歧。第20条中的"本协定"("this Agreement")是只指GATT1994这一协定本身,还是也包括类似《中国入世议定书》等其他协定?专家组回避了这一问题。在上诉中,上诉机构基于《中国入世议定书》第一部分第5条第1款中的句首部分"在不损害中国以与符合《世界贸易组

---

[1] WTO, Accession of the People's Republic of China, WT/L/432, November 21, 2001, Part I General Provisions, Article 5.1 (right to regulate). 【Without prejudice to China's right to regulate trade in a manner consistent with the WTO Agreement, China shall progressively liberalize the availability and scope of the right to trade, so that, within three years after accession, all enterprises in China shall have the right to trade in all goods throughout the customs territory of China, except for those goods listed in Annex 2A which continue to be subject to state trading in accordance with this Protocol.】

织协定》的方式管理贸易的权利的情况下"①,将《世界贸易组织协定》解释为包括了 GATT1994,这样中国就有权援引 GATT1994 第 20 条。《中国入世议定书》第一部分第 5 条第 1 款句首承认中国依据《世界贸易组织协定》拥有贸易规制权,意味着中国基于 GATT1994 亦享有贸易规制权,亦有权援引该协定第 20 条一般例外条款。② 这一案件确认了,中国根据《中国入世议定书》第一部分第 5 条第 1 款拥有《世界贸易组织协定》项下的贸易规制权,同时基于该款的具体用语,中国也可以援引 GATT1994 的一般例外条款。

在之后的美国、墨西哥和欧盟诉中国原材料案中,申诉方指控中国对原材料出口征收关税违反了《中国入世议定书》第一部分第 11 条的承诺。该条规定:"中国应取消适用于出口产品的全部税费,除非本议定书附件 6 有明确规定或按照 GATT1994 第 8 条的规定适用。"③该案涉及的出口关税措施既不是 GATT1994 第 8 条涵盖的措施,也不是附件具体规定的产品。中国对其措施违反这一承诺未进行反驳,但中国依据 GATT1994 第 20 条进行抗辩。由于该案的争议条款与出版物案中的争议条款不同,特别是未有"在不损害中国以与符合《世界贸易组织协定》的方式管理贸易的权利的情况下"这样的广泛性条款,专家组和上诉机构基于争议条款的实际用语和上下文的严格解释,均拒绝了中国基于 GATT1994 第 20 条一般例外条款的抗辩。④ 该案的裁判结果意味着,由于中国在具体承诺中没有明确提及 GATT1994,该协定中提供的一般例外条款对中国不适用,也意味着相应的规制权对中国不存在。

其后美国、欧盟和日本诉中国稀土案,除了涉及不同矿物产品以外,几乎和之前的原材料案一模一样。稀土是一种比较稀缺的矿物质。中国对稀土出口征收关税,但稀土未列入《中国入世议定书》附件可以征收关税的产品范围之内。这一措施本身看起来又违反了中国入世承诺。中国对其措施违反入世承诺依然没有反驳,也依然援引 GATT1994 第 20 条进行抗辩。所谓的规制权问题再次成为争议的焦点。

中国有没有权援引一般例外条款,有没有贸易规制权?世界贸易组织上诉机

---

① 【Without prejudice to China's right to regulate trade in a manner consistent with the WTO Agreement】
② China—Publications,WT/DS/363/AB/R,paras. 218-223.
③ 【China shall eliminate all taxes and charges applied to exports unless specifically provided for in Annex 6 of this Protocol or applied in conformity with the provisions of Article VIII of the GATT1994.】
④ China—Raw Materials,WT/DS394/AB/R,WT/DS395/AB/R,WT/DS398/AB/R,para. 307.

构在出版物案中说有,但其依据仅仅是因为存在《中国入世议定书》第一部分第5条第1款那个条款。到了原材料案中,上诉机构说中国没有规制权,因为作出相关承诺时没有上述那个条款、未提及 GATT1994。到了稀土案又面临这个问题。从国家角度讲,规制权是固有的还是外部授予的?从技术上讲,中国就每一事项作出承诺时,是否都要援引一次 GATT1994,未如此援引是否就意味着失去援引一般例外条款的权利,从而放弃了规制权或丧失了规制权?应当如何解释一国的入世议定书与现有规则的关系?在稀土案中,上诉机构裁决中国有权援引 GATT1994 第20条一般例外。上诉机构指出,"基于上诉机构采取的方法,条文是否明确提及某一适用协定(诸如 GATT1994)、其中的一个条款(诸如 GATT1994 第8条或第20条)或者一般意义上的《世界贸易组织协定》,其本身并不具有决定性。"①稀土案上诉机构在援引一般例外这一问题上采取了更为灵活的方法,应该说对确认规制权迈出了有意义的一步。

在菲利普·莫瑞斯品牌公司诉乌拉圭案中,仲裁庭裁定被诉措施实施后申请人的财产仍然存在足够的价值从而不构成间接征收,然后进一步基于国家主权权力、国家规制权【sovereign powers, police powers】,得出被诉措施不构成间接征收的结论,认为被诉措施是国家规制权的有效行使。在国家规制权范围内,善意的非歧视的规制引起的经济损害不予补偿,是习惯国际法普遍接受的原则。对诸如公共秩序、健康、道德等事项合理善意地行使规制权,即使对投资者造成损害,也不予补偿。②仲裁庭在菲利普·莫瑞斯品牌公司诉乌拉圭案仲裁庭的裁决,一方面认可国家规制权的存在,另一方面指出国家规制权的合理行使所造成的经济损害不产生赔偿责任。这样的裁决虽然没有立即获得普遍认可,但代表了 2000 年后区分国家规制权与间接征收的一种趋势。根据一系列投资条约裁决,一项措施是否是征收性的,依赖于国家行为的性质和目的。

---

① China—Rare Earth,WT/DS431/AB/R,WT/DS432/AB/R,WT/DS433/AB/R,para. 5. 61.【Notably, under the approach adopted by the Appellate Body, express textual references, or the lack thereof, to a covered agreement (such as Article VIII or Article XX of the GATT1994, or "the WTO Agreement" in general, are not dispositive in and of themselves.】

② Philip Morris Brands v. Uruguay,ICSID Case No. ARB/10/7,Award,July 8, 2016,paras. 287-307.【An accepted principle of customary international law that where economic injury results from a bona fide non-discriminatory regulation within the police power of the State, compensation is not required.】

5.2 作为国家主权的规制权

5.2.1 规制权的权源和性质

国家规制权始终是国家主权的内在组成部分。但是，在国际经济活动的安排中，在国际经济法律规范中，在不同的时间，这一权力被有意无意地掩饰了。随着国际经济规则不断发展和丰富、新议题不断地引发新规则，国家对经济的规制权由隐到显，由发展中国家的诉求变成几乎所有国家的共识。国际投资法中，从征收到间接征收再到间接征收界定这样的发展过程，反映了这样的共识过程。实际上，《美国宪法》第 8 条非常明确地规定了国会"管理与外国的贸易"的权力。① 在美国宪法制定后不久，即有美国专家评论指出，"管理的权力，即制定规则的权力，通过这些规则管理贸易。……贸易是一种活动，但更多是一种交往。它描述了不同国家之间、国家内部各部分之间在所有方面的商业交往，并且通过制定交往规则得到管理。"②

在帕尔马斯岛仲裁案中，独任仲裁员胡伯将国际关系中的主权定义为独立。就地球的某一部分而言，独立就是在这一领土上行使权利，排除其他国家行使国家的职能，而领土主权界通常是对空间确立和划分的一种情况。③ 基于这样的定义，我们可以将国家领土主权简单地理解为基于某一地理区域而享有的排他权或

---

① The Constitution of the United State, Article I Section 8: "Congress shall have power to ... regulate commerce with foreign nations..."

② Joseph Story, *Commentary on the Constitution of the United States*, Hilliard, Gray, and Company, Cambridge, Brown, Shattuck, and Co., 1883, pp. 360-361.【The power is to regulate, that is, to prescribe the rule, by which commerce is to be governed... commerce undoubtedly is traffic; but it is something more. It is intercourse. It describes the commercial intercourse between nations, and parts of nations, in all its branches; and is regulated by prescribing rules for carrying on that intercourse.】

③ Island of Palmas (Netherlans/US), 2 UNRIAA 819, p. 838.【Sovereignty in the relations between States signifies independence. Independence in regard to a portion of the globe is the right to exercise therein, to the exclusion of any other State, the functions of a State. Territorial sovereignty is, in general, a situation recognized and delimited in space.】

垄断权。这一理解未必穷尽了主权或领土主权的含义,但可以作为理解国家规制权的参考。经济主权是国家主权在经济事务中的体现。从这一意义讲,我们也可以说国家有政治主权、网络主权,等等,它强调主权在某一个方面的存在和行使。这种体现在某一方面的主权的基本依据是国家主权,在此也可以更具体地说是领土主权。领土是构成国家的一个要素,国家是一个领土国,基于领土而存在。领土是国家借以存在的空间要素,也是界定不同国家间权力基本界限的因素。同时,领土也是市场的空间要素,是经济活动借以进行的空间。有些经济活动是在一国领土内进行的,另一些经济活动是跨越一国领土范围进行的,这两类经济活动之间存在着相互影响的关系。就经济活动而言,领土主权就是国家基于领土对经济活动的规制权。我们也可以用管辖权来表示领土主权。它包括两个方面。就对外的国际关系而言,管辖权是国家间的管辖权分配;就对内的国内关系而言,是国内政权各机构之间的管辖权分配,有所谓立法管辖权、行政管辖权和司法管辖权之分。从司法管辖权角度来说,管辖权包括民事的、刑事的、行政的管辖权,在中国分别对应着民事诉讼、行政诉讼和刑事诉讼。

  关于主权这个问题,前一阶段有西方学者说"国家回归"了。① 这一表述当然有其特指,主要指国际投资条约中东道国安全问题得到重视。但这一说法可以启发我们的思考,引发这样的提问:国家作为人类文明发展的产物,是否真的离开过?主权和国家就是一和二、二和一的重合关系,是同一问题的两个方面、不同的称谓。如果国家一直存在,主权什么时候离开了?中国清华大学车丕照教授指出,主权是国家和身份,国家受到约束不一定是主权受到限制,契约性约束并不减损国家的主权身份。② 实际上,我们在用"国家回归"这类表述时,针对的是特定的、具体的国家要素,而不是国家这一主体本身;同时,即便针对具体国家,也指的是不同的具体国家。相对于某一特定国家而言,其主权可能受到限制、其行使方式可能发生了变化或者放弃行使,但主权一直存在,只是表现方式不同。曾有美国学者质疑传统的威斯特伐利亚主权,并援引了前任联合国秘书长安南表达的对传统主权观念的不安、2001 年加拿大政府倡议下设立的国际干预与国家主权委员会发布的提倡人权高于主权的《保护的责任》报告,以进行论证。③ 但我们看到,所

---

① José E. Alvarez,"The Return of the State", 20 *Minnesota Journal of International Law* 223 (2011).
② 车丕照:《法学视野中的国际经济秩序》,清华大学出版社 2021 年版,第 44—53 页。
③ See John H. Jackson, *Sovereignty, the WTO, and Changing Fundamentals of International Law*, Cambridge University Press, 2006, pp. 62-70.

谓对主权的挑战,如持续不断的民族自决、对国际和平与安全更广泛的理解、国家权威的崩溃和日渐重要的民众主权,仍然是主权界定的问题。2023年5月七国集团领导人公报亦重申了捍卫主权和领土完整的重要性。① 我们可以认为,自国家诞生以来,国家一直是人类借以生存和发展的制度性屏障,当代的国际社会尽管存在各种市民社会组织、存在大量跨国公司,但仍然是以国家为基本单位存在的。作为国家身份的主权,在一般意义上,也是存在的。

然而,承认国家主权存在是一回事,承认国家对经济的规制权或经济主权又是另一回事。很长时间内对是否存在经济主权存在着很大的争议。在殖民地时代,在通过武力可以合法掠夺资源的时代,国家被分为三六九等,一些原本存在很久的国家被另外一些国家视为野蛮国家、不文明国家。交往权、贸易权等,这些被一些国家视为自然法或天理存在的权利,极大地限制甚至剥夺了另外一些国家的权利。宗主国与殖民地之间的矛盾,也反映了宗主国之间的相互矛盾。1907年,海牙会议制定了《限制使用武力索取债务公约》《和平解决国际争端公约》②,采取武力手段收取债权的做法才得到了限制。1919年《国际联盟盟约》提供了经济制裁替代战争的依据。1928年《凯洛格—白里安公约》禁止采取和平方式以外的方法解决争端或冲突。这也是第二次世界大战结束后纽伦堡法庭审判德国战犯的一个法律依据。1945年《联合国宪章》除允许自卫或集体自卫外,禁止使用武力或以武力威胁侵害领土完整或政治独立,同时规定了包括经济制裁在内的第7章措施。从战争到非战争这一演变看,经济制裁是一种进步,具有正当性;但从具体规则和实施措施看,这样的正当性似乎又缺乏充分的依据。这正是当今这个时代面临的问题。美国一直对其他国家实施经济制裁。俄乌冲突后,美国、欧盟等对俄罗斯实施了多轮次的经济制裁。美国和欧盟也曾基于人权原因对中国实施经济制裁。从战争和贸易的关系说,国际公法始终将战争和贸易两个方面连在一起又作出区分。由于传统或习惯的原因,国际公法又经常把贸易这一块忽略掉,以战争替代贸易。在战争被一般性禁止之后,人权主题得到凸显,但依然是重义轻利,贸易的重要性仍然没有得到充分的体现。在国际法不能有效约束经济制裁、提供有效救济时,诉诸国内法可能是一种方法。包括中国在内的许多国家都强化了制裁与反制裁的立法。

---

① See G7 Hiroshima Leaders' Communiqué, May 20, 2023.
② Limitation of Employment of Force for Recovery of Contract Debts 1907; Convention for the Pacific Settlement of International Disputes 1907.

在关于国家制度的构想和设计中,政府管制经济是国家职能的一个重要方面。《美国宪法》中的经济条款充分说明了这一点。① 但在日常叙事中,基于现实的需求,特别是在社会主义制度和资本主义制度的对抗中,政府管制经济被污名化。实际上,亚当·斯密虽然以"无形的手"这一理论著称,但他并没有否定国王或政府管理经济的职责,相反还认为经营公共事业是政府应该做的。② 洛克在其《政府论》第二卷中开宗明义指出,政治权力是制定法律、实施惩罚、规制和保护财产的权利。③《美国宪法》第 8 条赋予了国会征税、铸币、管理州际贸易和对外贸易的权利。《美国宪法》还规定,非经正当程序不得剥夺财产。④ 这不是说不要保护财产、不能剥夺财产,只是说未经正当方式不得剥夺财产。这就是所谓的消极保护方式的财产规制,剥夺财产的权利本身是存在的。俄乌冲突发生后,美国采取了一系列冻结财产的措施。无论依据的具体理由是什么,就冻结资产这一措施本身而言,国家的规制权是存在的。从国家职能的角度来讲,国家的经济监管职能在不断扩大,监管方式越来越多。比较一下罗斯福新政前后美国联邦政府的权限就可以得到一个直观的印象。

规制权是国家固有的,是经济主权的一部分,也可以理解为经济主权的另一种称谓。但是相对于发展中国家,西方发达国家不太说经济主权。正如一些自由贸易协定所表述的,西方国家现在喜欢用这个词——规制权【right to regulate,police power】。

5.2.2 被普遍接受的规制权

概括地说,国家规制权一直存在,但是为什么没有得到重视,我们还是从历史来考察。在为了债务或贸易可以轻易发动战争的年代,所谓的经济主权,所谓的债权债务,那都是一种单方面的话语。随着殖民地国家纷纷独立,资源问题、自然资源主权问题,提到了议事日程。几个重要的国际法文件,如 1961 年自然资源宣

---

① See Charles A. Beard, *An Economic Interpretation of the Constitution of the United States*, Dover Publications, 2012.

② 〔英〕亚当·斯密:《国富论》,郭大力、王亚南译,商务印书馆 2015 年版,第 657 页。Adam Smith, *An Inquiry Into the Nature and Causes of the Wealth of Nations*, Encyclopedia Britannica, 1952, p. 300.

③ John Locke, *Two Treatises of Government and A Letter Concerning Toleration*, Edited and with an Introduction by Ian Shapiro, Yale University Press, 2003, p. 101.【Political power . . . to be a right of making laws with penalties of death, and consequently all less penalties, for the regulating and preserving of property.】

④ The CONSTITUTION of the United States with Index and The Declaration of Independence, Twenty-Fourth (Reprint) 2009.【to lay and collect Taxes, to coin Money and regulate the Value thereof, and to regulate Commerce with foreign Nations, and among the several States】

言、1970年友好合作国际法原则宣言、1974年建立国际经济新秩序宣言、1974年国家经济权利义务宪章①,记录了这一过程的发展。这些文件都是联合国大会通过的决议,从《联合国宪章》的规定和严格的国际法意义上来说,其约束力是存疑的。这几个文件通过的时候,有的曾遭到发达国家的反对。但这种反对不是反对经济主权本身,不是反对规制权本身,而是反对这些文件里的某些内容。发达国家反对的主要是这些文件有关征收国有化的内容,而且也不是反对征收本身,而是反对发展中国家作出的征收及补偿的规定。它不否定征收的权利,但将征收权与正当程序联系在一起。美国宪法中规定了非经正当程序不得剥夺财产所有权,不给予公平赔偿私有财产不得充作公用。殖民地国家在取得独立、对外国投资国有化的时候,大多没有补偿或者给予很少补偿,这不符合美国主张的及时的、充分的、有效的补偿原则,即赫尔三原则。但这是否代表了习惯国际法规则,还有疑问。事实上,国际法上有关征收权的规则也是不断演变发展的。②

新中国成立的时候,中国政府对外国投资亦采取了征收的方式。基于当时的历史背景,中国政府不可能提供美国主张的及时、充分、有效的补偿。中国政府的态度一直是给予适当的补偿。1979年中美两国建交时,中美两国政府签署了有关清偿两国债务的一个协定③,对过去双方之间的债权债务作了一次总清算,由各政府对自己国民的债权债务予以清偿。美国也与其他一些国家作出了类似的安排。美国法院在相关案件中支持美国政府的这种安排。1987年中英两国政府也签署了类似的协定。④

事实上,不仅国际贸易和国际投资的争端解决实践认可和强调国家规制权的存在,国际贸易、投资条约也越来越表现出同样的发展趋势,将国家规制权视为国

---

① Permanent Sovereignty over Natural Resources, UN General Assembly Resolution 1803 (XVII) of 14 December 1962; 1970 Declaration on Principles of International Law Concerning Friendly Relations and Co-operation among States in Accordance with the Charter of the United Nations, Adopted by the UN General Assembly Resolution 2625 (XXV) of 24 October 1970; Declaration on the Establishment of a New International Economic Order, UN General Assembly Resolution 3201 (S-VI) of May 1, 1974; Charter of Economic Rights and Duties of States, UN General Assembly Resolution 3281 (XXIX) of December 12, 1974.

② See Rosalyn Higgins, "The Taking of Property by the State: Recent Developments in International Law", 176 *Collected Courses of the Hague Academy of International Law* (1982).

③ Agreement between the Government of the United States of America and the Government of the People's Republic of China Concerning the Settlement of Claims, May 11, 1979, https://www.justice.gov/sites/default/files/pages/attachments/2014/06/27/china_as.pdf.

④ Agreement between the Government of the United Kingdom of Great Britain and Northern Ireland and the Government of the People's Republic of China concerning the Settlement of Mutual Historical Property Claims, June 5, 1987, https://treaties.fcdo.gov.uk/awweb/pdfopener?md=1&did=68428.

家固有的权利。菲利普·莫瑞斯品牌公司诉乌拉圭案中,仲裁庭援引了美国双边投资协定范本、加拿大投资协定范本对非征收概念的界定、《欧盟与加拿大全面经济贸易协定》对间接征收的界定,将这些规定视为对国家规制权原则的确认。这一趋势,从《加拿大—美国自由贸易协定》《北美自由贸易协定》和《美墨加协定》的发展中也表现出来。《加拿大—美国自由贸易协定》序言表示要降低政府造成的贸易扭曲,同时保持各方保护其公共福利的灵活性;《北美自由贸易协定》序言重申了这一灵活性,增加了促进可持续发展、促进环境法执法、促进和执行基本劳工权利的内容。《美墨加协定》则直接承认国家规制权为固有权利,用以保护正当的公共福利目标。① 美国推动达成的《跨太平洋伙伴关系协定》序言亦含有类似《美墨加协定》序言的内容。英国与欧盟达成的《英欧贸易与合作协定》序言承认各自的自主性和规制权,以实现正当的公共政策目标。②

5.3 国家规制权的内容和规制形式

5.3.1 规制权的一般内容

规制权的内容非常广泛,可以说涉及国际经济活动的各个方面。经济制度、所有权、经济活动、经济秩序、公共政策、市场准入和准出、征收、国有化,等等,都可以成为规制权的内容。如同我们一开始定义的,国际经济法调整国际经济活动,促进或者限制国际经济活动。可以说,国际经济活动有多广泛,国家规制权就

---

① Canada-US Free Trade Agreement, Preamble; North American Free Trade Agreement, Preamble; USMCA, Preamble.【To reduce government-created trade distortions while preserving the Parties' flexibility to safeguard the public welfare.】【Promoting sustainable development, strengthening the development and enforcement of environmental laws and regulations, protecting, enhancing and enforce basic workers' rights).】【RECOGNIZE their inherent right to regulate and resolve to preserve the flexibility of the Parties to set legislative and regulatory priorities, and protect legitimate public welfare objectives, such as health, safety, environmental protection, conservation of living or non-living exhaustible natural resources, integrity and stability of the financial system, and public morals, in accordance with the rights and obligations provided in this Agreement.】

② UK-EU Trade and Cooperation Agreement, Preamble.【Recognising the Parties' respective autonomy and rights to regulate within their territories in order to achieve legitimate public policy objectives.】

有多广泛,不可能列举穷尽。

如前所述,国家的作用是制定法规、确定所有权、实施保护、对不法行为进行惩罚,等等。国家规制权首先包括了对一国经济制度的选择和规定。经济制度不同,规制权的具体内容和方式就会出现不同。联合国大会通过的《1970年国际法宣言》明确,"每一国均有选择其政治、经济、社会及文化制度之不可移让之权利,不受他国任何形式之干涉。"[①]从人类历史发展的角度看,现实中存在的资本主义制度和社会主义制度是两种基本的社会经济制度。每一国家选择哪一具体制度,既有历史原因也有现实原因。同时,这两种制度也相互影响、借鉴、竞争。劳工权利曾经是19世纪欧洲国家工人运动的目标,如今成为各个经济制度所共同承认并努力保护的内容。无论是美国特朗普政府还是拜登政府的贸易政策都强调以工人为中心。中国曾经实行传统的计划经济,如今实施社会主义市场经济,强调充分发挥市场在资源配置中的决定性作用,更好地发挥政府作用。

所有权制度是国家规制权的核心内容。所有权制度就是产权。产权,更具体地说,赋予某种资源以法律上保护的权利。是否赋予产权、是否提供保护,直接影响着经济活动的基础、市场竞争的优势和可持续发展。国际投资中的征收典型地反映了国家对财产的态度以及国家规制权的行使。殖民地国家独立后采取的一系列国有化措施,20世纪80年代起的私有化浪潮以及之后的"华盛顿共识",都体现了产权制度的变化。当今美国等西方国家对中国国有企业的关注,本质上还是产权制度的体现。就知识产权保护而言,美国宪法明确规定了知识产权保护制度。但知识产权保护这一制度在一些国家中的接受度是不一样的,可能经历了从排斥到接受、从没有到丰富的过程。1979年中美建交时签署的《中美贸易协定》里含有专利、商标等知识产权保护的内容,但当时中国根本没有今天大家所理解的专利制度,对发明人只是提供一些荣誉奖励。中国《专利法》是1984年开始实施的,《著作权法》是从1991年开始实施的。就全球范围对商业秘密的保护看,也经历了当事人意思自治到国家强力保护、从私法到公法的发展过程。比较一下1995年之前的知识产权保护公约、1995年世界贸易组织《知识产权协定》以及《美墨加协定》,对商业秘密的保护是变化最大、保护程度不断增加的内容。产权确定、稳定,

---

[①] 1970 Declaration on Principles of International Law, 3. The principle concerning the duty not to intervene in matters within the domestic jurisdiction of any State, in accordance with the Charter.【Every State has an inalienable right to choose its political, economic, social and cultural systems, without interference in any form by another State.】

直接影响着市场营商环境、竞争优势、成本,也影响着公共福利水平的提高。随着技术越来越成为促进经济和社会发展的根本性因素,各国对知识产权、对技术等的保护增强,跨境知识产权诉讼增加标志着知识产权制度的重要性和复杂性,标志着国家规制权的强化及冲突。

税收直接涉及财产收益问题,也是经济活动绕不开的问题。财产认定、税基确定、税率确定、豁免认定、避免双重征税等,直接影响着跨国经济活动的规划和进行。税收管辖权是各国对经济活动征税首先要确定的问题。无论是属人管辖,居民收入管辖权,还是属地管辖/所得来源地管辖,都与国家主权、管辖权紧密相关,是国家主权、管辖权在征收领域的体现。各个国家政策不一、做法不同、各有侧重。

经济活动是国家规制权的主要内容,这个不言自明。国际经济法是调整国际经济活动的法律规范的总称。经济活动的各种表现形式、不同活动阶段、经济和社会影响、促进或限制政策、具体规制方式,等等,都是国家规制的对象。本书第一章在界定国际经济法调整跨境经济活动时已经作了分析,此处不再赘述。

公共秩序、公共利益、公共政策,是国家规制权遵循的原则和实施的目标。国家因公而存在,通过公权力来保护私利益,这中间的平衡是通过公共利益等实现的。公共利益、公共政策是一个框架性的东西、原则性的东西和目标性的东西,容量非常大,适用范围非常广,在没有办法表述其他内容时,都可以纳入公共利益等考虑因素。国家规制权由隐到显,很大程度上是受到公共利益保护的影响。公共道德、公共秩序、环境保护、可持续发展、国家安全、人和动物的生命和健康等,都是各个国家要保护的内容,也是国家规制权借以行使的根本性要求和正当性所在。

5.3.2 规制权与产业政策

规制权与产业政策相关,但不能等同于产业政策本身。产业政策,简单地说,指优先发展某些产业的政策。有些经济学家不赞成产业政策这个定义,反对优先选择产业发展,主张应当把产业政策改成基础性的、普惠性的产业政策。实际上这只是文字游戏。产业是某一类经济活动的总称。与牛有关的产业有畜牧业、屠宰业、加工业等,它们之间有上下游关系,但不是同一个产业。研发也是一个产业。研发既可以与农业、工业、商业并存,又可以成为农业、工业或商业的一部分,是产业链的上游部分。所谓的普惠性的产业政策和选择性的产业政策本质是一样的。

各个国家都有产业政策。美国、欧盟和中国有关芯片的产业政策表明了这一点。在具体表述上,产业政策更多关注的是产业利益,而国际上使用规制权这个词的时候,更多的是关注公共政策、公共利益。但是规制权和产业政策也有交叉的地方,或者说在具体的管理模式、方式上会出现交叉,实际上不容易区分。可以拿反垄断法和产业政策之间的关系作为一个例子。纯研究竞争法、反垄断法的人,排斥产业政策,认为竞争法、反垄断法起决定作用,产业政策破坏竞争。但实际上,产业政策决定着一个市场门槛问题,只有跨过这个门槛之后才会存在竞争的问题,竞争法、反垄断法的作用发生在进入市场之后、在市场之内。是否允许进入市场,不是竞争法、反垄断法解决的问题,而是产业政策法解决的问题。竞争法、反垄断法只是防止阻碍竞争,而不能创造竞争。中国电信市场到底准许5个经营者为好,还是3个经营者为好,这不是反垄断法解决的问题,这是产业政策解决的问题。这些经营者入场后如何竞争、是否垄断、是否允许合并,则是反垄断法解决的问题。

产业政策是一个非常敏感的词,各个国家都在实施产业政策,但又在相互指责。美国是指责其他国家实施产业政策最严厉的国家,但历史上美国建国之初就实施产业政策、实施保护主义,并延续至今,如2022年通过《芯片和科学法》支持芯片的国内生产。2023年7月,欧盟议会通过了《芯片法》,支持芯片产业发展。从贸易政策上讲,产业政策和自由贸易政策一样,其基本目的还是为了维持、增强自己的产品、产业竞争优势,是国家的一种政策选择。在当代世界,完全不实施产业政策的国家是很少的。在几个大的经济体中,如美国、中国、欧盟、日本、加拿大、韩国等,都实施产业政策,并从产业政策中受益。如果说存在反对产业政策的情况,事实上也只是反对特定国家的特定产业政策。

产业政策的实施也是通过资格、奖励、罚款这些规制措施,跟规制方式联系在一起。强调规制权不能等同于产业政策的一个原因是,规制权是普遍性的东西、是与国家职能联系在一起的东西、是国家职能的内在组成部分,没有规制权的国家是不存在的,而产业政策是优先支持发展特定产业的政府政策。规制权更多地是从公共利益的角度、从国家生产发展的角度去理解,从整个国家的角度去理解,出发点在国家、在整体,而不是一个单独的产业,某些时候某些方面不排除它和产业政策重合。2020年全球暴发的新冠疫情,凸显了产业供应链安全的重要性,哪怕是口罩这样制作工艺简单的物品也成为必需品。美国政府通过各种措施促进产业回流,强化出口管制,是产业政策的典型。处在不同阶段的国家,处在不同情形的国家,都在实施各自的产业政策,表面上相互指责,私下里埋头苦干。

5.3.3 规制方式

抽象地说,不同国家的规制方式大同小异。从时间和全球视角看,自中美贸易冲突和全球新冠疫情始,规制方式呈现出从重视市场准入、全球经济一体化到重视供应链安全、逆全球化的趋势。

私法或私权方式和公法或公权方式,是最基本的规制模式。私法或私权方式,授权私主体自主处分自己的权益,通过法院寻求救济,行政机关不干预私法主体的权益。公法或公权方式,则是行政机关根据法律规定,从公共利益出发,主动干预、监管私人的经济活动。虽然普通法系没有像大陆法系那样严格的私法和公法的形式性划分,但这种区别是存在的。私法或私权方式和公法或公权方式,相互独立又相互配合,有时体现为不同的法律,有时统一在同一法律中。美国反垄断法中规定的3倍赔偿的民事救济,非常典型地融合了公法救济和私法救济,对美国反垄断法的实施甚至对全球反垄断都有重要的影响。中国近期立法或修法亦较为明显地体现出公私兼容的特点。例如,公司法和证券法传统上均被视为民商法,但随着法律的不断修订和完善,逐渐被视为公私兼容的法律。中国立法机构2021年通过的《反外国制裁法》这一公法性质非常强的立法,赋予私人主体通过诉讼寻求民事救济的权利。①

就国际经济活动的具体规制方式而言,虽然表现形式多种多样,但共同点是奖出限入,带有所谓的重商主义色彩。奖出限入,就是增加对方的成本,增加自己的收益。所有的规制措施基本上都可以这样来描述。有的时候在增加对方成本的同时,也增加了自己的成本,"杀敌一千自损八百"。这样做的原因在于预期对方将不胜负担先败下阵来,或者为了更高的价值目标而在所不惜。美国特朗普政府对中国出口产品加征关税这一措施,无疑给美国人的生活增加了负担,增加了成本。美国拜登政府上台后继续了这一加征关税措施。这表明,美国政府知道它的措施给美国人民生活增加了成本,但它还是决心要这样做。美国财政部长耶伦所说的

---

① 《反外国制裁法》第12条第2款规定:"组织和个人违反前款规定,侵害我国公民、组织合法权益的,我国公民、组织可以依法向人民法院提起诉讼,要求其停止侵害、赔偿损失。"

为捍卫安全和价值不计负担就是这个道理。① 美国和欧盟对俄罗斯实施多轮次的经济制裁,对制裁方和被制裁方都带来了不利影响。此处体现的是国家和国家之间的经济竞争,最终结果就是看谁能坚持、谁能胜出。

在贸易政策中,以前经常提到进口替代、出口补贴。进口替代和出口补贴是最直接的奖出限入。进口替代和出口补贴被认为直接扭曲贸易,世界贸易组织《补贴与反补贴措施协定》将进口替代补贴和出口补贴列为禁止性补贴。② 对于一个人口大国来说,大量依赖进口,光是外汇支出这一点也难以负担。对于小国来说也是这样,因为小国的创汇渠道相对有限。另一方面,还要看到产业的带动作用和溢出效应。美国建国后汉密尔顿任美国财政部长,采取国内产业保护措施,促进了美国经济的发展;二百多年后,美国又重新大规模实施产业振兴政策,美国国会2022年通过了《芯片和科学法》和《通货膨胀削减法》。实际上,每一个国家都采取进口替代这种方式,但并不是每一个国家在所有的时候都采取这种方式。美国和欧盟现在主张的去风险,是进口替代的一种新表述方式。

出口补贴就是奖出,进口替代就是限入。出口补贴一方面赚取外汇收入,另一方面发展自己的产业。产业发展是一个考虑因素,支付货币是另一个考虑因素。没有钱什么也买不到,正所谓"一文钱难倒英雄好汉"。国际贸易所需的支付货币通常是可自由兑换货币或外汇,这对世界上绝大多数国家来说都是稀缺产品。由于外汇短缺的重要影响,GATT1947允许缔约方为保障收支平衡对进口实施限制。这一立场在国际经贸规则的发展中得到了延续和强化。GATT1994进一步澄清了国际收支条款。一系列自由贸易协定允许基于收支平衡的原因采取临时保障措施。③《国际货币基金组织协定》亦允许成员在一定情况下采取外汇管制措施。④ 西欧国家在二战结束的时候,都曾经实施过外汇管制。

贸易往来、人员往来、投资往来、技术往来、资金往来,都是我们说的国际经济

---

① Remarks by Secretary of Treasure Janet L. Yellen on the U.S.—China Economic Relationship at Johns Hopkins School of Advanced International Studies, April 20, 2023, https://home.treasury.gov/news/press-releases/jy1425, last visited August 8, 2023.

② Agreement on Subsidies and Countervailing Measures, Article 3 (Prohibition).

③ See WTO, Understanding to the Balance-of-Payments Provisions of the General Agreement on Tariff and Trade 1994; CPTPP, Article 29.3 (Temporary Safeguard Measures); USMCA, Article 32.4 (Temporary Safeguards Measures); RECP, Article 17.15 (Measures to Safeguard the Balance of Payments); EU-Singapore FTA, Article 16.9 (Restrictions to Safeguard the Balance-of-Payments).

④ Articles of Agreement of the International Monetary Fund (2020), Article VIII General Obligations of Members, Article XIV Transitional Arrangements.

活动。就货物贸易来说,主要有两种规制方式:第一种,通过税费方式;第二种,通过数量方式。税费或者数量方式可以单独使用,也可以混合使用。征收关税或加征关税,在海关收取其他费用,是税费方式。禁止或限制进口或出口,则是数量方式。配额是一种常见的规制方式,也可以分为数量配额和关税配额两种。超过预先规定的配额,则禁止进出口或高额征收关税。GATT1994 第 2 条和第 11 条主要是对关税和数量限制措施的规定,其主旨是限制关税或数量措施的适用。但是,GATT1994 也允许基于一些理由采取关税措施或数量限制措施,例如反倾销税、反补贴税、保障措施等。总体来说,货物贸易的规制方式基本上是税费和数量方式,基于不同情形变换着使用。例如,世界贸易组织《农业协定》框架下的保障措施,不同于《保障措施协定》框架下的保障措施。前者基于一定的触发价格和触发数量来采取措施,后者则需要满足国内产业严重损害这一实施条件。

人员往来。自然人流动是世界贸易组织《服务贸易总协定》界定的一种服务贸易方式,如留学、旅游、就医、商务等。付款方是进口方,收款方是出口方。在美国的外国留学生多,说明美国教育出口很有市场。自然人流动受到目的国签证政策的影响,迄今为止各国坚持独立的签证政策及签证决定。这也表明,人员往来不仅是国际经济问题,也是其他相关政策问题,涉及安全、就业、移民等。部分基于这种考虑,GATS 和一些自由贸易协定等规定相关的制度安排不适用于寻求进入就业市场、公民身份、永久居留等事项的措施。①

投资往来。从东道国角度,是否允许外来投资、外来投资应满足什么条件、生产经营遵循什么规范等,都是影响外来投资的因素。从投资国角度,是否允许对外投资、对外投资应满足什么条件,是影响对外投资的主要因素。传统上,由于殖民统治的原因,由于发展水平的原因,西方发达国家是投资国,发展中国家是东道国。原殖民地获得政治独立后,如何处理来自西方发达国家的投资,是一个根本性问题。无论是否采取国有化措施,西方发达国家的投资都是影响新独立国家稳定和发展的重要因素。发达国家是投资国、发展中国家是东道国这一事实,在较长时间里直接导致了国际投资保护制度的基调和走向。保护投资几乎是投资协定或类似安排的唯一职能,相关协定几乎没有维护东道国及其公共利益的内容;世

---

① See GATS, Annex on Movement of Natural Persons Supplying Services under the Agreement; CPTPP, Article 12.2; USMCA, Article 16.2.【Not apply to measures affecting natural persons seeking access to the employment market of another Party, nor does it apply to measures regarding citizenship, nationality, residence or employment on a permanent basis.】

界银行主持制定的《解决各国与他国国民投资争端的公约》更赋予了投资者直接对东道国政府提起仲裁的权利。发展中国家的外来投资立法或政策,也多是限制性的、特许性的;即便加入《解决各国与他国国民投资争端的公约》,也对提交国际投资争端解决中心的仲裁事项作出保留或限定。随着发展中国家经济发展水平的提高,发展中国家也逐渐成为资金外流的投资国,兼具东道国和投资国身份。发达国家逐渐强化了对外来投资的管制,继加拿大之后美国、英国、欧盟等相继建立了外来投资审查制度。同时,发达国家也在探讨、制定对外投资的监管措施,加强对外投资的审查。2023年8月9日,美国总统拜登发布总统令,规定了美国人对外投资的通知要求,并禁止涉及国家安全技术和产品的对外投资。① 可以看到,是否允许投资进出,基于什么条件进出,如何既利用外资促进经济发展,又避免或消除外国投资可能造成的不利影响,诸如此类的考虑正在重塑国际经贸规则。

技术往来。技术许可或转让,是国际经济活动的重要组成部分。以前的技术贸易更多的是从合同法、知识产权法的私法角度去研究、去规范,现在更多的是从反垄断法等的公法角度去规范。许可方和被许可方的地位事实上是不平等的,被许可方几乎没有讨价还价的能力,可能不得不接受许可方提出的无理条件,比如为过期专利支付专利许可费。这种情形在发展中国家尤甚。发展中国家为了改变被许可方的不利处境,往往采取国家立法的方式,提高被许可方的保护力度或者讨价还价的地位。发展中国家的这种公法规制方法,并不一定能够保证获得所需要的技术。一些发展中国家,如中国,允许技术许可合同适用其他国家的法律调整许可方和被许可方的关系、允许选择其他法域作为处理合同争议的地点。这一做法使得公法规制效果大打折扣。随着发展中国家发展水平特别是技术发展水平的提高,随着知识产权保护制度的进一步完善,对技术贸易的规制方面也发生了变化,普遍地由传统的行政审批型规制向更合理的反垄断型规制转变。在尊重意思自治的基础上,防止滥用权利或滥用市场支配地位。

许可和审批。这是各个国家规制经济活动的通用方法,并不仅仅限于传统计划经济国家所专有。以美国为例。美国实施广泛、全面、严格的出口许可制度。美国国会通过了2018年《出口控制改革法》,重新确立、强化了出口管理制度。美

---

① The White House, Executive Order on Addressing United States Investments in Certain National Security Technologies and Products in Countries of Concern, August 9, 2023, https://www.whitehouse.gov/briefing-room/presidential-actions/2023/08/09/executive-order-on-addressing-united-states-investments-in-certain-national-security-technologies-and-products-in-countries-of-concern/, last visited August 10, 2023.

国《出口管理条例》,确立了 10 项禁止出口的原则,推定原则上禁止管制物项出口①,通过审批允许出口作例外处理。美国出口有一个强制性备案系统,所有的出口交易都必须在此备案;如果出口商不如实、不及时备案,就要受到惩处。这是一个非常有效的管理制度。作为一个基础性制度,它将备案和信息披露等要求,与之后的具体的政策性审批程序紧密地连接起来,同时又适当地区分开来。这样的制度原则上推定所有的经营者都有出口资格、都有出口经营权,但如果在具体交易中不遵循相关的出口要求,除被罚款外,还可能被取消出口资格。这与中国政府原来实施的重资格审批、轻行为监管和过程监管不同。中国审批制度也在不断改革中,将事前监管和事中、事后监管统一起来。

赋权和除权。许可和审批基本上都属于赋权。现在一般认为,一个企业就应当具有从事经济活动或者从事国际经济活动的资格,不需要审批,不需要特别赋权。但在特殊的情况下,这一权利或资格可能被剥夺,这叫除权。中国的改革政策基本上是遵循这一路径,从特别赋权到一定条件下除权。美国对管制物项的出口管制既需要许可也配备除权机制。中国越来越多的企业被列入美国的出口管制名单,虽然这不表示绝对禁止向这些企业出口,但存在着不能对这些企业出口的推定。如果有企业未经批准再向这些名单上的企业出口产品,就违反了美国出口管制法,可能被剥夺出口权。

准入。在此准入主要指资格,指是否有资格享有某种待遇,如非歧视性待遇、优惠待遇等。中国改革开放初期,对外商投资实施严格的审批政策,控制外资准入,控制外资进入的业务领域;不准外商投资企业在中国境内销售其在生产的产品。类似的准入措施都是规制。中国入世后改变了这一做法。2019 年中国立法机关通过的《外商投资法》明确规定"国家对外商投资实行准入前国民待遇加负面清单管理制度"。② 这是中国外资制度规制方式的根本性变革。

标准。标准是对产品、生产过程、企业等的要求,如卫生标准、产品标准、行业标准,等等。标准化是国际经济活动的趋势,它具有降低成本、提高效率、促进交易、扩大合作、方便使用、提高消费认知等作用。国际社会一直在推动国际标准化的进程。1947 年成立的非政府组织国际标准化组织推动制定了许许多多的标准,获得普遍性接受。世界贸易组织《技术性贸易壁垒协定》就技术法规和标准的制

---

① EAR,Part 736,General Prohibitions,15 CFR § 736.2.
② 参见我国《外商投资法》第 4 条。

定、采用和实施提出了要求。根据该协定,无论是强制性的技术法规还是非强制性的技术标准,都涉及产品特性或其相关工艺和生产方法,包括适用于产品、工艺或生产方法的专门术语、符号、包装、标准或标签要求。《技术性贸易壁垒协定》的制定目的是,一方面认识到国际标准和合格评定体系对提高生产效率和促进国际贸易具有重要贡献,另一方面期望技术法规和标准不对国际贸易造成不必要的障碍。① 这一目的说明了标准对国际贸易的双刃剑作用。也正因为如此,国家在规制经济活动时,制定标准是重要的规制手段。标准影响到产品的竞争机会、竞争能力、竞争优势。这也是通俗说的"末流企业卖产品,一流企业卖标准"。根据《技术性贸易壁垒协定》,国家既掌握着技术法规的制定权,也承担着保证其境内的地方政府和非政府组织标准符合该协定所附的《良好行为规范》的责任。② 通过标准进行规制,无疑是国家行使规制权的重要的且基本的职责。

责任。没有国家强制力所保障的责任机制,法律将与道德无异。赔偿,罚款,限制或取消权利,监禁,等等,都是国家用来规制经济活动的处罚措施,也是违法者承担责任的形式。施加不同的责任是国家规制的重要考虑。民事责任,行政责任,刑事责任,既相互独立又相互配合。在国际规范层面,不同国际机制也施加了不同的责任。与世界知识产权组织(WIPO)管理的国际知识产权公约相比,世界贸易组织《与贸易有关的知识产权协定》既提出了世界贸易组织成员通过国内法的方式履行协定义务的要求,又为违反知识产权协定义务提供了强有力的争端解决机制。在国际投资法律制度中,投资者可以对东道国政府的某一规制措施提出损害赔偿要求。国际法委员会《国家对国际不法行为的责任条款草案》(2001),规定了三种责任形式,即继续履行、停止和不重复以及赔偿。③

业绩要求,或称履行要求。业绩要求通常指政府对企业的组织形式、投资构

---

① Agreement on Technical Barriers to Trade, Annex 1 Terms and Their Definitions for the Purpose of This Agreement.【Product characteristics or their related processes and production methods, including or dealing exclusively with terminology, symbols, packaging, marking or labelling requirements as they apply to a product, process or production method.】

② Agreement on Technical Barriers to trade, Article 4 (Preparation, Adoption and Application).【The Code of Good Practice for the Preparation, Adoption and Application of Standards.】While Recognizing the important contribution that international standards and conformity assessment systems can make in this regard by improving efficiency of production and facilitating the conduct of international trade, desiring however to ensure that technical regulations and standards, including packaging, marking and labelling requirements, and procedures for assessment of conformity with technical regulations and standards do not create unnecessary obstacles to international trade.】

③ Draft articles on Responsibility of States for Internationally Wrongful Acts, 2001, Articles 29-31.【Continued duty of performance, cessation and non-repetition, and reparation.】

成、经营业绩等要求。《与贸易有关的投资措施协定》在附件中列出的相关措施，都是业绩要求，如进出口平衡要求、外汇平衡要求、购买或使用当地产品要求等。世界贸易组织《服务贸易总协定》第16条市场准入条款同样规定了未经特别列明则不允许采取的相关措施，如限制服务提供者的数量、限制服务交易或资产总值、限制或要求特定类型的法律实体、限制外国股权比例等。[①] 业绩要求对企业本身、企业经营或产品本身提出要求或限制，一定程度上影响了企业的自主性、扭曲了贸易走向。在双边投资协定或自由贸易协定投资章节中，业绩要求是其中重要的内容。

价格控制。价格控制是最传统也是最普遍的政府规制措施。虽然在不同国家实施价格控制的范围和程度不同，但这种措施普遍存在于国际经济活动的规制中。在配额之外实行高价，采取限价措施，反倾销程序中的价格承诺，世界贸易组织《农业协定》规定的引起保障措施的价格触发机制，都是价格控制这一措施的不同情形下的应用。价格控制具有简单、明确、易执行等特点，便于监管者采取和适用，但也容易直接扭曲市场和贸易。

财税措施。财税措施是除价格、数量等直接管理措施之外的最重要措施。一些国家直接使用价格或数量限制比较少，但都充分利用财税措施的作用。补贴、征税、减免税等措施，具有非常大的影响。中国改革开放后一段时间内曾经对外商投资企业适用不同于国内非外资企业的所得税减免制度。中国这一政策的本意是对外国投资提供优惠利益，吸引外资。有意思的是，美国等成员在世界贸易组织起诉中国的外商投资企业所得税减免政策，认为其违反了世界贸易组织的补贴纪律和国民待遇义务。[②] 中国随后取消了对外商投资企业的税收优惠。该案虽未进入实质审理程序，但也显示了财税措施带来的多方面影响。

反腐败。反腐败越来越成为影响经济活动进行的一个要素。腐败导致产品价格无法体现出正常的供给需求关系，会影响到公平竞争。这为国家规制经济活动提供了新的依据。国际社会已经达成了《联合国反腐败公约》，确立了反腐败的机制，包括预防机制、刑事定罪和执法机制、国际合作机制、资产追回机制、技术援助和信息交流机制以及履约监督机制。越来越多的自由贸易协定中含有反腐败的内

---

① WTO, TRIMS, Annex Illustrative List; GATS, Article 16.2.
② China—Certain Measures Granting Refunds, Reductions or Exemptions from Taxes and Other Payments, WT/DS358.

容。但各个国家基于自己的国情对腐败各有自己的定义,增加了问题的复杂性和规制的多样性。

环境保护和劳工保护。从《加拿大美国自由贸易协定》到《北美自由贸易协定》再到《美墨加协定》,环境保护和劳工保护的内容越来越突出、保护程度越来越强化。其他国家签署的自由贸易协定也表现出这样的趋势。环境保护和劳工保护越来越被纳入供应链中,成为限制或允许产品进入的重要因素。欧盟于2022年通过的碳边境调节机制①,美国对中国新疆所谓"强迫劳动"的制裁,是环境保护和劳工保护的最直接事例。②

5.4 国家规制权的冲突与合作

5.4.1 规制权的地域范围

规制权来源于主权,我们有时以经济主权来代替。前面说经济主权的时候,更多的是基于领土管辖权、领土主权。规制权不仅仅限于这些原来的领土主权的范围。一定情形下,国家可以对领土之外的人、物、活动进行管辖、规制。基于效果原则的反垄断规制,其市场界定可以扩大到几个国家甚至全球。美国是最早适用效果原则的国家,初期其他国家特别是欧洲国家都反对适用效果原则,如今国际社会已经普遍接受了这一原则。③ 这表明,调整国际经济关系的规则在不断变化发展。

如果说效果原则指的是国外的经济活动影响到国内的经济活动因而有必要对其进行规制,那么域外管辖则是另外一回事。域外管辖相当于国内法监管外国领

---

① REGULATION (EU) 2023/956 OF THE EUROPEAN PARLIAMENT AND OF THE COUNCIL of 10 May 2023 Establishing a Carbon Border Adjustment Mechanism, Official Journal of the European Union, L 130/52, 16.5.2023.

② Public Law 117-78, Dec. 23, 2021, 135 STAT. 1525.

③ See Cecil J Olmstead (ed.), *Extra-territorial Application of Laws and Responses Thereto*, International Law Association in association with ESC Publishing Limited, 1984.

土上的经济活动。在这方面,直接相关的国际规则很少。如果适用一些原则性的规则,又因其抽象性和歧义性而缺乏具体针对性和直接适用性。域外管辖问题可能与初期适用效果原则一样,需要国家和国家之间的博弈、国家和国家意志的协调,在没有达成共识之前,所表现出的情形必然是恃强凌弱性的。中国原有的个别法律中也有域外管辖的规定,如《刑法》第 8 条就是一个域外管辖条款[①],但实践中极少适用。中国政府现在表现出主张强化域外管辖立法的趋势。2019 年《证券法》适用范围的修订典型地反映出这一倾向。该法历经几次修改,都未涉及适用范围的变化,仍然将该法限于中国境内。2019 年的修订新增了一款:"在中华人民共和国境外的证券发行和交易活动,扰乱中华人民共和国境内市场秩序,损害境内投资者合法权益的,依照本法有关规定处理并追究法律责任。"中国国家立法机构 2023 年 6 月通过的《对外关系法》也反映了强化域外管辖的倾向。该法第 32 条规定:"国家在遵守国际法基本原则和国际关系基本准则的基础上,加强涉外领域法律法规的实施和适用,并依法采取执法、司法等措施,维护国家主权、安全、发展利益,保护中国公民、组织合法权益。"

因而,规制权是基于领土范围但又超越领土范围的一种国家管辖权力。这种超越性主要来源于科学技术的发展和人类经济活动范围的扩大,国家或国际社会对这种技术和范围扩大作出了反应。在中国学者中,是否存在网络主权还未形成统一意见。但是,现实中,国家基于硬件设备、软件程序和网络内容,可以对网络和信息传送实施监管,至少在其领土范围内可以并且能够实施监管。一些国家政府禁止在其境内使用外国研发或控制的一些应用软件。在网络管理政策上,中国关注网络安全,美国关注信息自由,欧盟更关注信息保护,这些都是监管,而且是新技术下的监管。各个国家有不同的历史、制度、文化和生活方式,也各有监管偏好,但都没有解决网络空间治理问题,国际上更没有形成统一的方案和做法。世界贸易组织内部正在就电子商务议题进行谈判,美国与其他一些国家也签署了一些备忘录,新西兰、智利和新加坡签署并实施《数字经济伙伴关系协定》,诸如《全面和进步跨太平洋伙伴关系协定》和《美墨加协定》等自由贸易协定都含有数字贸易的内容。

新的国际法律制度也赋予了主权国家原来没有的规制权。典型体现在专属经

---

① 我国《刑法》第 8 条规定:"外国人在中华人民共和国领域外对中华人民共和国国家或者公民犯罪,而按本法规定的最低刑为三年以上有期徒刑的,可以适用本法,但是按照犯罪地的法律不受处罚的除外。"

济区的管辖权。这一些规制权来源于国际法的授权,来自国家和国家之间的约定,通过合作的方式,授权相关国家进行规制。规制权的范围由原来传统意义上的领土向外扩展。从本质上说,规制权源于国内法律规定,但是国家之间亦可以通过约定、通过条约的方式授予相关国家一定的规制权。

5.4.2 规制合作

即便基于相同的理由进行规制,由于国际经济活动的跨境性,由于各自的规制手段和程序可能不同,不可避免地会产生规制权的冲突。即使存在国际公约,由于理念不同、标准不一、利益相异、取舍有别,也会存在解释的不同并导致规制权行使中的冲突。怎么来认识这种冲突?规制权冲突本质上是主权冲突、管辖权冲突、国家利益冲突,更多地具体体现为基于一定的公共目的对经济活动进行规制。各国都打着公共政策、公共利益或国家安全的旗号实施规制,而一国的公共政策只是该国的公共政策,在国家林立的国际社会中,并不必然代表其他国家的公共政策。一国公共政策容易变成一国之私利。由此,多国之间产生规制冲突带有必然性。

冲突的必然性要求现实性的解决方法。以大欺小、以强凌弱,在一定程度上也可以解决一定的冲突,但这种方式容易引起更大的冲突。针锋相对、对等地相互报复,是一种方式,但后果如何不可预期。彼此合作是一种较为理想的方式。现实中的合作是多种多样的。相关国家通过条约、合作备忘录的方式,通过各种对话平台、沟通渠道,在求同存异的前提下解决实际面临的问题,是通常的合作方式。成立多边国际组织是一种较高形式的合作。像联合国、世界贸易组织等,都有其独特的合作优势。自我约束、自我克制,也有助于冲突的解决。但从根本上说,只要国家制度存在,源于主权的规制冲突只能缓解或暂时解决,而不能永久消灭。

6 国际经济关系中的贸易待遇

6.1 贸易待遇的作用与性质
6.2 贸易待遇的类型
6.3 贸易待遇的内容
6.4 贸易待遇例外

6.1 贸易待遇的作用与性质

国际经济关系主要体现在国家间经济往来上。企业间交易是否频繁、数额是否巨大、范围是否广泛,不独取决于企业自身,也取决于政府监管多大,是否奖出限入,是否因国而异。因之,一国对另一国及其人、物所持有的态度直接影响国际经济关系。想想经济封锁和制裁以及全球新冠疫情暴发时各国采取的防御措施,就足以体会这一点。在以国家为基本单位构成的国际社会中,在国家控制领土、行使领土主权的制度背景下,某种程度上说,跨境经济往来受到国家意志的约束。对敌国贸易、对盟友国贸易、对中立国贸易,对小国贸易、对大国贸易,其做法均不相同。这些反映国家间竞争关系、反映诸经济体经济政策和价值观的制度性体现,我们称之为贸易待遇。基于不同标准的贸易待遇,直接把世界分成了三六九等,简化了不同国家间的贸易关系。

贸易待遇是国际经济关系的最基本分类,是国家对贸易以及与贸易有关的政策的总表达。它具有导向性、统领性和工具性作用。国家可以制定贸易待遇的不同标准,对纷繁复杂的贸易关系进行类型化管理。同时,贸易待遇,作为一个统称,它普遍适用于国际经济关系、各类国际经济活动,适用于货物贸易、服务贸易、知识产权保护、投资融资等。究其实质,贸易待遇是国家身份的产物,是国际经济关系亲疏敌友的表现,是一种"圈子文化"的商业性操作,更是人性的另类表达。

人有喜怒哀乐、爱恨情仇。由人组成的国家是人的拟制物、是复数的人;治理国家的人、选举国家治理人的人,都会对周围的人分出亲疏远近,由此导致国家与国家间的关系亦是如此。这种分类标准是多样的、变化的,可能是宗教原因、民族原因、肤色原因、地域原因、意识形态原因,或者当代比较流行的国家安全原因,亦或者仅仅是一时的个人情绪原因、说不清的缘分原因等。远至古希腊古罗马的争斗,欧洲17世纪的三十年战争,近至第一次世界大战和第二次世界大战,再到如今正在进行的俄乌冲突,无不将国家分成不同的"圈子",甚至迫使一些国家"选边站"。前有美苏两大集团冷战,另有不结盟运动国家另组集团。美国拜登政府2022年发布的国家安全战略,提出了民主国家与威权国家间的竞争,这是基于所谓民主标准对世界国家进行的另一划分。美国、欧盟等对自身和盟友伙伴的强调,凸显了新时代集团政治的再次复兴。这些集团政治,体现在国际经济关系上就是集团贸易,伴随着的就是贸易待遇。因而,对不同的国家提供不同的贸易待遇具有必然性。

贸易待遇可以是某一国家对其他国家及其人或物的对待方式,也可以是某一集团内部相互间的贸易关系以及该集团成员对非集团成员的贸易关系标准。在很大程度上,贸易待遇标准的制定,是由政治、军事、经济实力决定的。实力弱小的小国不可能决定其与其他大国的贸易关系走向。大国往往将其自己的意志通过贸易协定的方式施加到其他国家身上,参与类似安排的国家也可以从中获得一定的利益。第二次世界大战后美国主导建立的关税与贸易总协定确立的普遍的无条件的最惠国待遇,取代了以英国为核心的英联邦国家间的优惠待遇,构成了当代国际贸易秩序的基石。但随着国际经济格局的变化,特别是发展中国家的兴起,世界贸易组织的待遇制度,和世界贸易组织的争端解决机制以及其他相关规则一起,面临着新的挑战。

从单个国家角度讲,贸易待遇是一国对他国人员、产品、资源等的基本政策定位,是一种类型化定位。这种政策定位,一方面界定该国对特定外国的相互关系(内—外关系),另一方面界定不同外国之间在本国的相互关系(外—外关系)。这种基本政策定位具体体现在国际经济活动当中,表现为当事人以及交易对象应该享有什么样的待遇。如前文所述,国际经济活动的形式、国际经济活动的参与者都是多种多样的,贸易待遇体现了各种交易环节,影响着交易权、经营权、财产权、经营机会、市场准入和准出、组织形式等诸多方面。由于贸易待遇涉及国家经济关系的最基本规定,前面几章所讲的内容都可以通过贸易待遇涵盖进来。

实际上,贸易待遇问题不是一个新问题,而是传统上外国人在内国的地位问题的延续和扩展,而外国人在内国的地位问题则是国际法教材中的传统内容。[①] 国

[①] See L. Oppenheim, *International Law, A Treatise*, Longmans, Green and Co., 1905, Vol. I Peace, Part II The Objects of the Law of Nations, Chapter III Individuals, pp. 341–400; L. Oppenheim, *International Law, A Treatise*, Longmans, Green and Co., 1920, Vol. I Peace, Part II The Objects of the Law of Nations, Chapter III Individuals, pp. 456–523.

际公法教材中也提到了最惠国待遇、国民待遇。一般地说,国民待遇主要指外国人在内国境内在某些方面享有的待遇不应当低于本国人的待遇。最惠国待遇指一外国人在内国境内在某些方面享有的待遇不得低于第三国人享有的待遇。但国际公法教材中讨论对外国人人身和财产保护时更侧重个人的一般性问题,我们讨论的贸易待遇,很大程度上已经超越了物理财产本身,超越了外交官员和自然人本身,拓展到企业贸易权、投资权等新的领域,更强调对不同国家的类型化待遇,实际上是国家待遇。一个国家的人员、产品、资源得以进入另一国所享有的待遇,以及该人员、产品、资源在另一国享有的待遇,不取决于该人员、产品或资源本身,而取决于这一国家。一国一旦被贴上标签或列入另类,其人员、产品等随之被优待或劣待,从而影响其竞争力。另一特别大的变化是贸易待遇向互惠化发展。在现有的国际法律文件中,在平等的法律关系中,少有只赋予单方优惠待遇而不是双方享有互惠待遇的情形。即使存在单方优惠的情形,也是发达国家对发展中国家特别是最不发达国家提供优惠,例如普遍优惠待遇或特别差别待遇,而不是发达国家单方面享有优惠待遇。

贸易待遇既可以在国内法中规定,也可以在国际法中规定。美国1974年《贸易法》是国内法规定贸易待遇的典型。该法既规定了互惠待遇,也规定最惠国待遇和普遍优惠待遇。该法的301条款制度一定程度上也可以理解为歧视性待遇。国际法上的待遇又可进一步区分为条约待遇和习惯法上的待遇。随着国际经贸条约的数量和范围的扩大,越来越多的国际经贸条约特别是自由贸易协定详细规定了越来越具体的贸易待遇,并最终落实到国内法中。国际条约对国内法的影响,特别是对发展中国家、新兴国家的国内法影响,表现得较为突出。《中国入世议定书》含有中国的入世承诺,涉及贸易待遇的很多内容,如贸易经营权的放开、对外国个人企业和外商投资企业等的非歧视待遇,直接导致了中国原有法律的修改。中国立法机构2019年通过的《外商投资法》明确国家对外商投资实行准入前国民待遇加负面清单管理制度。这一国内法的独特规定,正是受国际投资协定或自由贸易协定相关内容影响的结果。这与中国曾经实施过的外商投资审批制度形成了鲜明对比。

国际条约中的贸易待遇,虽然最终落实到国内法实施,但与国内法中的贸易待遇仍然不同。国际条约中的贸易待遇,属于条约义务,如果违反了这一义务会引发可能的国际争端解决程序及相应的国际责任。而纯粹国内法规定的待遇,如果无国际法依据,立法机构或行政机构可以撤销或改变,因此而受损者只能通过国内行政程序或诉讼程序,获得国内法上的救济。就企业而言,如果能找到国际法的相关规定来指控一国政府的措施,无异于汽车购买了交通强制险和商业险。外国投资者就东道国政府提起国际投资仲裁,出口商通过其政府起诉进口国政府,都是贸易待遇贯穿于国内法和国际法的例子。

6.2 贸易待遇的类型

6.2.1 贸易待遇的基本分类

贸易待遇的类型很多。基于不同的标准,可以进行不同的划分。歧视和非歧视待遇、对等与非对等待遇、优惠和非优惠待遇,可以作为我们分析的出发点。一般地说,一国歧视外国人或外国产品似乎是当然的情况。从心理学的角度讲,陌生产生不信任心理,并进一步引起不一样的对待方式。从政治学的角度讲,一国政府只对本国公民负责,本国公民负有忠诚、纳税义务,政府没有义务同等对待本国人和外国人。从经济学的角度讲,外国产品对本国产品带来了竞争和冲击,抵制外国货、使用本国货有利于本国产业和工人。从现实政治角度讲,利用民族尊严、激发民族情绪、捍卫民族利益,是普遍的做法。可以说,歧视性对待外国人或外国产品,在一定程度上具有本能反应的倾向性。但正如前几章所分析的,无论是个人还是国家,都不能孤立存在,彼此交往、互通有无能够促进彼此的福利。因此,基于理性的考虑而非本能的反应,国家对外交往时需要彼此约定不歧视对方,非歧视待遇和对等待遇由此产生。"予人玫瑰留有余香"说的就是这个道理。在中国的传统文化中,称之为"投之以桃,报之以琼瑶"。

美国特朗普政府一上任就说中美之间不对等,中国占了美国的便宜,要求对等待遇。特朗普提出的"对等"【reciprocal】,中文语境下过去普遍理解为"互惠"【mutual benefits】,现在已经清楚了二者的区别。这也说明了国际经济交往中语言交流的重要性。对等待遇是国际经济关系的基本要求。国和国之间因为是独立的、平等的,所以它们之间的关系也应当是对等的。世界贸易组织的谈判、关税减让的谈判以及其他的市场准入的谈判都遵循着对等原则,最后形成一揽子的谈判结果。一般地说,对等待遇的判断并不是一个精确的算术题,难于精准量化。某种意义上,谈判者认为比较满意,实现了关注点,那就对等了。特朗普政府认为中美贸易不对等的另一个论据是美国约束关税低、中国约束关税高。这一问题可以从谈判过程和谈判结果来分析。首先,中美之间按照对等原则进行谈判,谈判结果彼此满意。其次,中国的约束关税谈判主要是与美国人谈判出来的,而美国的约束关税却是1947年起多次谈判的结果,即使有关关税承诺是在与中国谈判中作出的,也仅仅是极少数,美国约束关税低这事不能怪到中国头上。自关税与贸易总协定起多次谈判确定的事,只针对中国说中美之间约束关税不对等,没有很强的说服力。对等是一个原则,指导谈判的原则,指导给予待遇的原则,也可以说是机会,也可以说是结果,要从多个角度去衡量它,但是没有一个绝对的标准说这就是对等的。用法律语言说,要依据上下文、个案情形等标准来判断,而不能简单地被"对等"这个词所迷惑。

非歧视待遇和对等待遇需要双方或多方协定安排,属于协定待遇,不是某一国家单方给予优惠。从国家单方给予优惠讲,可以将贸易待遇区分为优惠待遇和非优惠待遇。发达国家向发展中国家提供的普遍优惠待遇,中国改革开放初期向外商投资企业提供的所得税优惠待遇,都属于此处所说的优惠待遇。世界贸易组织框架下发展中国家享有的特殊差别待遇,自由贸易协定框架下提供的待遇,虽然与最惠国待遇相比具有优惠性,但都不属于单方自主决定授予的优惠待遇,而是通过协定达成的协定待遇,属于一种国际制度性安排。一国单方面给予其他国家优惠待遇,不是国际义务的要求,而是国家利益使然。通过经济利益上的减让,来实现更大的政治和经济目标。例如,通过提供贸易优惠,巩固与其他国家的关系。正因为优惠待遇是一种单方面授惠,取决于授惠国的独立意志,不具有互惠性,或者无互惠性制约,优惠待遇具有较大的不确定性。

对等待遇、优惠待遇多适用于两国彼此之间。歧视待遇对应着非歧视待遇,具有双边和多边的内涵。无论是优惠还是歧视,各种待遇都有相应的政策基础,反映着待遇实施时相关国家的需求,具有可变性。由于涉及的利益体不同,对优惠或歧视的理解可能是多样的,优惠待遇可以被认为是歧视待遇,反之亦然。提供给外国人或产品的待遇优于提供给本国人的待遇,被认为是"超国民待遇"。中国

《外商投资法》规定的准入前国民待遇加负面清单制度,对外商投资区分了鼓励类、允许类、限制类和禁止类几种情形。这几种情形中,既有优惠待遇也有歧视待遇。在美国诉中国出版物案中,被诉的中国措施只允许中国国有企业从事进口出版物的进口、国内市场经销等活动,却不允许外商投资企业从事这些经济活动,被认定为歧视待遇。[①] 优惠待遇和歧视待遇的判断有时比较容易,有时则相对较难,取决于特定措施和特定情形,需要个案判断。

6.2.2 作为非歧视待遇的最惠国待遇和国民待遇

非歧视待遇包括两种类型,国民待遇和最惠国待遇。这两类待遇的比较对象不同。国民待遇是外国与本国相比,内—外相比,外国人或产品享有的待遇是否低于本国人或产品享有的待遇。最惠国待遇是外国与外国比,外—外相比,某一外国的人或产品在同一内国的待遇是否低于另一外国的人或产品的待遇。

国民待遇的字面含义表示外国人享有与本国人平等的待遇。但其内涵要复杂得多。其含义并不是指外国人一定要享有与本国人一样的待遇,而是指外国人享有的待遇不低于本国人享有的待遇,可以优于本国人的待遇,即所谓的"超国民待遇",但在国民待遇制度框架下它本身属于国民待遇的范畴,故不称其为超国民待遇。另外,国民待遇既可指人的待遇,也可指产品的待遇,还可指权利的待遇,不能被 national 这一词所误导。同样,最惠国待遇也不能仅凭字面来确定其内涵。这时的"国"(nation),在当代,不仅指国家,也指经济体,即单独关税区,如中国香港和欧盟这样的单独关税区。最惠国待遇表面字义像是最优惠待遇,实质上是非歧视待遇。为避免不必要的误解,美国国会在 2000 年的立法中,将最惠国待遇这一称谓改为"正常贸易关系"。[②]

最惠国待遇和国民待遇并不是相互对立的两类待遇,它们之间存在交叉的地方,甚至存在互相依赖的地方。世界贸易组织 1994 年《关税与贸易总协定》第 1 条第 1 款规定的最惠国待遇包括国内税费和国内规章方面的国民待遇,违反国民待遇义务也可能导致违反最惠国待遇义务。在《关税与贸易总协定》框架下,最惠国待遇义务和国民待遇义务都是普遍性义务,各自调整不同的领域和方面,独立发

---

① See China—Publications and Audiovisual Entertainment Products, WT/DS363/R, WT/DS363/AB/R.

② Normal Trade Relations for the People's Republic of China, Public Law 106-286—OCT. 10, 2000, 19 U.S.C. 2431 note.

挥作用。历史上1947年《关税与贸易总协定》临时适用时,国民待遇义务并不是一个普遍性的义务。根据《临时适用议定书》的规定,关税与贸易总协定分成两大部分,第一部分就是第1条最惠国待遇和第2条关税减让,普遍适用。从第3条国民待遇起到第19条保障措施属于第二部分。《临时适用议定书》规定,在不违反国内法的最大限度内适用第二部分。① 这就导致国内法优先适用。《世界贸易组织协定》纳入了《1947年关税与贸易总协定》,但废除了《临时适用议定书》②,这样GATT国民待遇条款与其他所有条款一样,成为普遍适用的条款,国民待遇成为普遍性待遇,不受成员的国内法制约,不以成员的特殊承诺为前提。在《服务贸易总协定》框架下,内容上最惠国待遇是基于国民待遇发挥作用。是否提供国民待遇需要成员作出特别承诺,因而国民待遇是一个特别承诺性的概念,属于特别承诺的内容。如果成员没有承诺国民待遇义务,最惠国待遇就是无源之水。因而这两个协定中的最惠国待遇尽管表面一样,但实际运作机理不同。

  投资领域的待遇变化比较大。以中国外商投资制度为例。最初中国外商投资制度实行严格的审批制,投资企业组织形式、投资比例、投资领域、投资企业经营等,都必须满足政府规定的条件。随着中国政府外商投资管理经验的积累和相关制度的完善,外商投资者和外商投资企业享有的权利在不断扩大。但从东道国的角度,对外商投资仍然存在着一定的管理与限制,仍然存在着一定的差别待遇。中国《外商投资法》确立了准入前国民待遇加负面清单制度,市场放开为一般原则,限制或禁止为例外情形,采取事前、事中、事后的全过程管理,增加透明度和可预期性。为了更好地发挥企业的主观能动性,提高政府的效率、公信力、透明度,除极少数限制外,原则上全部放开。负面清单,表示法无禁止即可为。原来采取审批制时,法无授权不可为;现在这一表述仅适用于限制性措施。在国民待遇问题上,有自由,也有例外,有一般规则,也有例外规则,其中的度就取决于我们前面讲过的竞争、合作、自由、公平、安全等因素。

  对于最惠国待遇和国民待遇哪一个待遇更优一些这一问题,因为比较对象不同,并无明确的标准答案。国民待遇乍听起来似乎是一个很高的待遇,实际并非如此。由于内国和外国的管制可能不在同一个水平上,表面上看是平等的待遇,

---

  ① The Protocol of Provisional Application,30 October,1947.【Apply provisionally... Part II of that Agreement to the fullest extent not inconsistent with existing legislation. 】
  ② WTO Agreement,Annex 1A,Multilateral Agreements on Trade in Goods,General Agreement on Tariffs and Trade 1994,1.(a).

实际上不平等。在投资领域西方国家提出了一个公平公正待遇,或者叫国际标准待遇、习惯法上的待遇,来拉高待遇标准。通过主张最低国际法待遇作为兜底待遇,提高待遇水平。由于在很长的时间内西方发达国家是投资国,投资保护是保护发达国家投资者的利益,投资者保护水平通常是发达国家主张的标准。在投资争端当中,东道国被诉的主要理由是违反公平公正待遇。公平公正待遇或习惯国际法待遇具有一定的模糊性,需要证明存在共识、存在一贯的做法。加之长时间内存在的保护投资者的理念氛围,被诉东道国多以违反公平公正待遇而承担责任。但公平公正待遇的宽松适用也可能产生"回旋镖"一样的效果。公平公正待遇不能无限扩大化。国际社会认识到了这个问题。现在的投资协定条款中,多对公平公正待遇或习惯法待遇作出界定和澄清。东道国违反条约规定本身,并不一定违反了公平公正待遇。①

历史性地看,最惠国待遇有一个从单边到双边到多边的发展过程。美国与清朝政府于 1844 年签署的《中美望厦条约》只允许美国享有最惠国待遇,是单边、片面的最惠国待遇。② 美国 1934 年《贸易协定法》授权美国政府签署双边最惠国待遇协定。由 23 个缔约方达成的 1947 年《关税与贸易总协定》确立了多边的最惠国待遇,使得最惠国待遇发生了一个质的变化,成为普遍的、无条件的最惠国待遇,当然也引出了所谓的"搭便车"问题。但是,由于成员作出的任何减让都是谈判的结果,这种所谓"搭便车"问题应在预期之内。如果成员的经济发展水平发生了变化,则可能引发新一轮的贸易争端,并促使达成新的谈判。

关税与贸易总协定/世界贸易组织最惠国待遇的根本特点,除上述多说的多边性/普遍性外,还有一个无条件性。这一无条件性不是说享有最惠国待遇不需要满足任何条件,而是说不能以产品国籍为条件。③ 最惠国待遇的有条件性可以从 1979 年《中美贸易协定》④看出。该协定规定,美国赋予中国最惠国待遇,要遵循美国国内法的规定。所谓美国国内法的规定,指美国 1974 年《贸易法》规定的有条件的最惠国待遇。⑤ 根据该法,总统继续对非市场经济国家的产品拒绝提供非歧

---

① See USMCA, Article 14.6; CPTPP, Article 9.6.
② Treaty of Peace, Amity, and Commerce between the United States of America and the Chinese Empire (1844), Article II.
③ EC—Bananas III, WT/DS/27, /AB/R, para.190.
④ Agreement on Trade Relations between the United States of America and the People's Republic of China 1979.
⑤ 19 U.S.C § 2431-2437 (2021).

视待遇,除非总统向美国国会报告相关国家没有侵犯移民自由,由国会根据受惠国境内移民情况通过逐年年审的方式授予最惠国待遇。这本来是针对当时苏联的情况规定的,被适用到中国身上。由于当时中国根本不存在限制移民的情况,中国同意了这样的最惠国待遇条款。在刚开始的 10 年里,国会年审表现为程序性的投票形式。但自 1990 年起,中国的最惠国待遇面临着被拒绝的风险。当时美国市场是中国最大的出口市场,中国出口到美国的产品能否享有美国的最惠国待遇直接关系到当时中国出口的情况。如中国出口产品不享有最惠国待遇,就要适用美国 1930 年《关税法》这一高关税法律。美国是否授予中国出口产品最惠国待遇,成为当时中美之间争斗的一个焦点。1999 年 11 月中美两国就中国入世谈判达成协议后,2000 年美国通过《对华永久正常贸易关系法》,把最惠国待遇变成了一个正常贸易待遇。只要中国加入世界贸易组织,美国按照世界贸易组织协定赋予中国最惠国待遇。[①] 换句话说不再一年一审式地歧视性对待,而是像对待其他世贸成员一样平等对待。

  由于世界贸易组织义务是成员间相互的契约性义务,世界贸易组织最惠国待遇的多边性可能因成员国内法或其他单边措施受到影响。2012 年美国国会通过了《谢尔盖马格尼茨基法治问责法》[②],规定自俄罗斯成为世界贸易组织成员时起,按照世界贸易组织规则授予俄罗斯最惠国待遇。但 2022 年俄乌冲突后,美国国会通过《中止与俄罗斯、白俄罗斯正常贸易关系法》,中止对俄罗斯、白俄罗斯授予最惠国待遇。[③]

  虽说非歧视待遇一般认为包括最惠国待遇和国民待遇,但二者区分并不总是很清楚,可能存在混合的情况,需要具体分析。《中国入世议定书》第一部分第 3 条规定了非歧视义务,既不同于《关税与贸易总协定》第 1 条的最惠国待遇义务,也不同于第 3 条的国民待遇义务,既不完全是货物待遇,也不完全是服务或投资待遇:"除本议定书另有规定外,在下列方面给予外国个人、企业或外商投资企业的待遇,不得低于给予其他个人和企业的待遇:(a) 生产所需投入物、货物和服务的采

[①] Normal Trade Relations for the People's Republic of China, Public Law 106-286—OCT. 10, 2000, 19 U.S.C. § 2431 note.

[②] Russia and Moldova Jackson-Vanik Repeal and Sergei Magnitsky Rule of Law Accountability Act of 2012, Pub. L. 112-208, titles I, II, Dec. 14, 2012, 126 Stat. 1497, 19 USC § 2434 note.

[③] Suspending Normal Trade Relations with Russia and Belarus Act, Public Law 117-100, H. R. 7108, 136 STAT. 1159, April 8, 2022.

购,及其货物据以在国内市场或供应出口而生产、营销或销售的条件;(b)国家和地方各级主管机关以及公共或国有企业在包括运输、能源、基础电信、其他生产设施和要素等领域所供应的货物和服务的价格和可用性。"①

6.2.3 关税同盟待遇和自由贸易区待遇

关税同盟待遇和自由贸易区待遇是与世界贸易组织最惠国待遇相关但比其更优惠的独立待遇。世界贸易组织规定所有成员享有普遍的无条件的最惠国待遇。但《关税与贸易总协定》第24条和《服务贸易总协定》第5条允许成员相互间缔结协定,彼此提供比世界贸易组织最惠国待遇更优惠的待遇,目标是促进贸易更加自由化。这样的安排称为自由贸易区或关税同盟。关税同盟成员之间相互免税,自由贸易区成员之间免税或减税。关税同盟或自由贸易区成员没有义务将此种优惠待遇给予非成员的国家或单独关税区。由于上述授权,关税同盟待遇、自由贸易区待遇构成了世界贸易组织最惠国待遇的一种例外。② 相较于关税同盟来说,自由贸易区的数量更多。自由贸易协定虽然是依据关税与贸易总协定/世界贸易组织规则确立的,但其调整范围已经远远超出了包括《1994年关税与贸易总协定》和《服务贸易总协定》在内的《世界贸易组织协定》调整的范围,从这个意义上来说,某些待遇就不能说它是世界贸易组织最惠国待遇的例外,而是一种独立的待遇。比方说,世界贸易组织《与贸易有关的投资措施协定》仅在有限的范围内调整与贸易有关的投资措施,防止贸易扭曲,而现在的自由贸易协定普遍地、单独地规定了投资章节,包括了传统双边投资协定的内容,例如财产保护、投资市场准入、公平公正待遇等,这些都是世界贸易组织规则本身没有概括的内容。

世界贸易组织与关税同盟或自由贸易区的关系,二者有重叠的部分也有未重叠的部分。就重叠的部分来说,关税同盟或自由贸易区提供的待遇优于世界贸易组织规则提供的待遇,即关税更低、市场更开放。就世界贸易组织规则没有涵盖

---

① China's Accession Protocol, Part I, Article 3 Non-discrimination.【Except as otherwise provided for in this Protocol, foreign individuals and enterprises and foreign-funded enterprises shall be accorded treatment no less favourable than that accorded to other individuals and enterprises in respect of: (a) the procurement of inputs and goods and services necessary for production and the conditions under which their goods are produced, marketed or sold, in the domestic market and for export; and (b) the prices and availability of goods and services supplied by national and sub-national authorities and public or state enterprises, in areas including transportation, energy, basic telecommunications, other utilities and factors of production.】

② See GATT1994, Articles 1 and 24; GATS, Article 5.

的部分来说,这是全新的内容,是缔约方进一步开放市场的努力的一部分。世界贸易组织多哈回合谈判的失败,加剧了世界贸易组织成员签署自由贸易协定的态势。事实上,无论是 1994 年《关税与贸易总协定》第 24 条还是《服务贸易总协定》第 5 条,都对自由贸易协定有基本的要求,要求涵盖众多部门,实质性地取消歧视性措施或者取消关税或其他限制性措施。这样的要求似乎可以理解为防止成员借自由贸易协定的形式规避世界贸易组织协定项下的义务。因而,在世界贸易组织争端解决实践中,也曾发生过上述规定理解不同的争端。[①] 由于世界贸易组织成员观点、利益的分歧,世界贸易组织又是一个成员管理的组织,在多哈回合谈判成功无望的预期下,成员纷纷掉头他顾,进行自由贸易协定谈判成为一时浪潮。美国拜登政府表示不再签署传统意义上的自由贸易协定,但欧盟等经济体仍然将建立自由贸易区作为努力目标。东盟十国加中国、日本、韩国、澳大利亚和新西兰的《区域综合经济协定》(RCEP)建立的自由贸易区正发挥着越来越大的影响。

关于自由贸易协定与世界贸易组织规则之间的关系,曾经有过"绊脚石"还是"垫脚石"的争论。[②] 中国政府曾经表明过自由贸易协定和世界贸易组织规则是贸易自由化的双车道。随着世界贸易组织运作遇到障碍,世界贸易组织何去何从具有一定的不确定性,上述争论也失去了参照的背景。美国放弃谈判传统的自由贸易协定,是对上述争论的一种新态度。从长远看,正如第 4 章和第 5 章内容所表明的,自由和限制、竞争与合作是一个相互发生作用的过程,自由贸易协定和世界贸易组织规则的关系也可以如此看待。

6.2.4 普遍优惠待遇和特殊差别待遇

普遍优惠待遇和特殊差别待遇是两个不同性质的概念,但受益对象都是发展中国家。普遍优惠待遇则是给惠国和受惠国双边关系中的一种贸易待遇,该待遇取决于给惠国单方面的立法或规定,是一种酌情待遇。特殊差别待遇是《世界贸易组织协定》规定的对发展中国家特别是最不发达国家提供的待遇,是世界贸易

---

① Turkey—Restrictions on Imports of Textile and Clothing Products, WT/DS34.
② See Jagdish Bhagwati, *Themites in the Trading System: How Preferential Agreements Undermine Free Trade*, Oxford University Press, 2008; WTO, The Future of the WTO: Addressing Institutional Challenges in the new Millennium, Report by the Consultative Board to the Director-General Supachai Panitchpakdi, 2004; The Warwick Commission, *The Multilateral Trade Regime: Which Way Forward?* The University of Warwick 2007, para. 53; Report of the Panel on Defining the Future of Trade convened by WTO Director-General Pascal Lamy, The Future of Trade: The Challenges of Convergence, April 24, 2013, pp. 28, 39.

组织中的概念或待遇,是一种协定待遇。严格意义上讲,普遍优惠待遇不是世界贸易组织体系中的待遇,却是世界贸易组织特殊差别待遇的直接来源。特殊差别待遇制度为提供普遍优惠待遇的世界贸易组织成员提供了义务例外。

第二次世界大战后形成了美苏为首的两大集团的对立。在贸易体系领域,美国主导着关税与贸易总协定,发达国家居多,被称为"富人俱乐部";苏联组织经济互助委员会,社会主义国家居多。1964年联合国贸易与发展大会上,来自发展中国家的代表认为现有贸易制度是偏向于发达国家的,主张对发展中国家提供特别的优惠以补救这一不平衡,激励发展中国家的发展。这一要求反映在关税与贸易总协定中,是增加了针对发展中国家的第四部分,1965年2月8日通过了《关于修订关税与贸易总协定增加第四部分贸易与发展的议定书》①,该议定书于1966年6月27日生效。但该部分对发达国家确立的更多的是道义责任,没有设定法律义务。1968年,联合国秘书长召集了由各国政府代表组成的委员会来考虑对发展中国家的援助计划问题。会议一致同意建立一个相互接受的"普遍的、非互惠的和非歧视的优惠制度",即普遍优惠待遇。② 这就是普遍优惠待遇的由来。

普遍优惠待遇体现为发达国家单方面给发展中国家的一种优惠待遇,既不是协定待遇也不是组织制度性的待遇。普遍优惠待遇是自愿的,单方面的,设条件的。发展中国家享有这种普遍优惠待遇需要满足发达国家单方面设定的条件。以美国法为例。美国《1974年贸易法》确立了普遍优惠待遇制度。总统可指定受惠的发展中国家和合格物品。发展中国家的出口产品不能是进口敏感产品;如果进口产品超过了一定水平或价值,可基于竞争需求限制或取消待遇。一旦发展中国家成为高收入国家,就需要强制毕业。③ 一些发展中国家经济规模较小、产业比较单一,一段时间后容易对普遍优惠待遇形成一定的依赖性,从而影响给惠国与受惠国之间的经济关系或竞争关系。

在关税与贸易总协定框架内,仅向特定国家提供的普遍优惠待遇,被认为违反了关税与贸易总协定的最惠国待遇条款。1971年关税与贸易总协定缔约方大会通过了对于希望为发展中国家建立普遍优惠待遇的国家授予暂时性豁免最惠国待

---

① GATT, Protocol Amending the GATT to Introduce Part IV on Trade and Development, L2355, February 12, 1965.
② The Agreed Conclusions of the United Nations Conference on Trade and Development Special Committee on Preferences, 1968, EC-Preferences, WT/DS246/R, Annex D-4.
③ See Trade Act of 1974, Subchapter V; 19 U.S.C. § 2462-2463 (2021).

遇义务的决定（1971年豁免决定）。① 1979年11月28日，关税与贸易总协定缔约方大会通过"发展中国家的差别的和更优惠的待遇，互惠和全面参与"，即所谓的"授权条款"，授权发达的缔约方根据普遍优惠制度对原产自发展中国家的产品给予优惠的关税待遇。② 该授权条款为联合国贸易与发展会议支持下创建的普遍优惠待遇制度的运作提供了一个永久的法律基础。

特殊差别待遇是关税与贸易总协定缔约方全体确立的对发展中国家提供优惠待遇的制度。1995年生效的《世界贸易组织协定》把"1979年授权条款"纳入世界贸易组织机制内，特殊差别待遇规则成为世贸组织规则不可分割的组成部分。③ 特殊差别待遇是世界贸易组织规则框架下对发展中国家提供的待遇。它包括两个方面：第一，发展中国家享有这一特殊待遇不需要提供互惠；第二，发达国家只向发展中国家提供待遇而不向其他国家提供待遇，不违反最惠国待遇的要求。

特殊差别待遇的缘起、初衷是设定与发展中国家承受能力相一致的义务。由于发展中国家发展水平低、产业基础差、竞争优势小，不会构成发达国家竞争的威胁。另外，从某种意义上来说，这种待遇也是象征性的，法律和事实上均不平等。发展中国家可能不具有享有这一待遇的条件。在乌拉圭回合谈判中，要求发展中国家承担与其发展水平相适应的义务，这实际上限缩了发展中国家的待遇。给予发展中国家的一些特殊差别待遇，仅仅体现为晚几年承担某项义务，几年之后发展中国家承担与发达国家一样的义务。表面上看确实是特殊差别待遇，但在权利义务结构上并没有体现出对发展中国家的特别关照。除非特别落后、经济体特别小，否则发展中国家享有的待遇也是通过艰苦谈判博弈出来的，而不是发达国家施舍的。这一问题比较复杂，既涉及殖民国家的殖民经历问题，也涉及殖民地独立国家的国家治理问题，也是国际经济秩序重构的核心问题。这一问题的根本性解决依赖于发展中国家发展水平的提高和国家治理能力的增强。

世界贸易组织的成员基本分成三类，一类是明文规定的最不发达国家，可享有很大程度上的优惠，比方说关税减让可能很少，等等；还有两类分别就是发展中国

---

① GATT, Generalized System of Preferences; Decision of June 25, 1971, L/3545 (June 28, 1971).
② GATT, Differential and More Favourable Treatment, Reciprocity and Fuller Participation of Developing Countries; Decision of 28 November 1979, L/4903 (December 3, 1979).
③ WTO Agreement, Annex 1A, Multilateral Agreements on Trade in Goods, General Agreement on Tariffs and Trade 1994, 1. (a); EC—Conditions for the Granting of Tariff Preferences to Developing Countries, WT/DS246/AB/R, para. 90.

家和发达国家,根据习惯做法发展中国家的身份是自认的,关税与贸易总协定或世界贸易组织并不进行发展中国家成员资格审查。新加坡、韩国、中国原来说自己是发展中国家,现在韩国、新加坡已经明确放弃发展中国家身份。自特朗普政府上台以来,美国对中国的发展中国家身份耿耿于怀,行政机构和国会一直试图取消中国的发展中国家身份。[①] 实际上,中美就中国的发展中国家身份的分歧与斗争,也是中美之间竞争关系的表现,以公平竞争的名义,不断地创造新的竞争条件。而特殊差别待遇成为博弈的一个领域或者一个筹码。

6.3 贸易待遇的内容

6.3.1 贸易待遇的涵盖范围

按传统的说法,国际经济活动主要包括贸易、投资和金融。随着科学技术的发展和经营业务形态的多样化,传统的分类显得过于简单。例如,贸易进一步区分为货物贸易和服务贸易,投资包括金融类投资和非金融类投资,服务贸易既包括名为商业存在实以投资为前提的服务贸易也包括无需商业存在的跨境交付。知识产权既与贸易有关,也是投资的一种表现形式。从国际协定的内容看,原本调整范围明确、主题相对单一的协定,逐步向综合性协定发展。《与贸易有关的投资措施协定》《与贸易有关的知识产权协定》《服务贸易总协定》都是范例,自由贸易协定更是集诸多主题之大成,贸易与环境、贸易与劳工、贸易与反腐等,均包括在内。从国际经济组织的职能看,原本职责相对单一,如负责贸易、负责知识产权、负责汇率、负责贷款等,如今也从事环境保护、人权保护、可持续发展等活动,形成了以主兼辅的配置。国际经济活动如同一个载体,承载了大量的内容。贸易待遇

---

① See WTO, An Undifferentiated WTO: Self-declared Development Status Risks Institutional Irrelevance, Communication from the United States, WT/GC/W/757, January 16, 2019; H. R. 1107, 118th Congress, PRC is not a developing Act, introduced 02/212023; S. 308, Ending China's Developing Nation Status Act, introduced 01/09/2023.

作为国际经济关系的基本类型,是诸多关注的集中体现,也必然随着国际经济活动的丰富和发展而渗透到各个方面。国际经济活动的范围越来越广泛。贸易待遇的规定越广泛,适用范围就越广,不断地在新的领域得到体现。

由于特定的法律条款有特定的内容,同时一些条款又存在一定的重复,我们对贸易待遇内容的分析以法律条款为依据,但又不拘泥于条款本身,而是对其进行一定程度的分类组合,大概以货物贸易、服务贸易、国际投资和知识产权几大块进行分析。由于现在国际经济活动的多样性和复杂性,这样的分析只是一种观念活动、一种抽象式概括和总结。

从渊源和作用上看,货物贸易是国际经济活动的基础。贸易待遇首先体现在货物贸易方面。早期的《友好通商航海协定》多以货物贸易为核心。现在有关货物待遇的国际法律文件主要是世界贸易组织1994年《关税与贸易总协定》以及相关的自由贸易协定。1994年《关税与贸易总协定》第1条和第3条分别规定了最惠国待遇和国民待遇,其范围包括了关税和费用及其征收方法,进出口规章手续,国内税费,影响出售、购买、运输、分销或使用等方面的国内规章。乌拉圭回合谈判中达成的《与贸易有关的投资措施协定》(TRIMS),是对《关税与贸易总协定》第3条国民待遇义务和第11条取消数量限制义务的进一步阐释。该协定实为规范投资措施的协定,禁止传统上东道国在审批外国投资时施加的那些限制性条件,但仍然以货物为核心,位列《世界贸易组织协定》附件1A货物贸易多边协定之中。

世界贸易组织《服务贸易总协定》确立了服务贸易的国际法律框架。该协定是一个框架性的协议,并没有对服务贸易给出定义,但从方式上分为跨境提供、境外消费、商业存在和自然人流动四类。金融、保险、证券等纳入服务贸易的范畴。该协定规定了属于一般义务的最惠国待遇和属于特别承诺义务的国民待遇义务。就其国民待遇而言,《服务贸易总协定》允许成员自主决定是否提供国民待遇、以什么样的条件提供国民待遇。由于国民待遇提供给了服务提供者和服务,由于服务形式的多样性,《服务贸易总协定》特别规定了履行国民待遇义务的判断标准:形式上相同或不同的待遇,均可满足国民待遇的要求,如果改变竞争条件,有利于该成员的服务或服务提供者,无论形式上相同或不同,均视为提供了不利的待遇。①

---

① GATS, Article XVII National Treatment. 【Formally identical or formally different treatment shall be considered to be less favourable if it modifies the conditions of competition in favour of services or service suppliers of the Member compared to like services or service suppliers of any other Member.】

知识产权本质上属于国内法上的私权,但国际社会对知识产权的国际保护却有较长的历史,并确立了相关制度,包括待遇制度。1883 年签订的《保护工业产权巴黎公约》就建立了国民待遇原则:联盟成员国国民在保护工业产权方面,在联盟其他成员国境内,应享有该国法律现在或今后可能授予该国国民的保护。同为 1883 年签订的《保护文学艺术作品伯尔尼公约》亦确立了国民待遇原则。但这些公约是知识产权保护专项公约,与贸易没有关系,也没有违反条约的救济机制。关税与贸易总协定乌拉圭回合达成的《与贸易有关的知识产权协定》建立了知识产权与贸易的关系,并在相关公约的基础上,进一步规定了知识产权保护的最惠国待遇和国民待遇。对于知识产权的"保护",协定特别指出了其广泛的含义,包括影响知识产权的效力、取得、范围、维持和实施的事项,以及该协定专门处理的影响知识产权的使用的事项。该协定第 66 条还提供了对最不发达国家的特殊差别待遇,允许此类成员延期承担义务。

投资领域的待遇,经历了从泛泛的非歧视到更为具体的最惠国待遇、国民待遇和公平公正待遇的发展过程。由于最惠国待遇和国民待遇都有一个比较基础,或是第三国,或是东道国,因而是一个相对待遇。公平公正待遇,或习惯法上的待遇,作为一个兜底性待遇被确立起来。投资领域待遇的发展,更体现为从准入后的经营方面的待遇向准入前的投资待遇的发展。投资待遇包括了设立、取得、扩大、管理、经营、运营、出售或其他处分八个方面。① 投资便利、市场准入、投资保护和投资者与东道国之间的争端解决,是国际投资协定关注的主要内容,投资待遇涵盖了市场准入和投资保护两大实质性内容,进一步体现出这一问题的重要性。这将在下文中进一步分析。

需要指出的是,在投资争端解决当中,有的仲裁庭把最惠国待遇条款进行了扩大解释,不仅包括实体性的待遇,还包括程序性的争端解决事项,引发了新的困惑。后来的投资协定,无论是双边投资协定(BIT)还是自由贸易协定(FTA),通常会加上一项内容限制最惠国待遇的范围。例如,RCEP 在界定了投资方面的最惠国待遇义务后有这样的条款:"为了更大的确定性,上述第 1 款和第 2 款所指待遇,

---

① See RCEP, Articles 10.3 and 10.4; Treaty between the Government of the United States of America and the Government of [country] concerning the Encouragement and Reciprocal Protection of Investment, the 2004 Model, Articles 3 and 4【establishment, acquisition, expansion, management, conduct, operation, and sale or other disposition of investments】.

不包括其他现有或未来的国际协定中包括的任何国际争端解决程序或机制。"①
《欧盟新西兰自由贸易协定》《全面进步跨太平洋伙伴关系协定》都有类似条款。②
但《美墨加协定》无类似条款。

6.3.2 贸易待遇的享有者

在贸易待遇的分析中,我们可以从主体、行动和对象的不同角度进行进一步的区分,以加深对贸易待遇内容的理解。

在贸易待遇中,弄清待遇的享有者非常重要,而待遇享有者实际上处于变化之中,且不同活动领域又有所不同。历史地看,国际经济交往是从货物买卖开始的,买卖双方关注的是货物本身,因而有"货比三家"之说。进出口贸易中进出关境的是货物,而不是人。进口国是否允许货物进口、如何进口成为关键。如果货物可以免检入关,无疑是一种优惠待遇。因此,货物是待遇的享有者。国际经济法的发展从原来的货物贸易进一步扩大到金融、投资、知识产权等方面,由动产、不动产扩大到无形权利,与此相联系,由物享有的待遇逐渐向人享有的待遇过渡。

《关税与贸易总协定》,如其名称所示,是以货物为中心进行监管的。该协定第1条的最惠国待遇和第3条的国民待遇,都是货物享有的待遇。但是,在关税与贸易总协定乌拉圭回合谈判中形成的几个新协定,《与贸易有关的投资措施协定》《与贸易有关的知识产权协定》《服务贸易总协定》,顾名思义,已经超出了货物范围,因此在贸易待遇上会有新的表现形式。《与贸易有关的投资措施协定》实乃调整投资措施而非货物本身。虽然该协定确定的义务以《关税与贸易总协定》第3条的国民待遇(还有第11条的数量限制措施)为基础,但却以企业为焦点,要求成员不得对企业施加相关限制或要求,比如进出口平衡要求、外汇平衡要求等。③ 贸易待遇的享有已经由货物转移到企业,由行为的客体转为行为的主体。《与贸易有关的知识产权协定》也存在类似的转变。该协定第1条第3款规定"各成员应对其他成员的国民给予本协定规定的待遇"。在这里,待遇的享有者是成员国民。该

---

① RCEP, Chapter 10 Investment, Article 10.4.3.【For greater certainty, the treatment referred to in paragraphs 1 and 2 does not encompass any international dispute resolution procedures or mechanisms under other existing or future international agreements.】
② Free Trade Agreement between the European Union and New Zealand, Article 10.7.4; CPTPP, Article 9.5.3.
③ See TRIMS, Annex Illustrative List.

协定第 3 条和第 4 条规定的国民待遇和最惠国待遇都以国民为待遇享有者。《服务贸易总协定》则兼收并蓄,同时包括了行为的对象和行为的主体,即服务和服务提供者。

在投资协定中,随着"投资"概念的发展,待遇享有者亦发生变化,且不同国家签署的协定亦有所不同。例如,最早的双边投资协定、德国和巴基斯坦于 1959 年签署的《德国—巴基斯坦投资促进和保护协定》规定,任何一方不得对另一方投资者的投资活动给予歧视待遇。① 而德国与马来西亚 1960 年双边投资协定又以国民为待遇享有者,规定"任何一方在其境内给予另一缔约方的国民投资活动方面的待遇不低于给予其国民或第三方国民的待遇"。② 1995 年德国与印度的双边投资协定中,待遇享有者是"投资者的投资",包括投资经营、管理、维持、使用、享有或处分。③ 在美国 20 世纪的双边投资协定范本中,投资一直是非歧视待遇的享有者;从 2004 年范本起,投资者及其投资一起成为非歧视待遇的享有者。④ 欧盟近期也开始将投资者及其投资作为投资待遇的享有者。⑤

《服务贸易总协定》提供了服务贸易提供者以及服务享有的双重待遇;在货物贸易框架之下,只有货物的待遇,跟经营者基本上没有什么关系,只是《与贸易有关的投资措施协定》才开始涉及企业的待遇和权利。到了投资领域,投资及其投资者享有双重待遇。知识产权更为复杂。知识产权本身就是一个大类,权利人以及权利本身,要基于具体的情况去判断。

---

① Treaty between the Federal Republic of Germany and Pakistan for the Promotion and Protection of Investments (1959), Article 2.【Neither Party shall subject to discriminatory treatment any activities carried on in connection with investments... by the nationals or companies.】

② Agreement Between the Federal Republic of Germany and the Federation of Malaysia Concerning the Promotion and Reciprocal Protection of Investments (1960), Article 3.【Neither Contracting Party shall subject in its territory nationals or companies of the other Contracting Party as regards their activities in connection with investment... to treatment less favourable than that accorded to its own nationals or companies or to nationals or companies of any third party as regards their activities in connection with investments.】

③ Agreement between the Federal Republic of Germany and the Republic of India for the Promotion and Protection of Investments (1995), Article 4.【Investments of investors of the other Contracting Party, including their operation, management, maintenance, use, enjoyment or disposal by such investors.】

④ See Treaty between the Government of the United States of America and the Government of [country] concerning the Encouragement and Reciprocal Protection of Investment, the 1994 Model, Article 4; Treaty between the Government of the United States of America and the Government of [country] concerning the Encouragement and Reciprocal Protection of Investment, the 2004 Model, Articles 3 and 4.

⑤ See Agreement between The European Union and Japan for an Economic Partnership, Articles 8.8 and 8.9; Free Trade Agreement between the European Union and New Zealand, Articles 10.6 and 10.7.

6.3.3 准入前待遇和准入后待遇

国家独立和平等,国家对其领土的控制,国家对其领土上经济活动的监管权,这些因素决定了国家可以自主地决定是否允许货物的进出。是否允许货物进口与进口货物在进口国境内享有什么待遇,是两个不同的、在很长时间内不相关联的问题。投资领域也是如此,是否允许投资和投资企业享有什么待遇是不同的问题。一般地说,国民待遇限于一国境内的待遇,主要指货物或人员通关之后享有的待遇,有一个词叫"边境后待遇",指的就是这种情况。"边境后"是与"边境上"这一词相对应的。关税与贸易总协定中的最惠国待遇包括了发生在边境上的缴纳关税、履行报关手续等,也包括发生在边境后的国内税费等相关事项。在不断的发展演变中,边境上向边境后延展,边境后向边境上提前,是最惠国待遇或国民待遇规则的较大的变化。这一变化特别明显地体现在国际投资领域和服务贸易领域,反映的核心问题是市场开放问题。传统上由主权国家自主决定的市场开放问题,逐渐地成为国际条约议定的主题。

1994年《关税与贸易总协定》第2条关税和第3条国民待遇,分别代表了两类不同性质的义务,前者是边境或入境义务,后者是国内义务或入境后义务。在美国等成员诉中国汽车零部件案中,中国海关按进口零部件的国内用途征收所谓的关税,被世界贸易组织上诉机构认定为违反国民待遇义务,因为该税率的确定不是依据零部件入关时的状态而是依据入关后的国内用途确定。[①]《与贸易有关的投资措施协定》调整投资措施,禁止缔约方对投资企业实施类似进出口平衡这样的措施,原本明显的界限开始模糊。

《服务贸易总协定》作为一个框架性的、旨在逐步自由化的协定,明确区分了市场准入问题和国民待遇问题。二者都属于特别承诺的范围,市场准入义务和国民待遇义务取决于成员是否作出承诺以及规定的具体条款、限制或资格,但二者性质不同。市场准入之后是国民待遇,一个是开门,一个是进门之后落座。市场准入条款特别规定,在作出市场准入承诺的部门,除非在其减让表中另有列明,否则一成员不得在其某一地区或全部领土内维持或采取相关限制措施,包括服务提供者数量限制、服务交易或资产总值限制、服务业务总数或服务产出总量限制、限制

---

① China—Measures Affecting Imports of Automobile Parts, WT/DS339/AB/R, WT/DS340/AB/R, WT/DS342/AB/R, para. 253.

可雇用的自然人总数、限制或要求特定类型法律实体或合营企业,以及限制外国股权最高百分比或限制外国投资总额来限制外国资本参与。①《服务贸易总协定》的这一结构性安排,为欧盟谈判签署的自由贸易协定有关服务贸易和投资的市场准入和相关待遇提供了参照。

在投资领域,1959年原联邦德国和巴基斯坦投资协定第1条第1款要求缔约方按照其国内法律法规作出"努力准许"另一缔约方的投资进入本国;对境内存在的另一方的投资,给予非歧视待遇。② 美国在其1982年双边投资协定范本这一最早范本中,在与巴拿马这一美国最早签署的双边投资协定中,准入和待遇同样是两个不同的问题,使用不同的法律语言来界定相关义务。③ 但美国自1994年双边投资协定范本起,非歧视待遇的范围直接涵盖了准入前和准入后的事项,包括设立、取得、扩大、管理、经营、运营、出售或其他处分④,并逐渐成为此后国际投资协定非歧视待遇的范式。东盟十国与中国、日本、韩国、澳大利亚和新西兰签署的《区域综合经济伙伴协定》,尽管考虑到发展水平差别较大而在正面清单和负面清单中针对不同国家采取了不同做法,但对国民待遇和最惠国待遇的规定采取了美国的全覆盖模式。⑤

欧盟法律制度或者以前的欧共体的法律制度有四大自由,货物自由、服务自由、人员自由、资本自由。资本自由涉及设立权问题,而非市场准入问题。在双边投资协定发展的历史上,1959年原联邦德国跟巴基斯坦签订的协定成为欧洲国家

---

① GATS, Article XVI. 2.【In sectors where market-access commitments are undertaken, a Member shall not maintain or adopt either on the basis of a regional subdivision or on the basis of its entire territory, unless otherwise specified in its Schedule, the measures such as limitations on the number of service suppliers, limitations on the total value of service transactions or assets, limitations on the total number of service operations or on the total quantity of service output, limitations on the total number of natural persons that may be employed, measures which restrict or require specific types of legal entity or joint venture through which a service supplier may supply a service; and limitations on the participation of foreign capital in terms of maximum percentage limit on foreign shareholding or the total value of individual or aggregate foreign investment.】

② Treaty between the Federal Republic of Germany and Pakistan for the Promotion and Protection of Investments (1959), Article 1.

③ Treaty between the United States of America and _____ Concerning the Reciprocal Encouragement and Protection of Investment, The 1982 Model, Article 2; Treaty between the United States of America and the Republic of Panama Concerning the Treatment and Protection of Investment (1982), Article II.

④ Treaty between the Government of United States of America and the Government of _____ Concerning the Encouragement and Reciprocal Protection of Investment, The 1994 Model, Article 2.【Establishment, acquisition, expansion, management, conduct, operation, and sale or other disposition of investments.】

⑤ RCEP, Articles 10.3, 10.4, and 10.8.

签订双边投资协定的模板，成为欧式协定的代表。美国从20世纪80年代开始谈判投资协定，一开始类似德国协定模式，但自20世纪90年代始展现出了美国风格，形成了非常明显的欧式和美式。欧式与美式协定的重大区别在于准入前待遇和准入后待遇。美式双边投资协定的国民待遇和最惠国待遇一般包括投资的设立、扩大、并购、经营、管理等。设立、扩大、并购，涉及准入前事项；经营、管理明显属于准入后事项。欧式双边投资协定最早采取的是准入后国民待遇，特别强调东道国境内的投资的保护，市场准入问题更多地交由缔约方自主决定。欧盟主导的双边投资协定或自由贸易协定中的投资章节，跟美国主导双边投资协定或自由贸易协定中的投资章节存在结构上的差异，反映了准入前和准入后处理模式的区别。如前所述，现行美国投资章节通过单一条款将准入前的投资权利和准入后的投资企业待遇结合在一起，另通过保留条款来对前述一般性义务作出限制，具体体现为在附件中列出现有措施不符保留和未来措施不符保留。①

随着华盛顿共识的全球流行，贸易自由化、投资自由化成为一个时代浪潮，开放、自由成为共识，美式双边投资协定代表了一个时代的发展方向。欧盟也在追赶这一浪潮，但在实际做法上把这两个问题区分开来，一个单独称为市场准入部分，类似《服务贸易总协定》第16条的市场准入条款，另一个才是传统的投资待遇部分，即最惠国待遇和国民待遇等。这一模式典型地体现在欧盟为一方签署的投资协定或自由贸易协定中。在2023年7月正式签署的欧盟与新西兰的自由贸易协定中，在其服务贸易和投资章投资自由化一节，包括了独立的市场准入条款和国民待遇及最惠国待遇条款。该市场准入条款类似于《服务贸易总协定》的第16条市场准入第2款的内容，只不过把该第2款中的"除非另有规定，不得采取"这样的带有选择性义务的句式直接改成了"不得采取"这一普遍性义务的句式。值得注意的是，该条款名称"市场准入"，也基本复制了《服务贸易总协定》第16条第2款的具体事项，但该条款实际为市场壁垒内容，涵盖了企业的设立和经营两个环节，而非只是设立一个环节；既适用于缔约方的投资者，也适用于投资企业："任何一缔约方，对于通过其他缔约方投资者或投资企业的设立或运营的市场准入，不得采取或维持下述措施……"②欧盟与新西兰自由贸易协定投资章中的国民待遇

---

① See TPP, Articles 9.4, 9.5, and 9.12; Annex-I and Annex-II.
② Free Trade Agreement between the European Union and New Zealand, Article 10.5.【A Party shall not adopt or maintain, with regard to market access through establishment or operation by an investor of the other Party or by a covered enterprise... measures that...】

和最惠国待遇条款,包括了准入前和准入后两部分内容,即"设立"和"运营"两个环节。根据该章给出的定义,"设立"指以创立或维持长期经济联系为目的通过资本参与设立或收购法人或设立分支机构或代表处,"经营"指企业的经营、管理、维持、使用、享有或出售,或其他处分。① 这样,在非歧视待遇内容上,欧式协定与美式协定一致了,包括了准入前和准入后的内容。

准入前和准入后的区别,也是正面清单和负面清单的差异所在。市场开放的正面清单模式,类似《服务贸易总协定》第 16 条的市场开放模式,市场准入限制是一般原则,在承诺表中列出的部门是允许外国投资者投资的部门,没有列出的均视为被禁止的。而按照美国投资章节的模式,市场准入放开是一般原则,承诺中列出的是不对外开放或限制开放的部门。这两种模式推到极致是相同的,但第一种是逐步开放,开放条件成熟一个就开放一个,开放国能够掌控开放步骤和程度;第二种是一次性开放,鉴于行业发展的不全面性和不成熟性,开放国可能会面临着前所未料的问题。大多数的协定中只选择一种开放方式,但在中国与澳大利亚的自由贸易协定中,却有不同的制度安排。对服务贸易的市场准入,同时规定了正面清单和负面清单两种模式,并规定协定生效后 3 年对承诺进行修改。对投资,澳大利亚选择了美式的 8 个方面提供国民待遇,而中国只选择了扩大、管理、经营、运营、出售和其他处置方面,缺少设立和收购;在最惠国待遇方面,中国和澳大利亚双方均选择了包括设立、收购、管理在内的全领域。由于缔约双方的承诺方式和范围不同,在投资措施的不符措施保留方面,澳大利亚存在未来不符措施的保留内容,中国方面只存在现有不符措施的保留内容。② RCEP 在投资形式上采取了美式普遍适用性的国民待遇条款和最惠国待遇条款,但最惠国待遇义务条款对柬埔寨、老挝、缅甸和越南不适用,这几个国家也不享有最惠国待遇。在不符措施保留方面,除各缔约方均可享有的未来不符措施保留外,现有不符措施修改保留的"现有"确定时间亦作出了区分。③

---

① Free Trade Agreement between the European Union and New Zealand, Articles 10.6, 10.7, and 10.3.【"establishment" means the setting up or the acquisition of a juridical person, including through capital participation, or the creation of a branch or representative office, in a Party, with a view to creating or maintaining lasting economic links; "operation" means the conduct, management, maintenance, use, enjoyment, or sale or other form of disposal of an enterprise…】

② Free Trade Agreement between the Government of Australia and the Government of the People's Republic of China, Chapter 8, Part II Scheduling Approach, Articles 8.4-8.12; Part III Other Provisions, Article 8.22 (modifications of Schedules); Chapter 9 Investment, Articles 9.3-9.5.

③ RCEP, Chapter 10 Investment, Articles 10.3, 10.4, and 10.8.

必须指出的是,尽管准入前待遇和准入后待遇条款很大程度上已经合一,对这些条款的理解必须结合不符措施条款及含有现有不符措施和未来不符措施保留的具体附件。它们构成了一个整体。一定程度上,与传统的负面清单式市场准入条款相比,现有市场准入和待遇条款只是一场文字游戏。准入前和准入后的事项依然存在着重大区别。这点可以从《跨太平洋伙伴关系协定》《全面进步跨太平洋伙伴关系协定》和《美墨加协定》有关不符措施范围解释的特别要求中看出。在投资者诉东道国的争端解决程序中,如果被申请人东道国政府以不符措施保留提出抗辩,且提出将由缔约方组成的自由贸易协定委员会对不符措施保留范围进行解释,仲裁庭应当要求该委员会进行解释,该解释对仲裁庭具有拘束力,仲裁庭所作的任何决定或裁决必须与该解释相一致。① 欧式的投资章节在结构上对准入前和准入后事项作出区分,但无相关条款解释的规定。

6.3.4 对同类性的要求

在诸种贸易待遇中,包括国民待遇和最惠国待遇在内的非歧视待遇通常具有同类性【likeness】的要求。在《关税与贸易总协定》第 1 条第 1 款最惠国待遇条款中,最惠国待遇仅限于同类产品;第 3 条国民待遇条款中,国内税费方面的国民待遇要求比较对象是同类产品,或是直接竞争或替代产品;影响进口产品国内销售等的国内规章方面的国民待遇,亦限于同类产品。世界贸易组织专家组和上诉机构在审理有关案件时,对同类产品这一要求给予了充分关注,指出可以通过物理特征、最终用途、消费者感受、海关分类等方面进行判断。② 由于上下文的不同,第 3 条第 2 款的国内税费条款使用"同类产品"与第 4 款国内规章条款使用"同类产品"存在着范围上的差异。③《服务贸易总协定》中的最惠国待遇和国民待遇,亦要求同类服务和提供者。《与贸易有关的知识产权协定》中的最惠国待遇和国民待遇,则无同类性的要求。

投资协定中,享有最惠国待遇和国民待遇,须以"同类情形"为条件。④ RCEP

---

① TPP/CPTPP, Chapter 9 Investment, Article 9.26; USMCA, Chapter 14 Investment, ANNEX 14-D Mexico-United States Investment Disputes, Article 14.D.10 Interpretation of Annexes.

② Japan—Alcoholic Beverages II (1996), WT/DS8/AB/R, WT/DS/10/AB/R, WT/DS11/AB/R, pp. 20-21.

③ EC—Asbestos, WT/DS135/AB/R, paras. 94-95.

④ See USMCA, Chapter 14 Investment, Articles 14.4 and 14.5; CPTPP, Chapter 9, Articles 9.4 and 9.5.

投资章特别对"同类情形"作出进一步的界定:"为进一步明确,本条所指的'类似情形'须视整体情况而定,包括相关待遇是否是基于合法的公共福利目标而在投资者或投资之间进行区别对待。"①

世界贸易组织上诉机构曾经指出,"同类性是一个相对概念。就像一把手风琴,依《世界贸易组织协定》不同条款的适用在不同的地方伸展和收缩。这把手风琴在任何一个地方中的宽度,必须根据'同类'这一词语出现的具体条款、上下文和特定案件的情形,予以判断。"②虽然上诉机构的这一观点是针对GATT1994第3条国民待遇而言的,但可适用于第1条的最惠国待遇,也可适用于GATS、TRIPS及自由贸易协定或投资协定中的同类性要求。投资协定中对同类情形的界定亦说明对同类性要进行综合性评估。

6.4 贸易待遇例外

如果将投资协定国民待遇和最惠国待遇的美式条款与早期美国不是缔约方的投资协定的国民待遇条款和最惠国待遇条款本身进行比较,似乎可以认为美式条款的国民待遇或最惠国待遇是无条件的、无例外的、普遍的,而其他协定中的国民待遇或最惠国待遇是有条件的、有例外的、特定的。但是,我们已经知道,这两种模式之间的区别可以用负面清单和正面清单来表示,而且本质上相同,都存在例外,只是条款表示方式不同而已。因此,对贸易待遇的理解必须结合着待遇的诸

---

① RCEP, Chapter 10 Investment, Articles 10.3 and 10.4, footnotes 17 and 19.【For greater certainty, whether the treatment is accorded in "like circumstances" under this Article depends on the totality of the circumstances, including whether the relevant treatment distinguishes between investors or investments on the basis of legitimate public welfare objectives.】

② Japan—Alcoholic Beverages II (1996), WT/DS8/AB/R, WT/DS/10/AB/R, WT/DS11/AB/R, p.21.【The concept of "likeness" is a relative one that evokes the image of an accordion. The accordion of "likeness" stretches and squeezes in different places as different provisions of the WTO Agreement are applied. The width of the accordion in any one of those places must be determined by the particular provision in which the term "like" is encountered as well as by the context and the circumstances that prevail in any given case to which that provision may apply.】

多例外进行,否则极容易被误导。认识到这一点特别重要。

《关税与贸易总协定》第3条规定的国民待遇义务有两个非常重要的制度性例外:补贴和政府采购例外。[①] 说这些例外是制度性例外,意在表示对某一议题存在着单独的、更全面、更具体的规则来调整,相当于存在一个特别法律制度。对于补贴及反补贴制度,世界贸易组织提供了详细的规则,且构成了世界贸易组织的一个核心制度。1947年《关税与贸易总协定》第6条和第16条规范反补贴与补贴,乌拉圭回合谈判形成的《补贴与反补贴措施协定》进一步阐明了补贴与反补贴的相关规则。对政府采购而言,1947年《关税与贸易总协定》虽然没有含有单独的调整政府采购的规则,但将政府采购明确从国民待遇条款适用范围中排除。东京回合形成了《政府采购守则》,乌拉圭回合形成了《政府采购协定》,2012年生效的修订文本替代了之前的1994年文本。政府采购规则构成了一个完全独立的规则系统。政府采购是政府购买产品,政府既是交易者又是监管者,这不同于对一般经济活动的监管。就规则适用范围和约束力而言,虽然《政府采购协定》属于《世界贸易组织协定》附件4诸边协定的范围,但并不属于世界贸易组织一揽子义务的组成部分,只对加入该协定的缔约方有约束力,未接受该协定的成员既不产生权利也不承担义务。在适用1994年《关税与贸易总协定》国民待遇义务时,要特别关注是否存在政府采购例外。《关税与贸易总协定》的国民待遇例外亦涉及《与贸易有关的投资措施协定》的适用。该协定第2条规定,在不损害GATT1994项下其他权利和义务的情况下,各成员不得实施与GATT1994第3条或第11条不符的任何与贸易有关的投资措施。在提供的示例清单列出了违反第3条第4款的相关措施。由于第3条国民待遇包含该条第8款的补贴例外和政府采购例外,因此仅仅违反第3条第4款不足以确定违反了《与贸易有关的投资措施协定》项下的国民待遇义务。换言之,只要符合这些例外,就不视为违反国民待遇义务,也就不存在违反TRIMS的情况。

如前所述,《关税与贸易总协定》第1条最惠国待遇亦存在重要的制度性例外,包括授权条款对发展中国家提供的特殊差别待遇[②],关税同盟及自由贸易区例外。在其他的具体条款中,亦存在最惠国待遇例外的情形,如数量限制措施适用中的

[①] GATT1994 Article 3.8.
[②] See EC—Conditions for the Granting of Tariff Preferences to Developing Countries,WT/DS246/AB/R,para.90.

非歧视原则的例外。《服务贸易协定》提供了最惠国待遇义务豁免,允许成员在符合豁免条件的情况下,维持违背最惠国待遇义务的措施。①

投资协定中,最惠国待遇、国民待遇义务等的重要例外是不符措施条款。现行投资协定或投资章节均存在一个不符措施保留条款,对在其他条款中规定的义务作出保留。与这一不符措施保留条款相配套,缔约方在相关附件中具体列明不承担义务的相关条款、适用产业、适用条件等。例如,CPTPP投资章第9.4条和第9.5条规定了国民待遇和最惠国待遇义务,第9.12条是不符措施保留条款,该协定附件Ⅰ和附件Ⅱ分别列明了各缔约方作出的相关义务保护事项。

投资协定中除不符措施保留条款外,还有一个专门适用于投资待遇例外的"拒绝给惠"条款,用于解决空壳公司、通道公司、非外国公司、非缔约方公司等问题,实际上乃是"肥水不流外人田"这一俚语的法律表达。以RCEP为例。对于另一缔约方的法人投资者以及该投资者的投资,RCEP规定了三种拒绝授惠的情形:第一,该法人被非缔约方或拒绝授予利益的缔约方的人拥有或控制,并且在拒绝授予利益的缔约方以外的任何缔约方领土内均无实质性经营活动;第二,非缔约方的人拥有或控制该法人,并且拒绝授予利益的缔约方针对该非缔约方或该非缔约方的人采取或维持禁止与该法人交易的措施,或如投资章项下的利益被授予该法人或其投资,则将导致对该措施的违反或规避;第三,非缔约方的人拥有或控制该法人,并且拒绝授予利益的缔约方与该非缔约方无外交关系。此外,对于缔约方或非缔约方的投资者以及该投资者的投资,如果此类投资者的投资违反了拒绝授予利益的缔约方实施《金融行动特别工作组建议》相关的法律法规,缔约方亦可以拒绝授予投资章提供的利益。②

---

① GATS, Article Ⅱ.2, Annex on Article Ⅱ Exceptions.
② RCEP, Chapter 10 Investment, Article 10.14 Denial of Benefits. 【To an investor of another Party that is a juridical person of that other Party and to investments of that investor, A Party may deny the benefits of the Investment Chapter: (1) if the juridical person is owned or controlled by a person of a non-Party or of the denying Party; and has no substantial business activities in the territory of any Party other than the denying Party; (2) if persons of a non-Party own or control the juridical person and the denying Party adopts or maintains measures with respect to the non-Party or a person of the non-Party that prohibit transactions with the juridical person or that would be violated or circumvented if the benefits of the Investment Chapter were accorded to the juridical person or to its investments; (3) if persons of a non-Party own or control the juridical person and the denying Party does not maintain diplomatic relations with the non-Party. In addition, A Party may deny the benefits of this Chapter to an investor of another Party or of a non-Party and to investments of that investor where such an investor has made an investment in breach of the provisions of the denying Party's laws and regulations that implement the Financial Action Task Force Recommendations.】

除了特定贸易待遇专门的例外之外，所有贸易待遇均存在普遍适用的例外，如一般例外、安全例外，以及审慎例外、国际收支平衡例外、税收例外，等等。知识产权方面存在知识产权的国内执法程序例外。一定意义上说，贸易待遇越普遍，存在例外的情形就越多。这是一个例外情形不断被发现、被细化的过程。有关例外的内容可以进一步参看本书第 8 章。

7 财产的保护与限制

7.1 财产保护是国际经济法的基本问题
7.2 财产的表现形式
7.3 财产保护方式、范围和强度
7.4 国家税收及其协调
7.5 财产保护趋势

7.1 财产保护是国际经济法的基本问题

国际经济活动形态繁多,但其本质是财产跨境流转,因此财产保护无疑属于国际经济法中的核心问题。财产的确权规则、交易规则,是财产保护的最基本问题。正如国际经济法跨体系一样,财产保护既是国际法问题,也是国内法问题。在没有跨境交易前,它显然受国内法保护。在涉及跨境经济活动时,它就转化为国际法问题,要求其他国家对该财产给予承认、保护。传统国际公法中外国人在内国的待遇地位问题,主要是人身安全和个人财产保护问题。随着财产的内容从动产、不动产进一步演变为设厂经营,从个人财产发展到法人财产,从有形财产扩大到无形财产,财产保护的内容亦随之丰富起来。财产权的确立是基础,财产交易秩序是关键,保护的方式、内容、程序由此展开,明确人、物、资本在境内和出入境各自享有什么样的保护待遇。

国际经济活动中的财产保护是跨境保护,必须要综合考虑国内制度和国际制度的相互关系,综合考虑本人与外国人的相互关系、国家与个人的关系以及人与财产的关系。财产保护是国家的基本功能之一。财产保护,是指国家提供财产保护。没有国家,就无所谓财产保护。财产权这一概念是与国家这一概念紧密联系在一起的。我们之前引用过、在此有必要再次引用洛克《政府论》的观点:"政治权力……是为了规定和保护财产而制定法律的权利,判处死刑和一切较轻处分的权利,以及使用共同体的力量来执行这些法律和保卫国家不受外来侵害的权利;而这一切都只是为了公共利益。"① 洛克开宗明义地指出政治权力的职能是立法保护

---

① 〔英〕洛克:《政府论》(下篇),叶启芳、瞿菊农译,商务印书馆1962年版(2010年重印),第2页。John Locke, *Two Treatises of Government and A Letter Concerning Toleration*, Edited and with an Introduction by Ian Shapiro, Yale University Press, 2003, p.101.【Political power . . . to be a right of making laws with penalties of death, and consequently all less penalties, for the regulating and preserving of property and of employing the force of the community, in the execution of such laws, and in the defence of the commonwealth from foreign injury; and all this only for the public good.】

财产权。公元前 81 年的中国文献《盐铁论》记录了政府与学者就盐铁专营存废的讨论,探讨了国家政权与财产保护的关系、国家干预与自由放任的关系以及武力与道德的关系。① 从历史演变看,国家的财产保护功能不断扩张,从动产和不动产的保护扩大到企业经营活动的保护,随之对经济活动的干预也越来越多,保护与干预成为一枚硬币的两面,如同征税与免税,形成了复杂、动态的关系。对内而言,国家有权制定财产保护制度,赋予财产权、剥夺财产权、赏赐、抄没、冻结、罚款等。对外而言,国家可以通过合议、通过国际条约制定财产保护、流转的规则,确立对等、互惠、礼让、赠与、贡奉、割让、赔偿、侵占等多种制度,并制定相应的程序。

从规则分为初级规则和次级规则这个角度讲,财产保护规则涉及两个重要方面,一个是保护义务,一个是救济和责任制度。只有初级规则而无次级规则,不可能发挥规则应有的作用、实现预期的目的。从行政权力是否主动干预交易的角度讲,可以进一步分为私法保护和公法保护。在这一分类对于国际经济法而言非常重要,是融会贯穿国际经济体系中的私法制度与公法制度的关键。授权交易者在法律框架内处分自己的财产或权利,是国家和国际社会进行财产保护的基本方式,与行政监管或行政干预一起,构成了整个制度的一体两面。在不同活动领域,财产的具体保护形式和制度是不同的。国际经济法作为调整国际经济活动/国际经济关系的诸多部门法的总称,兼跨国内法和国际法两个规则体系,在财产保护上必然表现为多元性的制度安排。从具体的领域和部门来说,贸易、投资、融资、知识产权、税收、争端解决等,都涉及财产保护问题,甚至可以说是为财产保护而建立的。

基于洛克的上述观点,法律的目的就是为了财产的确权和保护,而这一切都是为了公共利益。这实际上提出了仍然困扰当代世界的私权保护和公益冲突的根本性问题,甚至可以说资本主义制度和社会主义制度普遍存在的问题。这一冲突,既体现在一国内部,也体现在国际经济关系之中。例如,美国拜登政府贸易代表戴凯琳提出的不再视效率与成本为优先考虑、应优先考虑工人利益的观点,既表现了国内政策也指向对外经济关系原则。自由贸易政策、保护贸易政策、公平贸易政策、国家安全等,它们彼此的分歧点不在于是否对财产确权和保护,而在于如何对财产进行确权和保护,如何处理私人利益与公共利益的关系问题。如同德国经济学家李斯特所说的,看待贸易收益时是否具有国家的视角。但光有国家视角

---

① (汉)桓宽:《盐铁论》,陈桐生译注,中华书局 2015 年版。

还不够。现实世界是一个以国家为基本单位组成的国际社会,个人、国家、国际社会是紧密联系的三个主体和层次,需要维护这三者的共同利益。如果只考虑个人的利益,公共利益就会受到损害,最终也不能保障个人利益。如果只考虑国家利益或统治阶级的利益,则可能"官逼民反"、导致社会革命,造成大的社会动荡和人类灾难。如果只考虑个别国家、少数国家的利益,其他国家的利益就会受到损害,并反过来影响前者的利益。战争或武装冲突造成的生灵涂炭、财产破坏,是人类不可挥去的伤痛。历史上存在的殖民制度虽然被抛弃,但通过非殖民的新殖民主义做法仍然存在。建立人类共同体思维,推动人类可持续发展,共同应对诸如全球气候变化等问题,是不得不考虑和努力解决的问题。国际投资者和投资保护的制度演变,比较好地说明了这一点:从片面强调投资者保护到保护者保护与东道国利益的平衡。①

因此,在理解财产保护时,可以从三个维度来理解和构建:第一,个人的视角,自然人或法人的利益是否得到保护,其间国家主要是作为个人利益的保护者而出现的;第二,国家的视角,保护或促进个人的利益是否也同时促进国家的利益,如果产生矛盾该如何对待,其间国家与个人的利益有时统一有时对立,借以调整的法律制度自然也是不同的;第三,国际的视角,不仅要考虑本国的利益,也要考虑其他国家的利益,实现本国利益与他国利益的更好协调。换言之,财产可有个人财产、国家财产和人类共同财产之分,财产保护制度也有相应的配置和协调。国家是这一制度配置和协调的核心。同时,我们也意识到,由于不同主体间的利益存在着一定的矛盾性,对某一主体财产的保护可能同时就是对其他主体财产的限制。保护和限制是财产问题的一体两面,尽管我们习惯上更多地从保护角度来描述和分析。

7.2 财产的表现形式

财产权一般由国内法确定。国际条约有时亦确立一定的财产权,但最终要落实到国内法中实施。1883年《保护工业产权巴黎公约》《保护文学艺术作品伯尔尼

---

① 余劲松:《国际投资条约仲裁中投资者与东道国权益保护平衡问题研究》,载《中国法学》2011年第2期。

公约》确立了相关知识产权,走在了许多国家法律制度的前面。1979年《中美经贸关系协定》规定了知识产权保护的相关内容,亦走在了中国知识产权制度的前面。如前所述,国内法与国际法是两个不同的规则体系,各自具有自己的作用方式,同时又相互影响,表现在财产保护方面也是如此。在国际经济法领域,财产有哪些表现形式、具备哪些内容,是一个既涉及国内法又涉及国际法的问题。国内法上的财产权利要求国际法的保护,国际法上的财产权利要求国内法的保护,一国国内法的财产权利要求另一国法律的保护。不同国家间的利益关系决定了国际经济法领域的财产保护的复杂性。

概括地说,财产权利包括了动产、不动产和权利三个基本类型,包括有形和无形两种形态。新形态的权利也在不断形成中。罗萨林·希金斯曾经分析过财产的含义及演变。[1] 在美国和欧盟,财产概念都经历了一个演变的过程,经历了从有形财产到无形权利的发展,平衡公共利益与私有财产权保护是重要的一个方面。[2] 2020年中国立法机关通过的《民法典》以国内法的形式提供了很好的范例,其第113条规定"民事主体的财产权利受法律平等保护"。该法既具体又概括地列出了法律保护的财产权利,包括物权、债权、知识产权、股权和其他投资性权利以及法律规定的其他民事权利和利益。物权是权利人依法对特定的物享有直接支配和排他的权利,包括所有权、用益物权和担保物权;物包括不动产和动产,法律规定权利作为物权客体的,依照其规定。债权,是因合同、侵权行为、无因管理、不当得利以及法律的其他规定,权利人请求特定义务人为或者不为一定行为的权利。知识产权是权利人就相关客体享有的专有的权利,相关客体包括作品、发明、实用新型、外观设计、商标、地理标志、商业秘密、集成电路布图设计、植物新品种等。除上述物权、债权、知识产权、股权等具体权利外,中国《民法典》还为财产权利提供了兜底性规定,为更多的财产权利保护提供了可能和空间:民事主体享有法律规定的其他民事权利和利益。法律对数据、网络虚拟财产的保护有规定的,依照其规定。[3]

知识产权是重要的财产权利。从其发展历史看,知识产权的类型和保护范围

---

[1] Rosalyn Higgins, "The Taking of Property by the State: Recent Developments in International Law", 126 *Collected Course of the Hague Academy of International Law* (1982), pp. 270-278.

[2] M. Sornarajah, *The International Law on Foreign Investment*, 4th edition, Cambridge University Press, 2017, pp. 456-458.

[3] 中国《民法典》第113—127条。

越来越宽泛,对国际经济活动具有重要的影响,特别是随着技术的飞速发展,知识产权对国际竞争的影响越来越大,国别保护与国际保护密切联系起来。《与贸易有关的知识产权协定》,除将知识产权保护与争端解决机制及贸易救济措施挂钩之外,更重要的是它确立了新的保护范围或新的知识产权。计算机程序和数据汇编纳入版权保护;除特别规定外,专利可授予所有技术领域的任何发明,无论是产品还是方法,只要它们具有新颖性、包含发明性步骤并可供工业使用。[①] 赋予了权利人专用权,形成了巨大的竞争优势。其他人如果想生产或出售专利产品,或者想使用专利方法,必须获得专利权人的许可。但专利权是一国国内法授予的权利,具有非常典型的地域性,在一国享有专利权的产品或技术在其他国家并不因此而获得保护。这就需要国际社会作出国际安排。通过知识产权的国际保护的制度性安排,可以较好地补救知识产权地域保护存在的问题。《联合国国际货物销售合同公约》在规定卖方义务时,特别规定保障所售货物不侵犯货物预期使用地或买方所在地法律保护的第三方的知识产权。[②]《保护工业产权巴黎公约》确立了国民待遇原则、优先权原则和独立保护原则。《保护文学艺术作品伯尔尼公约》确立了国民待遇原则、独立保护原则和自动保护原则。《与贸易有关的知识产权协定》在之前诸多协定的基础上,规定了最低保护标准并强化了相关保护,并且要求各成员通过国内法的方式落实该协定的义务。印度和加拿大就因为国内法没有完全落实该协定的要求,而被世界贸易组织争端解决机构裁决违反了义务。[③] 在版权方面,互联网和数字技术的发展,对传统版权保护提出了新的挑战。世界知识产权组织1996年制定了两个公约——《世界知识产权组织版权条约》和《世界知识产权组织表演和录音制品条约》,提供了新时期版权保护的制度框架。美国国会1998年通过的《千禧年数字版权法》既通过国内法的方式实施了世界知识产权组织的上述公约,也为数字网络时代进行版权保护提供了新的工具。与知识产权相关的特许经营权(business franchise)包括了知识产权权利人向被许可人许可其所享有的权利,包括技术、商标、经营模式、经营方法等。知识产权也可以作为一种

---

① TRIPS, Articles 10 and 27.【Patents shall be available for any inventions, whether products or processes, in all fields of technology, provided that they are new, involve an inventive step and are capable of industrial application.】

② CISG, Article 42.

③ Canada-Term of Patent Protection, WT/DS170/AB/R; India—Patent Protection for Pharmaceutical and Agricultural Chemical Products, WT/DS50/AB/R.

资产进行投资,享有投资法的保护。①

财产的形式处于不断丰富的发展过程中。投资协定中对用于投资的资产范围扩大体现出这一过程。以美国双边投资协定范本为例。1982年双边投资协定范本中,投资指各类投资,包括但不限于:有形或无形财产,股票或其他类似权益,基于投资协议的金钱请求权,知识产权,根据法律发放的许可,以及根据法律或合同授权的任何权利。在2004年双边投资协定范本中,投资包括具有投资特征的各类资产,包括:第一,企业;第二,企业的股票、股份或者其他形式的股权参与;第三,债券、金融债券或其他债务工具或贷款;第四,期货期权或者其他衍生品;第五,交钥匙合同、建筑合同、管理合同、生产合同、特许权合同、收入分成合同;第六,知识产权;第七,根据缔约方法律授予的执照、授权、许可和类似的权利;第八,其他有形的无形的财产、动产或不动产,以及相关财产权利,包括租赁、抵押、留置和质押。② 美国推动谈判的《跨太平洋伙伴关系协定》《美墨加协定》中的投资所表现的财产形式与2004年范本相同。③

国家给予外国投资者或外商投资企业在某一个特定领域一定期限的特许权(concession),例如石油开采、地铁运营,属于上述所界定的财产的范围。国际投资争端解决案件中,常有涉及自然资源开采的案件。一些殖民地国家政治独立对开采自然资源的外国投资者的投资采取了国有化措施。当今也不时会发生东道国政府撤销授予外国投资者的许可这样的情况。处于一国境内的自然资源,无疑属于该国所有。但是,国家对自然资源享有主权,和国家许可外国投资者开采自然资源形成的财产权不是一回事。东道国政府不得随意侵犯外国投资者的财产权。除其他规定外,前述的国际贸易待遇亦体现了东道国政府对投资者权利的保障。

---

① See Lukas Vanhonnaeker, *Intellectual Property Rights as Foreign Direct Investments: From Collision to Collaboration*, Edward Elgar Publishing, 2015.

② See Treaty between the Government of the United States of America and the Government of [country] concerning the Reciprocal Encouragement and Protection of Investment, the 1982 Model, Article 1; Treaty between the Government of the United States of America and the Government of [country] concerning the Encouragement and Reciprocal Protection of Investment, the 2004 Model, Article 1.【An investment may include: (a) an enterprise; (b) shares, stock and other forms of equity participation in an enterprise; (c) bonds, debentures, other debt instruments, and loans; (d) futures, options, and other derivatives; (e) turnkey, construction, management, production, concession, revenue-sharing, and other similar contracts; (f) intellectual property rights; (g) licenses, authorizations, permits, and similar rights conferred pursuant to a Party's law; (h) other tangible or intangible, movable or immovable property, and related property rights, such as liens, mortgages, pledges, and leases.】

③ CPTPP, Chapter 9, Article 9.1; USMCA, Chapter 14 Investment, Article 14.1.

在定义投资时,有学者区分了资产型定义和企业型定义。从前述 CPTPP/USMCA 对投资的定义看,企业只是资产的一种表现形式而已。但这一区分在投资协定只调整企业型投资时具有重要意义。由于欧盟法院作出有关欧盟与欧盟成员有关国际投资领域权限划分的意见①,欧盟目前谈判签署的投资协定只涵盖以投资企业为基础的直接投资,不再包括贷款、期权等其他形式资产的非直接投资。②欧盟法院对欧盟与其成员国在投资领域相关权限的解释,对于我们理解财产这一概念也有指导意义。随着资产证券化逐步被接受,资产证券化的形式也呈多样化和复杂化。金融衍生品越来越多。股票发行交易后还可以存托凭证方式进行新的交易。也发生过美国秃鹫基金收购垃圾债券在美国联邦法院起诉阿根廷政府的案件。③

随着传统纸质股票的电子化,以纸质股票为载体的传统确权和交易规则面临着变革和挑战。国际统一私法协会、海牙国际私法会议早就开始探讨中介化证券的相关法律问题,并分别缔结了《中介化证券实体规则公约》和《关于中间人持有证券特定权利的法律适用公约》。④ 证券账户、账户持有人、中介人及相关规则设计,为证券相关权益提供了保护。证券贷记或借记作为权益的证明。但这些国际性安排还未得到各国国内法的普遍反映。至少在中国,现有法律中还未有关于证券账户权益的直接规定,中国《证券法》只是禁止出借自己的账户或借用他人的证

---

① Opinion 2/15 OF THE COURT(Full Court),May 16,2017,https://curia. europa. eu/juris/document/document. jsf? text = &docid = 190727&doclang = EN,July 17,2023. See also Rumiana Yotova,Opinion 2/15 of the CJEU:Delineating the Scope of the New EU Competence in Foreign Direct Investment,The Cambridge Law Journal,Volume 77,Issue 1,March 2018,pp. 29-32.

② See FTA Between EU and New Zealand,Chapter 10,Trade In Services and Investment,Articles 10. 3,10. 4,10. 5,and 10. 6;EU-China Investment Agreement(Draft),Section I Objectives and General Definitions,Article 2 Definitions;Section II Liberalisation of Investment,Articles 3bis,4,and 5. c. f. Comprehensive Economic and Trade Agreement (CETA),Chapter 8,Article 8. 1,8. 2,8. 6,and 8. 7;Investment Protection Agreement between the European Union and Its Member State,of the One Part,and the Republic of Singapore,of Other Part,Articles 1. 1,2. 1,and 2. 3.

③ See *Republic of Argentina v. NML Capital*,*Ltd*.,573 U. S. 134(2014). See also Foreign Sovereign Immunities Act of 1976—Postjudgment Discovery—Republic of Argentina v. NML Capital,Ltd.,128 *Harvard Law Review*,381 (November 2014).

④ See UNIDROIT Convention on Substantive Rules for Intermediated Securities;Hideki Kanda etc.,Official Commentary on the UNIDROIT Convention on Substantive Rules for Intermediated Securities,Oxford University,2012;Hague Conference on Private International Law(HCCH),Convention of 5 July 2006 on the Law Applicable to Certain Rights in Respect of Securities held with an Intermediary;Roy Goode etc.,Hague Securities Convention:Explanatory Report,Hague Conference on Private International Law 2017.

券账户从事证券交易。①

随着互联网经济和数字经济的兴起,从自由、隐私、安全等导向出发的数字立法频出。数字信息的财产属性越来越引起关注。数据财产的性质,数据财产的内容,与传统物权的区别与联系,保护方式等,引起了中国学者广泛的探讨。② 中国《民法典》已经为数据财产等新型财产权提供了法律依据:"法律对数据、网络虚拟财产的保护有规定的,依照其规定。"

另外需要注意的是,随着碳排放交易制度的逐步实施,碳排放配额亦构成一种形式的财产。可以推定,财产的形式会更加多种多样,法律对财产的确认和保护的任务也会更艰巨。这既是国内法的任务,也是国际法的使命。

7.3 财产保护方式、范围和强度

7.3.1 财产的保护方式

国际经济活动中的财产保护方式,主要有国内法保护和国际法保护、主动保护和被动保护、私法保护和公法保护等几种类型。由于运作方式不同,国内法和国际法在发挥各自作用的同时,互相影响、补充和强化。国际机构制定的公约、示范法、立法指南、一般原则等,对国内法具有重要引领作用。如联合国国际贸易法委员会 1996 年制定的《电子商务示范法》,比较早地提出了处理电子商务相关法律问题的方案,真正起到了示范法的作用。《联合国国际货物销售合同公约》整合大陆法系和普通法系的相关规则,提供了全球性的解决方案。国际民航组织制定的《统一国际航空运输某些规则的公约》(1999 年《蒙特利尔公约》)极大地统一了当事人约定、国内法和国际条约的责任制度。1947 年《关税与贸易总协定》《世界

---

① 参见我国《证券法》第 58 条。
② 参见申卫星:《论数据用益权》,载《中国社会科学》2020 年第 11 期;王利明:《论数据权益:以"权利束"为视角》,载《政治与法律》2022 年第 7 期;张新宝:《论作为新型财产权的数据财产权》,载《中国社会科学》2023 年第 4 期。

贸易组织协定》《国际货币基金组织协定》等国际法律文件更是奠定了国际贸易、货币等制度的基础。

美国宪法第四修正案规定,"人民的人身、住宅、文件和财产不受无理搜查和扣押的权利,不得侵犯。除依照合理根据,以宣誓或代誓宣言保证,并具体说明搜查地点和扣押的人或物,不得发出搜查和扣押状。"第五修正案规定,"任何人……不经正当法律程序,不得被剥夺生命、自由或财产。不给予公平赔偿,私有财产不得充作公用。"[①]就财产保护方式而言,美国宪法采取的是被动保护模式,从界定和限制政府权力的角度,保护私人财产的不受侵犯。但在具体的法律中,则规定了政府主动保护财产的要求。例如,美国专利和商标局的职责之一是"负责授予和发放专利证书和商标注册"。[②]

从行政机关和法院的不同作用方式看,行政机关更多地采取主动保护方式,而法院采取被动保护财产方式。其中的界限因不同国家法律制度而有所差异。与此相联系,私法保护方式和公法保护方式是财产保护的非常重要的两种方式。从国家法律制度而言,私法和公法都是国家法律的组成部分,都反映了立法者的意志,是国家权力配置的一种方式,也是国家机构与自然人和社会之间关系的不同处理方式。通过私法,国家授权当事人基于法律规定根据自己的意志处分自己的财产,国家行政机构或法院并不主动参与,只有在当事人对其自主交易产生争议不能解决时,才诉诸法院或相关机构寻求解决。公法,就其名称所示,是国家机构行使政府权力规制相关活动、关系的法律,一方面授权、要求国家机构参与,另一方面又对国家机构的行为提出了要求。无论是大陆法系国家还是普通法系国家,无论是否称为私法或公法,这两种调整方式都是存在的。例如,关于反垄断行为,美国法律提供了当事人起诉和政府起诉两种方式,也提供了司法部和联邦贸易委员会两种不同处理方式。

财产保护方式可以从交易秩序和意思自治这两个角度去把握。一方面它承认意思自治;另一方面出于社会公益的目的,它会从交易秩序上去调整、规范它。以

---

① The CONSTITUTION of the United States with Index and The Declaration of Independence, Twenty-Fourth (Reprint) 2009.【Amendment IV. The right of the people to be secure in their persons, houses, papers, and effects, against unreasonable searches and seizures, shall not be violated, and no Warrants shall issue, but upon probable cause, supported by Oath or affirmation, and particularly describing the place to be searched, and the persons or things to be seized.)(Amendment V. No person ... nor be deprived of life, liberty, or property, without due process of law; nor shall private property be taken for public use without just compensation.】

② 35 U.S.C. §2.(a)(1) (2021.)

公司发行股票为例。一个公司是否发行股票，似乎是公司自己决定的事。但正如企业生产商品不能造假一样，公司发行股票亦不能造假。一般的道德要求不足以保证公司不伪造账目、虚构经营业绩。保障公司如实披露信息是一种政府监管手段。中国政府在证券制度建立后的一段时间，对公司发行股票和上市采取政府审批做法。如今中国公司发行股票制度改成注册制，政府不再进行实质性审查，同时强化披露制度、证券欺诈、内部交易、退市制度等多种制度的作用。美国国会2002年通过了《萨班斯—奥克斯利法》，设立公众公司会计监督局，强化公司责任；美国国会2020年通过《外国公司问责法》，进一步强化在美国上市的境外公司的责任，也进一步强化了美国的域外管辖。①

意思自治方面，特别是涉及国际贸易活动中的运输、保险、支付、担保等内容，主要是民商事的国际公约以及国际惯例，由当事人选择适用，更多地体现意思自治，不包括我们所说的强制性的调整部分，包括效力和秩序方面。这在中国《民法典》中也体现得非常充分。一方面，"民事主体按照自己的意愿依法行使民事权利，不受干涉"；另一方面，"民事主体不得滥用民事权利损害国家利益、社会公共利益或者他人合法权益"。违反法律、行政法规的强制性规定的民事法律行为无效，违背公序良俗的民事法律行为无效。② 可以认为，意思自治更多体现民法上的调整模式，调整平等主体之间的关系，它相当于将一个立体性交易抽出一个特定平面来规范，但这一平面不能代表、涵盖其他侧面。对国际经济活动的调整是综合性的、全面性的，仅仅以民商事规范予以调整是不够的，民商事规范的调整是必要的，但不充分。

认定合同无效或有效，直接关系到交易者的权益和交易秩序。《联合国国际货物销售合同公约》被普遍认为是一个软约束的、私法性的国际公约，合同当事人可自主选择是否适用这一公约，并可该对公约的相关规定进行修改。该公约表现出极强的当事人意思自治精神。但同时，该公约也明显地关注交易秩序，将欺诈、合同效力、生产商的产品责任问题，交由缔约方法律来处理。该公约还通过适用范围的界定，尊重缔约方国内法对相关事项的调整，如将货币、证券交易等明显涉及交易秩序的问题交排除在公约的调整范围之外。CISG在合同成立问题上，采取合

---

① Sarbanes-Oxley Act of 2002（SOA），PL. 107-204，July 30，2002；Holding Foreign Companies Accountable Act，HFCAA，Public Law 116-222，Dec. 18，2020。
② 中国《民法典》第130条、第132条、第143条、第153条。

意标准,未采取英国法传统的对价要求,体现出了缔约方通过国际条约来调整国际货物销售合同作出的原则性取舍。由此观之,私法对国际经济活动的规范作用不可忽视。

中国法律对财产的保护制度,明显地表现出了从主动保护到被动保护、从行政保护到民事保护转变的特点。中国《民法典》第113条规定"民事主体的财产权利受法律平等保护",提出了财产权利保护原则。《民法典》第207条进一步规定:"国家、集体、私人的物权和其他权利人的物权受法律平等保护,任何组织或个人不得侵犯。"这一具体规定与该《民法典》替代的中国立法机构2007年通过的《物权法》第4条基本相同,但增加了"平等"这一用语。是否平等保护国有资产和私有财产这一问题曾经一度引起热议[①],并迟延了《物权法》的制定过程。虽然立法过程中形成了平等保护共识,但当时通过的《物权法》中却无"平等"这一法律术语。在2020年的《民法典》中,平等保护国家、集体和私人财产才堂而皇之地出现在现行法律中。这一事件典型地体现出对财产保护态度的转变,也带来了保护程度、保护力度的转变,对我们理解国际经济活动中的财产保护具有启发意义。

7.3.2 财产保护的范围和强度

当事人交易的目的相对单一和明确,那就是实现自己预期的交易,获得产品或收益。但政府从公共利益出发进行监管的目的却多种多样,具体方式也复杂、变化,在同一主题上实施多重规制。呈现出的方式不是单独地保护私人财产,而是同时对私人财产及其交易作出一定的限制。保护与限制是我们理解财产制度的两个重要维度,正如我们在第1章中分析国际经济法调整国际经济关系时对"调整"的分析一样。商事交易更多地体现出私法保护的一面,政府基于公共利益对经济活动的监管更多地体现出限制的一面,保护与限制这两个方面是相互联系的。下文中我们以知识产权保护、企业并购和出口管制为素材,分析国际经济关系中的财产保护范围和强度。

7.3.2.1 对知识产权的保护

根据《与贸易有关的知识产权协定》,在知识产权保护方面,各成员应遵守国民

[①] 参见王利明:《试论物权法的平等保护原则》,载《河南省政法管理干部学院学报》2006年第3期;尹田:《论物权法平等保护合法财产的法理依据》,载《河南省政法管理干部学院学报》2006年第3期;赵万一:《冷静而理性地看待物权法中的争议》,载《河南省政法管理干部学院学报》2006年第3期。

待遇义务和最惠国待遇义务。该协定脚注3对"保护"一词作了进一步的明确：对于国民待遇和最惠国待遇，"保护"一词包括影响知识产权提供保护、取得、范围、维持和实施的事项，以及该协定专门处理的影响知识产权使用的事项。① 脚注3的这一澄清，拓展和深化了对财产保护的理解。从1883年《保护工业产权巴黎公约》到《与贸易有关的知识产权协定》，知识产权保护的范围和强度不断增大。与其他知识产权协定不同的是，《与贸易有关的知识产权协定》还特别规定了知识产权保护的边境措施，主要是进口措施要求。中国政府颁布的《知识产权海关保护条例》中，禁止侵犯知识产权的货物进口和出口。② 美国法中的301条款措施、337条款措施，都是站在国际竞争的角度对知识产权权利的保护。

权利确认是知识产权保护的最基础问题。什么样的作品可以获得版权保护，什么样的发明可以获得专利保护，什么样的标记或标记组合可以获得商标权保护等，典型地体现了知识产权保护问题。总体而言，知识产权保护的范围越来越宽、保护强度越来越大。除专利、商标、版权等传统知识产权外，新的知识产权类型，如植物新品种、地理标识，陆续出现。原本受到一定程度保护的对象，随着时代和技术的变化，愈发得到强化。商业秘密的保护是最明显的例子。商业秘密早在《保护工业产权巴黎公约》中就以反不正当竞争的名义有所规定：在工商业事务中违反诚实的习惯做法的竞争行为构成不正当竞争行为。③《与贸易有关的知识产权协定》第二部分第7节强化了对未披露信息的保护，重在界定未披露信息的要件，为阻止其他人以违反诚实商业做法的方式披露相关信息提供了可能性。CPTPP在TRIPS的基础上，使用"商业秘密"这一名称，超出"未披露信息"的范围，特别规定了与计算机程序有关的商业秘密保护，进一步要求缔约方采取刑事程序和处罚。CPTPP明确了可以施加刑事程序或刑事处罚的行为，除自然人或法人行为外，还包括由外国经济实体主导或为了外国经济实体的利益或与其联合实施的行为，以及对缔约方经济利益、国际关系或国防、国家安全有害的行为。④

---

① TRIPS, footnote 3.【For the purpose of Articles 3 and 4, 'protection' shall include matters affecting the availability, acquisition, scope, maintenance and enforcement of intellectual property rights as well as those matters affecting the use of intellectual property rights specifically addressed in this Agreement.】

② 参见我国《知识产权海关保护条例》第3条。

③ Paris Convention for the Protection of Industrial Property, Article 10 bis.【Any act of competition contrary to honest practices in industrial or commercial matters constitutes an act of unfair competition.】

④ CPTPP, Chapter 18 Intellectual Property, Article 18.78: Trade Secrets.【The acts are directed by or for the benefit of or in association with a foreign economic entity; or the acts are detrimental to a Party's economic interests, international relations, or national defence or national security.】

USMCA 进一步给出了"不当利用""违反诚实商业做法的方式"的定义,使商业秘密保护制度更加完善。①

技术许可、知识产权许可,是国际经济活动的重要组成部分。在中国的国际经济法教材中,限制性商业做法曾经作为知识产权许可不可分割的一个组成部分存在。在今天看来,对限制性商业做法的规制只是反垄断法在知识产权许可中的具体应用。平等主体当事人之间的知识产权交易,既要遵循合同法、知识产权法的要求,也要满足反垄断法有关交易秩序或者市场秩序的调控,限制或者禁止权利人依据其技术优势给被许可方施加一系列不合理的条件。传统上,由于技术许可方主要来自发达国家,而被许可方主要来自发展中国家,为了保障许可双方之间地位的相对平衡,发展中国家以国家立法的方式限制许可方的某些行为,主要通过行政措施,来保护被许可方的某些权益,同时防止知识产权权利人滥用其权利。②

1883 年通过的《保护工业产权巴黎公约》含有知识产权强制许可的内容。如果权利人不实施专利,或为了公共利益,政府可以通过强制许可的方式实施专利。这一强制许可制度在世界贸易组织《与贸易有关的知识产权协定》中受到了限制,专利权人的权利得到了更强的保护。但知识产权权利人的私人权利与社会公共利益特别是公共健康之间的矛盾始终是存在的,需要更好地平衡二者之间的矛盾,特别是涉及进口国与出口国的利益时更加需要全面考虑。世界贸易组织总理事会 2005 年通过了修改与贸易有关的知识产权协定的决定,对于通过强制许可生产药品、出口到合格的进口国,TRIPS 第 31(f)条规定的主要供应国内市场的义务对出口国不适用。③

关于知识产权滥用的管制办法,传统上主要有行政审批制度、当事人披露制度和反垄断法调整制度。由于知识产权的特性,特别是科学技术的新发展,防止知识产权权利滥用的制度随着实践在不断完善和发展。现在国际上防止知识产权滥用主要有两种调整模式,一种是知识产权法本身,一种是反垄断法。反垄断法的调整模式就是基于市场的调整模式,而知识产权法的调整模式是从权利的范围、

---

① USMCA, Chapter 20 Intellectual Property, Section I: Trade Secrets.
② See Regulations on the Administration of Contracts of Import of Technologies (1985); Regulations of the People's Republic of China on the Administration of Import and Export of Technologies (2001).
③ WTO, GENERAL COUNCIL, Amendment of the TRIPS Agreement, Decision of 6 December 2005, WT/L/641; TRIPS, Article 31bis.

当事人的过失等角度出发。现在中国逐渐转向反垄断法解决知识产权滥用的做法,通过反垄断法规制知识产权的滥用问题,区分知识产权的法定排他性和市场垄断性。只有在滥用权利、排除或者限制竞争,构成垄断行为时,才依据《反垄断法》进行调整。相关市场的界定是反垄断法适用中的核心要素,而市场要素正是国际经济法所考虑的内容。与此相关的、体现最为明显的是标准必要专利(Standard Essential Patents, SEP)的监管问题。国际上虽然存在着公平合理和非歧视原则(Fair, Reasonable and non-Discrimination, FRAND),但最终的焦点还是归结到许可价格的问题,而价格并没有一个具体数额为标准。因此,从国际经济关系的角度,站在国家和国家之间经济竞争的角度,各国采取的方法不尽相同,即使同一国家的不同政府也表现出不同的态度,美国政府在这方面就表现出这一特点。① 这一问题实际上涉及国家竞争力、国家产业以及国家和国家之间利益平衡的问题。

美国特朗普政府上台后,指责中国政府实施不公平的政策,指责中国政府强迫技术转让,并发起 301 调查。中国政府对美国的这一指控一方面进行有力反驳并对美国政府采取的贸易措施诉诸世界贸易组织,另一方面在其国内立法中作出了适当回应。中国立法机关于 2019 年 3 月通过了《外商投资法》,废止了自 1979 年以来制定的《中外合资经营企业法》《外资企业法》《中外合作经营企业法》。② 国务院亦随之发布了《外商投资法实施条例》,废止了之前根据前述三项法律发布的实施条例。③ 原来立法和实施条例中含有的有关技术转让的要求一并取消。与此同时,国务院于 2019 年修改了《技术进出口管理条例》,删除了技术许可方对第三方的责任以及技术改进成果归改进方的规定,直接删除了原第 29 条所包括的技术进口合同中不得含有的限制性条款的相关内容;2020 年进一步删除了该条例中原有的涉及外商以技术作投资的审批和登记的内容。④ 中国立法机关还进一步修改了《反不正当竞争法》,修改商业秘密的定义,将原来所指的"技术信息和经营信息"扩大为"技术信息、经营信息等商业信息",增加了"电子侵入"这一侵犯商业秘密

---

① See Draft Policy Statement on Licensing Negotiations and Remedies for Standards-Essential Patens Subject to Voluntary F/RAND Commitments, December 6, 2021, https://www.justice.gov/atr/page/file/1453471/download, 11 July 10, 2023.
② 《外商投资法》第 42 条。
③ 《外商投资法实施条例》第 49 条。
④ 《技术进出口管理条例》(2019);国务院《关于修改部分行政法规的决定》,国务院令(第 709 号),2019 年 3 月 2 日;国务院《关于修改和废止部分行政法规的规定》,国务院第 732 号,2020 年 11 月 29 日。

的行为,扩大侵犯商业秘密的人员范围,涵盖了"教唆、引诱、帮助他人违反保密义务或者违反权利人有关保守商业秘密的要求,获取、披露、使用或者允许他人使用权利人的商业秘密"。该法将原来的"违反约定"改为"违反保密义务",提高了罚款数额,还增加了举证责任倒置条款:在商业秘密权利人初步证明侵犯商业秘密的情况下,由涉嫌侵权人证明其不存在侵犯商业秘密的行为。① 中国立法机构2019 年修订《行政许可法》,增加规定"行政机关及其工作人员不得以转让技术作为取得行政许可的条件,不得在实施行政许可的过程中直接或者间接地要求转让技术"。② 2020 年修订的中国《专利法》增加了与反垄断相关的内容:"申请专利和行使专利权应当遵循诚实信用原则。不得滥用专利权损害公共利益或者他人合法权益。滥用专利权,排除或者限制竞争,构成垄断行为的,依照《中华人民共和国反垄断法》处理。"③ 可以认为,虽然上述法律的具体性质不同、调整对象不同、位阶不同,但都服务于同一个目的:加强对知识产权权利人的权益保护。

7.3.2.2 投资及企业并购

投资保护是国际经贸关系中的重要问题,可以说占据了传统国际投资法中的核心地位,投资市场准入相对来说是近期的主要议题。企业并购是与新设企业相对应的国际投资的重要形式,是企业交易的一种形式,以企业整体或其资产作为交易对象。美式投资协定把 acquisition(收购)列入国民待遇和最惠国待遇条款中。国际投资协定中越来越将其作为国民待遇和最惠国待遇条款的一部分,并规定了其他保护性义务,如公平公正待遇、禁止履行要求、征收补偿等。这些都体现出了对作为投资的财产的保护。这方面的实践及研究成果汗牛充栋,在此不再赘述。

在国内法中,企业并购是公司法和证券法调整的一项内容,需要遵循一定的法律程序,获得授权、对外披露等,特别关注中小股东权益保护。企业并购的结果是减少了市场中企业的数量或者建立了相关企业间的联系,造成了反垄断法语境下的经营者集中,市场集中度提高。举例来说,如果波音公司和空客公司合并,从公司法看,这是一个财产交易,只要在交易双方董事会、股东大会通过,该交易就可以继续;但从反垄断法上看,波音公司和空客公司的合并造成了经营者的集中,消

---

① 《反不正当竞争法》第 9 条、第 17 条、第 21 条、第 32 条。
② 《行政许可法》第 31 条;全国人民代表大会常务委员会《关于修改〈中华人民共和国建筑法〉等八部法律的决定》,2019 年 4 月 23 日。
③ 《专利法》第 20 条。

除了市场存在的竞争,会触发美国反垄断执法当局和欧盟反垄断执法当局的审查。就中国而言,尽管合并发生在中国境外,合并双方是中国境外的两家公司,但这两家公司合并将直接影响到中国市场,中国航空公司失去了购买飞机的选择余地,也失去了讨价还价的可能。中国反垄断执法当局也会对这一合并进行审查。但假设美国和欧盟反垄断执法当局都批准了这一交易,中国应该怎么办? 一种选择是禁止,但实际上无法完全、有效禁止。很可能出现的情况是允许有条件的合并,要求相关企业处分股份或资产、转让营业或其他必要措施等。①

上述公司法、证券法和反垄断法对企业并购的调整,基本已经成为普遍接受的制度。除此之外,对外国投资审查制度在逐步确立并进一步完善中,对资产交易产生重大影响。2018 年美国国会通过《外国投资风险审查现代化法》,将外国投资风险审查制度正式上升为法定审查制度,进一步强化了已有的审查制度。根据这一立法,美国总统可以中止或禁止交易,外国投资审查委员会可以中止交易,提交总统由总统采取措施,设定交易条件以降低风险。② 欧盟 2019 年通过了《欧盟外国直接投资审查条例》③,协调欧盟委员会与欧盟成员国的外商投资审查措施,被认为是对外国直接投资态度的变化。④ 澳大利亚 2020 年通过了新的投资审查立法,对 1975 年《外国并购法》作出了修改。⑤ 而加拿大早就存在对外国投资的审查制度。对外国投资审查的政策理由均建立在国家安全基础上,但对国家安全的理解不尽相同。对外国投资者获得本国技术、基础设施等关键资产以及对相关产业的控制的担心,是重要的考虑因素。例如,在美国《外国投资风险审查现代化法》中,审查风险需要考虑的因素包括:国防的国内生产要求,国内产业产能,外国人对国内工商业活动的控制,拟进行的交易对出售军事物品等的潜在影响,拟进行的交易对美国技术国际领先的影响,拟进行的交易对美国关键基础设施和关键技

---

① 《反垄断法》第 58 条。
② 50 USC § 4565(d), § 4565(l) (2021).
③ REGULATION (EU) 2019/452 OF The European Parliament and of the Council of 19 March 2019 Establishing A Framework for The Screening of Foreign Direct Investments into The Union, Official Journal of the European Union L 79 I/1, 21. 3. 2019.
④ Bas de Jong, Wolf Zwartkruis, "The EU Regulation on Screening of Foreign Direct Investment: A Game Changer?", *European Business Law Review*, Volume 31, Issue 3 (2020) pp. 447-474.
⑤ Foreign Investment Reform (Protecting Australia's National Security) Act 2020, No. 114, 2020, December 10, 2020.

术的潜在影响,等等。①

欧盟2023年生效的《外国补贴条例》对企业并购则开启了另一种监管模式。② 该条例旨在解决外国政府对在欧盟市场中经营的企业提供的补贴所引起的市场扭曲问题。除了申报、调查、评估等程序性问题外,该条例对经营者集中可以采取类似于反垄断法对经营者集中采取的救济措施,包括罚款、中止交易、准入使用设施、降低产能或市场存在、禁止投资、向第三方许可资产、公开研发成果、剥离资产、解除经营者集中、返还补贴、企业进行结构性调整等。③ 可以看出,欧盟《外国补贴条例》提供的救济措施,直接针对企业财产,对企业的经营和发展具有极大的影响。欧盟《外国补贴条例》融合了补贴、投资、反垄断等诸多因素,既与世界贸易组织《补贴与反补贴措施协定》相关,又与国际投资协定相连,同时又借助于竞争法或反垄断法的理念和工具,形成了一个综合性的监管工具。这一条例及基于这一条例采取的相关措施,是否符合《补贴与反补贴措施协定》,是否符合国际投资协定的相关要求(例如是否遵循了非歧视待遇义务,是否构成了间接性征收),在全球缺乏统一的反垄断规则的背景下是否构成了反垄断措施的滥用,都需要未来基于具体的事实来判定。但欧盟这一条例,对财产保护制度的发展提出了严峻挑战。

7.3.2.3 出口管制、制裁和投资审查中的财产措施

重商主义站在国家的角度,将金银视为财产,限制金银输出、鼓励金银输入。亚当·斯密作为企业代言人,鼓励自由放任政策,让市场这只无形的手来调节经济活动。李斯特通过否定之否定的方式,提出了国家竞争力和国家生产力的思

---

① 50 USC § 4565(f)(2021).【Domestic production needed for projected national defense requirements, the capability and capacity of domestic industries to meet national defense requirements, the control of domestic industries and commercial activity by foreign citizens, the potential effects of the proposed or pending transaction on sales of military goods, equipment, or technology, the potential effects of the proposed or pending transaction on United States international technological leadership, the potential national security-related effects on United States critical infrastructure, the potential national security-related effects on United States critical technologies; etc.】

② Regulation (EU) 2022/2560 OF The European Parliament and of the Council of 14 December 2022 on Foreign Subsidies Distorting the Internal Market, OJ L 300/1, 23.12.2022.

③ Foreign Subsidies Regulation (FSR), Articles 224, 26, and 7.4.【Fines and periodic penalty, suspension of concentrations, offering access to infrastructure, reducing capacity or market presence, refraining from certain investments, licensing of assets, publication of results of research and development, divestment of certain assets, requiring the undertakings to dissolve the concentration concerned, repayment of the foreign subsidy, and requiring the undertakings concerned to adapt their governance structure.】

想。这些经典的杰出思想未随时光流逝而失色，不时在放出耀眼光芒。国家财产和竞争力理念依然支配着当今国际经济关系。当今世界越来越被强化的出口管制制度、投资审查制度、经济制裁制度，无不充斥着这些理念。

1947年《关税与贸易总协定》第11条规定了普遍取消数量限制措施的制度。但作为该协定的第二部分，按《临时适用议定书》的规定，缔约方在不违反国内法的最大限度内适用这些规则。这在结果上造成了普遍取消数量限制义务的虚无和软弱。美国1917年《对敌贸易法》被美国政府适用于大萧条时期，国会通过修法进一步明确该法适用于和平时期。[①] 之后美国国会通过了1949年《出口管制法》，禁止向共产主义控制的国家出口[②]；同时，美国主导的北大西洋公约组织成立了统一协调出口管制的巴黎统筹委员会，一直持续到1994年，该出口管制协调安排被瓦森纳尔安排所替代。因而，即使《世界贸易组织协定》1995年生效，在出口管制问题上实际上已经无法有效约束美国等一些国家的出口管制制度。美国1949年《出口管制法》的政策目标是保护国内经济，促进对外政策，进行国家安全预警。1969年《出口管理法》进一步明确为限制提升他国军事力量的货物和技术出口。对外政策和国家安全是核心目标。2018年《出口管制改革法》明确将经济安全定义为国家安全的一部分。"出口管制，包括对向某些外国人转让关键技术的管制，是美国境内外国直接投资法律之基础——国家安全政策——一项补充与关键要素。"[③]越来越多的政策成为美国实施出口管制的理由，如地区稳定、人权、反恐、导弹技术、生化武器，等等。随着技术发展，在军民两用物品差别越来越模糊的情况下，出口管制的覆盖面不断扩大，事实上形成了独立于世界贸易组织法律制度的贸易体制。

对货物、技术等的出口管制，本质上是对财产交易的管制。对于受管制物品，没有出口国政府的批准，即使是技术的合法权利人也不能出口自己的技术。美国的出口管制制度，确立了原则上禁止、例外性批准的审批机制。通过产品控制目录、出口控制分类编码和国家分类图表，美国牢牢地控制了相关货物和技术从美

---

① Trading with the Enemy Act of 1917 (TWEA), Public Law 65-91, October 6, 1917; 50 U.S.C. § 4305 (2021); CRS Report, The International Emergency Economic Powers Act: Origins, Evolution, and Use, R45618, March 25, 2022, p. 1.

② Export Control Act of 1949; Public Law 81-11, February 26, 1949; 63 Stat. 7.

③ 50 USC § 4819(c) (2021). 【Export controls complement and are a critical element of the national security policies underlying the laws and regulations governing foreign direct investment in the United States, including controlling the transfer of critical technologies to certain foreign persons.】

国的出口。不仅如此,美国法律还通过扩大对美国人的解释,将其出口法律适用于在美国境外投资经营的美国公司。更为过分的是,美国出口管制的物品既包括处于世界各地的美国原创物品,也包括含有美国原创物品组装件的外国产品,以及利用美国原创技术在外国生产的直接产品。① 如果违反出口管制法,除刑事处罚外,将面临罚款、撤销许可、禁止出口、剥夺出口权、没收财产等措施。② 受管制的物品本身是表现为货物、技术等的财产,财产所有人的财产权益因为管制不能得到实现;而违反出口管制,带来的是进一步的财产损失。

经济制裁是《联合国宪章》第七章规定的、为应对和平威胁和和平破坏及侵略行为的措施,由联合国安理会作出决定实施。③ 一些国家在联合国安理会的制裁措施之外,亦将经济制裁作为国际经济关系的一种处理方式。禁止交易、冻结资产是常见的经济制裁措施。这些实际上都是对财产的干预。联合国安理会的经济制裁是以国际法为依据的制裁,一些国家在安理会授权之外基于国内法采取的经济制裁措施缺乏国际法上的依据,由此引起的争端更多地靠当事方事后的努力来解决。

在国际投资中,国际投资审查制度越来越普遍和严格。既有的国际投资审查是东道国对外来投资的审查,但现在亦有声音呼吁投资国对对外投资进行风险审查。④ 投资国对对外投资的关注,主要担心投资国的核心技术通过投资的方式运用到其他国家中,造成核心技术的流失或扩散,有利于潜在的竞争者,增加其经济和科技实力。美国总统拜登于2023年8月发布总统令,就涉及国家安全技术和产品的对外投资实施监管。⑤ 这是投资国发出的限制投资者对外投资的信号,也是投资国限制资产交易和转移的新举措,其影响还有待观察。但不容否认的是,国际投资作为一种资产交易,受到了越来越多的干预。

---

① 15 CFR § 734.3 Items subject to the EAR (2023).【All U.S. origin items wherever located; foreign-made commodities that incorporate controlled U.S.-origin commodities, foreign-made commodities that are 'bundled' with controlled U.S.-origin software, foreign-made software that is commingled with controlled U.S.-origin software, and foreign-made technology that is commingled with controlled U.S.-origin technology, and certain foreign-produced "direct products" of specified "technology" and "software".】

② 15 CFR § 764.3 Sanctions (2023).

③ Charter of the United Nations, Article 41.

④ See Sen. Casey pressing for vote on revised outbound screening proposal, World Trade Online, July 21, 2023, https://insidetrade.com/daily-news/sen-casey-pressing-vote-revised-outbound-screening-proposal, last visited August 20, 2023.

⑤ Executive Order on Addressing United States Investments in Certain National Security Technologies and Products in Countries of Concern, August 9, 2023.

7.3.3 侵犯财产的责任形式

只规定义务而不规定责任,违反了法律而不追究违法责任,是不能发挥法律的作用的。对于财产保护而言也是如此。侵犯财产的责任是财产保护制度的有机组成部分。如前所述,财产并不限于狭义上的有形财产,基于协定享有的利益也包括在财产范围之内,因而侵犯财产也不限于狭义有形财产的侵犯,协定利益的丧失或受损也存在着相应的救济。由于国际经济活动的复杂性和调整理念及调整方式的多样性,侵犯财产的责任形式呈现出复杂化和多元化。

首先有必要区别国内法上的责任和国际法上的责任。依据联合国国际法委员会编纂的《国家对国际不法行为的责任条款草案》【《国家责任条款草案》】,一国国际责任的内容包括继续履行、停止和不重复、赔偿。赔偿的具体形式有恢复原状、补偿、抵偿和支付利息。① 但该责任条款只是提供了一般性的责任原则和形式。具体的国际条约可能通过其具体的条款,规定自己的责任制度。在世界贸易组织争端解决机制中,对于协定项下的利益因另一成员的措施而遭受丧失或受损时,争端双方可以通过磋商达成相互满意的解决方法。被诉成员取消被裁定违反相关义务的措施,或者使相关措施符合相关协议条款的要求,是一种责任方式。被诉方可本着自愿原则,暂时提供金钱补偿。如果被诉方拒绝执行裁决,申诉方可经争端解决机构授权,对被诉方中止实施适用协定项下的减让或者其他义务。② 对比《国家责任条款草案》,世界贸易组织争端解决机制并无强制性赔偿这一责任方式。

对征收或间接征收的补偿一直是国际投资法中的核心问题。20 世纪 60 年代以来发达国家与发展中国家关于国际经济新秩序的分歧主要在征收补偿问题上。《关于解决各国和其他国家国民之间投资争端的公约》确立的投资者与东道国之间的争端解决仲裁机制,促成了一些投资争端的解决。与此同时,东道国与投资国之间的一揽子争端安排【lump sum agreements】,也是保护投资的一种方式。③ 目前是传统的投资者与东道国之间的国际投资条约仲裁机制正经历着新的变革。

---

① International Law Commission, Draft Article on Responsibility of States for Internationally Wrongful Acts (2001), Articles 29-31, 35-38.
② DSU, Articles 3.7, 21, and 22.
③ See Burns H. Weston, Richard B. Lillich and David J. Bederman, *International Claims: Their Settlement by Lump Sum Agreements*, 1975—1995, Transnational Publishers, Inc., 1999.

欧盟和加拿大预期的国际投资上诉法院正在缓慢推进中。东道国对投资者的责任通常是给予金钱赔偿，如对征收或国有化的赔偿，但不排除东道国采取其他的可能责任方式。中国《外商投资法》第25条第2款规定，"因国家利益、社会公共利益需要改变政策承诺、合同约定的，应当依照法定权限和程序进行，并依法对外国投资者、外商投资企业因此受到的损失予以补偿"。这蕴含着通过金钱赔偿之外的方式予以补偿的可能性。一项禁止进口措施可能损害境内的外商投资者的利益，可能被定性为财产侵害或者财产征收的措施，也可能被定性为贸易管制措施，从而引发不同的责任或救济。

在国内法中，如果是平等主体间的财产关系，一般基于民商法的规定来承担责任。例如，中国《民法典》就物权保护提供了下述救济方式：确认权利、返还原物、排除妨害或消除危险、恢复原状、损害赔偿或其他民事责任等。《联合国国际货物销售合同公约》主要提供了损害赔偿、保全货物、利息、恢复原状、宣告合同无效等救济方式。①

传统上，一般的民事权利，无论是从契约的角度，还是从侵权的角度，都是补偿性救济，现在则有向惩罚性救济发展的趋势。中国《专利法》规定了惩罚性救济："对故意侵犯专利权，情节严重的，可以在按照上述方法确定数额的一倍以上五倍以下确定赔偿数额。"②这有点类似于美国反垄断法框架下民事救济中的三倍赔偿。赔偿机制针对不同的财产在不同的情况下有不同的规定。美国法中的337措施，本质上是知识产权侵权问题，但它采取的救济思路不是私法上的损害赔偿或行政罚款，而是产业救济，直接禁止进口，不仅涉及被调查的当事人，还扩及到出口同类产品的其他生产商。这种侵犯知识产权的责任因为产业的原因而大大加重了，由民事责任转变成了行政责任。

在国家和国际层面，如果国家是责任人，会面临着是否享有豁免的问题。除了国与国之间存在豁免问题，在投资法领域投资者与东道国之间的争端也有豁免问题。《关于解决各国和其他国家国民之间投资争端的公约》第54条有明确规定。国际经贸争端解决机制，是处于国际社会中的国家确立的一种机制，依然是主权国家在发挥主导作用。这方面，国际社会正在作出进一步的努力。截至2023年8

---

① See CISG, Articles 74, 78, 82, and 85.【CISG provides, inter alia, for damages, preservation of the goods, interests, restitution of the goods, and avoidance of the contract, etc.】

② 中国《专利法》第71条第1款。

月,联合国大会 2004 年通过的《国家及其财产管辖豁免公约》已经有 23 个批准或加入方,但仍未达到生效的门槛。中国立法机构 2023 年 9 月通过的《外国国家财产豁免法》区分了有限豁免和绝对豁免,代表着由绝对豁免向相对豁免立场的转变。

7.4 国家税收及其协调

一定意义上说,除了财产确权、保障财产交易秩序之外,税收是国家对财产的最大影响因素。税收是国家凭借其强制力从自然人或企业无偿获取的一种财政收入,并运用这一收入经营亚当·斯密所说的公共事业和公共设施,包括国防、公共秩序和公共福利等。在西方国家有谚语说,人的一生只有死亡和纳税不可避免。在中国,农民向政府缴纳赋税也有几千年的历史,2006 年中国政府全面取消了农业税,继续征收增值税、所得税、关税等。各国都有自己的税收制度,有权决定是否征税、征什么税、按什么税率以及以什么方法征税。国际经济活动产生跨境交易和收入,从而引发相关国家在交易和收入征税方面的冲突,产生国际税收协调的需要。一般地说,国家对纯粹产生于一国境内的行为或位于一国境内的财产等的征税,如房地产税、契税等,对一国境内的财产流转的征税,如增值税,不产生国家间的冲突。产生冲突的主要是所得税和关税。国家征税权来源于国家主权,可以理解为国家主权的一个体现或侧面。从管辖权的角度讲,国家主权包括属人管辖权和属地管辖权,体现在所得税收上就是税收管辖权即居民税收管辖权和所得来源地税收管辖权[①],体现在进出国境上是关税。

海关是国家主权的象征和国家领土的守卫者。进出境人员和货物都要经过海关的核查,并按规定缴纳关税和相关费用。关税是国家财政收入的重要来源之一。关税传统上由国家自主决定。随着国际经贸关系的愈益紧密,相关国家以互惠的方式通过国际协定约定相互适用的关税税率成为普遍的做法。《关税与贸易

---

① 余劲松主编:《国际经济法学》(第二版),高等教育出版社 2019 年版,第 423—427 页。

总协定》确立的普遍的无条件最惠国待遇及约束关税制度,以及在此基础上确立的自由贸易协定优惠制度,代表了当今世界主要的关税制度。随着关税与贸易总协定多回合的关税减让谈判,各成员的约束关税都大大低于国内法的税率,而实际适用关税又大大低于约束关税,无论从财政收入角度还是限制贸易角度看,其作用有所下降。但自美国特朗普总统对进口产品采取加征关税以来,关税的作用有了新的变化。一些国家也在采取此类关税措施。在世界贸易组织功能受到削弱的情况下,世界贸易组织的关税纪律也受到影响。

在所得税方面,基于居民税收管辖权和基于来源所得税收管辖权存在着冲突。就外国投资者而言,需要向东道国缴纳所得税,也需要向其所属国家缴纳所得税,从而形成不同国家的多次征税和重复征税。这种重复征税不利于促进国际经济活动的发展。但预期东道国或投资国单方面放弃征税的权力也是不现实的。考虑到国际经济活动和国际投资的双向性,相关国家就避免重复征税作出安排是有利的。这是避免双重征税协定的由来。联合国和经合组织都曾经制定避免双重征税协定范本①,联合国范本更多关注资本输入国的利益。

由于各国税制不同,一些企业利用这种不同税制进行逃税和避税。一些经济体也以低税率吸引企业,形成避税港。一些企业在一地注册在另一地经营的理由可能有多个,税收是其中一个重要原因。双边投资协定或自由贸易协定投资章中的拒绝授惠条款等,针对的也是类似的以这些缔约方做跳板的空壳公司。利用不同国家或地区的不同税制进行避税,是企业全球经营的重要战略考虑。防止国际逃税或避税成为国际税收协定的重要内容。

制止逃税避税的方法有多种。在国际税收协定中设置反滥用协定条款是一种方法。加强税收情报交换,是另一重要方法。经合组织和欧洲理事会制定的《多边税收征管互助条约》对世界各国开放,越来越多的国家加入了这个公约。面对数字经济带来的新挑战,20国集团和经合组织推动的反对税基侵蚀和利润转移行动计划【base erosion and profit shifting,BEPS】,促进国际税收公平,代表了国际社会的新努力。可以认为,税收问题对财产的影响将会持续下去。

---

① OECD, Model Tax Convention on Income and on Capital, updated 2017; United Nations Model Double Taxation Convention between Developed and Developing Countries, 2021.

7.5 财产保护趋势

关于财产保护的未来发展趋势,有下面几点个人看法。第一,有形财产保护规则趋于统一。国际经济交往越来越频繁,对国际规则统一的需求越来越大,国际上统一规则的努力不断增强,表现为国际统一规则越来越多、越来越完善。联合国贸易法委员会发挥的作用也越来越大。联合国国际货物买卖合同公约、国际商事合同通则、国际商会制定的诸多规则等,为国际商事交易提供了方便。中国《民法典》吸收了国际上的经验做法,将保理纳入之中。

第二,知识产权、商业秘密、无纸化证券、数据财产等无形财产的保护范围和强度增加。商业秘密的保护就是一个典型的例子。由传统的当事人约定保护,到现在强有力的公法保护,反映了商业秘密的重要性增强。除此之外,包括医药研发当中的一些实验数据等无形财产都获得保护。

第三,投资类财产保护更关注私人和公益的利益平衡。投资保护与可持续发展的关系成为关注的焦点。投资者与东道国争端解决机制的危机[1],从另一角度反映出这一变化。

第四,数字财产权利仍没有形成统一的规则。这一规则的建构,既取决于对技术发展的进一步理解和掌握,也取决于中美欧等主要经济体之间的做法与协调。

---

[1] USMCA 中,美国与加拿大之间无投资者与东道国之间的投资争端仲裁机制。英国加入 CPTPP 的安排中,英国和新西兰约定不适用 CPTPP 中的投资者与东道国投资争端仲裁机制。

8 国际经贸规则中的义务例外

8.1 义务例外存在的原因
8.2 例外的种类
8.3 例外条款的解释和适用
8.4 以 CPTPP 国有企业章为例
8.5 例外条款扩大化趋势

8.1 义务例外存在的原因

俗语说,"任何规则都有例外,只有这一规则没有例外"。这说明了权利义务的有限性和权利义务例外的普遍性。国际经贸规则中,义务例外规则构成了整个经贸规则的重要组成部分。了解国际经济法,不可不了解义务例外问题。义务例外的存在,至少可以从国家与国际法的关系、从条约本身、从人的需求多样性的角度获得解释。

国际法和主权国家的关系,是一个"鸡生蛋,蛋生鸡"的关系。国家诸位一体,既是立法者,又是执法者,还是适用者,还是裁判者。国际法无论好坏,都是国家自主选择的结果、国家自己实践的结果,是国家约定俗成的产物。国际法是不同国家间意志的协调,国际法是国家之约,是国家自己约束自己。这是我们认识国际法最基本的前提。与此同时,国际法的发展和运用是一个不断变化的动态过程。从动态调整过程的视角看待国际法,就更容易了解国家自己约束自己这一貌似悖论的事实。在进行国家间意志协调时,可能求同存异,可能存在建设性模糊,可能不想使自己承担法律义务或责任,后者的规则表现就是义务例外。国内法则是单一国家意志的体现,但同时也是国内不同群体利益、意志的协调,因而同样存在义务例外。

自我约束有多种体现,既可以通过国际义务来体现,也可以通过国内法来体现。不方便原则、礼让原则实际上都是国家自己来约束自己,目的都是为了自己的生存和发展,避免不必要的冲突。

既然国际义务是国家自我约束的结果、是不同国家意志协调的结果,就可能存在不想约束、没有约束的领域,存在着既约束又不完全约束的情形,存在着虽有约束但不明确的情形。国家之间可以按其意愿设定义务或不设定义务。同时,主权国家可以就同一主题不断地作出约定,以新的规则代替旧的规则。世界贸易组织规则中的约束关税规则是一个很好的例子。约束关税是一项核心义务，主要指不能超出承诺的关税水平对进口产品征税。但这不等于不能通过谈判的方式另行改变约束关税水平本身，《关税与贸易总协定》第 27 条、第 28 条和第 28 条之二均对改变关税减让作出了相应规定。世界贸易组织争端解决制度中将争端方相互接受的解决方案作为优先目标，也反映了这种理念。

与丰富的、复杂的国际关系相联系，存在很多国际法没有明确规定的领域，实践中也存在着需要进一步明确既有规则的情况。域外管辖权可以作为这方面的例子。《联合国宪章》中规定了领土完整原则，但国际上缺乏具体的明晰的有关域外管辖权的规则。领事关系方面，虽然法律已经非常完善，但实践中仍有许多需要明确的问题。[1]

一方面，静态地讲国际法本身并非包罗万象，并不完善完备；另一方面动态地讲，国际法在不断变化发展之中。从理论和实践看，由于时间、空间和情形的变化，既有规则需要适应变化了的现实，与时俱进。即使承诺了义务，也往往伴随着对义务的限定或者解释，伴随着对于国际条约的保留或者声明，这方面最明显的例子就是人权公约。另外，国际条约从调整事项上来说，比不上国内法调整得全面、完善。即使是世界贸易组织这么复杂的相对自成一体的规则体系，也存在着空白和不完备的地方。《服务贸易总协定》确立了服务贸易自由化的法律制度框架，期望通过多回合减让的方式实现更大的自由化，实践证明这一预期没有成功。数字贸易这一代表当代世界最活跃的贸易形态，在世界贸易组织规则中几乎难以找到相应的规则，而世界贸易组织在制定新规则方面几乎乏善可陈。投资方面，原本以为投资者与东道国政府之间的投资条约仲裁机制是国际投资制度的必备内容，实践证明这一机制成了可有可无的东西。[2]法律规则制定的滞后性和未来发展的不可预期性，要求在制定规则、设定义务时适当留有一定的空白和余地。

国家与国际法的辩证关系也明显体现在国家和政府间国际组织的关系中。政府间国际组织是国家通过条约设立的组织，通过国际组织处理彼此关心的问题。一定功能意义上说，国际组织就是国家处理相关问题的场所、渠道和工具。可以

---

[1] Hidehisa Horinouchi, *Japan's Practice of International Law*, Leiden University Press, 2022, Chapter V, Consular Affairs, pp. 89-108.

[2] See ICSID Convention；CPTPP, Chapter 9；USMCA, Chapter 14；RCEP, Chapter 10；FTA Between EU and New Zealand, Chapter 10.

认为,政府间国际组织是为国家服务的。国家可以成立国际组织也可以解散国际组织,可以加入国际组织也可以退出国际组织。迄今为止的国际组织实践证明了这一点。在国家与国际组织之间的权利义务关系上,需要保持一定的灵活性。在处理具体问题上,有人更倾向于国际主义派,倾向于世界政府的思维模式;有人倾向于国家主义派,以本国利益作为处理相关问题的唯一标准。上述两种倾向在不同议题上又会有不同的表现。英国脱欧、美国阻挠世界贸易组织上诉机构成员遴选,可以让我们对这些问题进行进一步的思考。就所谓的主权让渡这一话题来讲,英国加入欧共体的时候,它是不是转让主权了,它退出欧盟的时候是不是又收回主权了?在这个问题上,关键是加入或退出的最终决定权在谁,是否只有一种只进不退的单行道。对这个问题无论有怎样的理解分歧,现实实际上已经给出了明确的回答。因此,加入或退出国际组织的条件,正是国家约定的问题,是权利义务设定问题或重设问题。无论看法多么分歧,国际组织是国家创设的这一事实不容置疑。真正起决定作用的是主权国家,而不是国际组织。这实际上是一个微妙的平衡,不存在国际组织高于国家的问题,但存在国家通过政府间国际组织来约束自己的问题,但是这一约束也不是永久的、固定的、一成不变的。许多国家对国际法院管辖权、对国际刑事法院管辖权态度的转变是一个例子。欧盟拟集体退出《能源宪章》是另一例。国家和国际组织之间是一个变动的关系,是在不断往前发展的。国家间在规定义务的时候,它就想着未来,想着变动,也就是想着例外,没有例外是不可能的。

国际条约是国家间意志妥协的载体。国际条约就像国内法上的合同一样,有风险分配、利益分配、责任分配,因而我们说条约是利益分配的结果或者载体。条约当中会有一些空白,建设性留白。从权利义务的具体表现来说,条约就是语言。法律首先是文字,这是法律跟道德不一样的地方。文字本身具有模糊性,并且受文字语法的影响,容易产生歧义。在技术上,条约通过语言、通过立法技术来界定当事人之间权利和义务的平衡。通常的方法就是先规定一般原则,然后规定例外。例外条款是一种立法技术,用于维护利益、设定义务。早期的双边投资协定几乎都是东道国承诺保护投资者权益的,少有东道国维护权益的例外条款。现在随着可持续发展理念被普遍接受,条约条款也变得趋向平衡,维护国家主权和公共利益的例外条款随之增多。

国家是人的集合。国家和人的关系是集体与个体的关系。人往往是矛盾的，经常觉得今是而昨非，而条约是表达人的需求和愿望的，所以从人的角度来讲，国家所代表的是人，反映国家意志的国际条约也同人的需求一样充满了多样性和矛盾性。根据马斯洛需求层次理论，人的需求是多样性的、分层级的[①]，不同个体之间的需求可能是不一样的。人在满足自己的需求时存在着取舍。从认识论的角度讲，人的认识是不断深入和变化的，存在着矛盾性，是一个矛盾的统一体。就国家和国际社会而言，实际上和人所面临的问题一样，旧的矛盾的解决意味着新的矛盾的产生。这种矛盾也体现在国家和国家的关系当中，体现在条约当中，体现在对某一个事项承担义务的同时想着去限定这一义务、摆脱这一义务的约束，防止自己的表达涵盖了不想涵盖的内容或者出现不想出现的结果。现实中不能预期的问题、不能控制的事件普遍存在，想阻止这种情形的发生或存在是不现实的、做不到的，但可以就这种情形的后果作出进一步的约定，约定义务例外是其中的一项内容。

除了人有不同需求以外，人还是具有道德感的动物，在物质利益和精神追求方面有不同的倾向性。对道德的追求也存在于当代现实和国际经贸法律制度中。调整跨境经济活动的国际经贸规则也反映出其他社会价值高于贸易利益的现实。人类动植物的生命与健康、公共道德、环境保护、人权等，都可以成为限制贸易投资的正当理由或借口。[②] GATT1947含有的一般例外条款和安全例外条款、越来越多的双边投资协定含有越来越多的例外条款、自由贸易协定大量存在的例外条款，都突出了社会公共道德、公共政策的至上性。公共道德或公共利益的公共性和地方性使得相关国家间的经贸安排必然存在一些例外的情形。

主权国家的意志、协调、需求、取舍等因素，影响着国际条约的制定和实施。人类价值追求的强化和差异，不同国家间的实力强弱等，影响着例外条款的构造和演变。

---

① See Abraham H. Maslow, *Motivation and Personality*, Harper & Row, Publishers 1954, Chapters 6 and 7.
② 国际法院审理的日本捕鲸案、世界贸易组织争端解决机构通过的第一个争端解决报告美国虾龟案、后来的欧盟禁止海豹产品进口案、中国香港诉美国原产地标记案，都是这方面有代表性的案件。

8.2 例外的种类

国际经贸规则中的例外条款,根据其功能可以分为两类。一类是适用范围例外,限定义务的范围,以此表明在某些领域义务根本不存在或有条件地存在。许多国际条约或其中章节中都有关于条约或章节适用范围的规定,从正面规定调整哪些事项,从反面规定不调整哪些事项,这种反面性规定就是适用范围例外。另一类是免责例外,有义务存在但违反义务可以基于某些理由获得正当性而不承担违反义务的责任。不可抗力是人们熟悉的免责例外的例子。这些例外有的是以非常明确的例外条款出现的,有的则混杂于具体条款之中,需要仔细鉴别。不同争端方、不同审理机构对适用范围例外和免责例外的认识也可能是不同的。

8.2.1 适用范围例外

特定的国际经贸协定或国内立法都有自己的特定调整范围。除了一般性的正面表述外,通常会伴随着一些否定性的进一步限制,多以适用例外条款的形式出现。

《联合国国际货物销售合同公约》是一件由国家签署的商事性条约。该条约的最大特点是其适用的软性或任意性:营业地在缔约国境内的买卖合同当事人,可以选择适用或不适用这一公约。[①] 尽管如此,该公约仍然通过正面定义、反面排除的方法界定了该公约的适用范围。在第1条正面规定了该公约适用于营业地位于缔约方境内的当事人之间的销售合同后,第2条提供了适用范围的例外,包括供个人或家庭使用的货物的销售、经由拍卖的销售、股票等的销售等。该公约最后条款允许缔约方选择加入该公约的第二部分或第三部分,允许缔约方选择将该公约

---

① CISG, Article 6.【The parties may exclude the application of this Convention or, subject to Article 12, derogate from or vary the effect of any of its provisions.】

适用于具有不同法律制度的不同领土单位。① 这些条款都是适用范围例外。

最惠国待遇、国民待遇、约束关税和取消数量限制,是关税与贸易总协定的核心制度。最惠国待遇是《关税与贸易总协定》的基石性制度,是世界贸易组织贸易制度的支柱之一②,但该制度亦存在重要例外,包括针对发展中国家产品的特殊差别待遇、针对自由贸易区或关税同盟的更优惠待遇、针对边境毗邻区贸易的特殊待遇等。③ 国民待遇在国际经贸协定中的作用愈加重要、愈加普遍和全面,但重要例外不可或缺。《关税与贸易总协定》第 3 条确立了国内税费和国内规章方面的国民待遇义务,但该条第 8 款规定了政府采购例外和财政补贴例外这两项重要例外。这两项例外也是理解《与贸易有关的投资措施协定》的重要参照。约束关税义务是《关税与贸易总协定》的核心义务,存在着许多重要制度性例外,如反倾销税和反补贴税、边境调节税、进口服务规费等,且另行存在约束关税修改的其他条款。《关税与贸易总协定》第 11 条第 1 款确立了普遍取消数量限制义务,被认为是一项严格的义务,但该条第 2 款罗列了该义务不适用的多项措施。此外,《关税与贸易总协定》第 12 条允许为了保障收支平衡而采取数量限制措施,第 13 条要求实施数量限制时应遵循非歧视管理,而第 14 条又进一步提供了非歧视原则的例外。可以看出,这些基本义务及其例外,构成了相关制度的整体。没有这些例外,就不能很好地平衡国家自己的不同利益、不能平衡国家之间的不同利益。

在投资待遇方面,一直存在着准入前和准入后待遇的不同主张和做法,传统的美式投资协定和欧式投资协定分别代表了两种不同做法。传统欧式投资协定重在保护准入后投资,重在财产保护。而传统美式投资协定则既包括了投资准入权也包括了投资财产保护,具体体现在包括最惠国待遇和国民待遇在内的非歧视条款中。④ 国民待遇和最惠国待遇既涵盖投资也涵盖投资者,适用范围包括境内投资的设立、收购、扩大、管理、经营、运行、销售或其他处分诸方面,而且国民待遇条款本身和最惠国待遇条款本身无任何例外性规定。与这种正面表述模式同时存在

---

① United Nations Convention on Contracts fio the International Sale of Goods (1980), Articles 1, 2, 6, 92, and 93.
② EC—Preferences WT/DS246/AB/R, para. 101.
③ See GATT1994, Article II. 2(d), XXIV; The Enabling Clause 1979.
④ See Treaty between the United States of America and the Republic of Panama Concerning the Treatment and Protection of Investment (1982), Article 1.

的,是在其他地方的例外条款。① 在 TPP 和 USMCA 的投资章中,在依次规定国民待遇、最惠国待遇、履行要求和高管要求等义务后,通过不符措施条款列出了这些义务的诸多例外,特别是包括现有不符措施例外和未来不符措施例外。协定附件1和附件2具体列出了缔约方各自作出的义务例外保留。而近期欧盟签署的自由贸易协定或投资协定向美式协定靠拢,纳入了市场准入的内容,但相关例外更加明显。② 现有双边投资协定或自由贸易协定投资章节均包含了履行要求,但也同时列举了长长的禁止缔约方维持的措施清单,但同时也列举了该义务不适用的多项例外。

世界贸易组织《服务贸易总协定》是一个框架性协定,以期在透明和逐步自由化的条件下扩大服务贸易。通过第三部分具体承诺,包括市场准入和国民待遇的具体承诺,该协定提供了逐步开放式正面清单的范例。具体承诺减让表列出了市场准入的条款、限制和条件,国民待遇的条件和资格等。这种具体承诺制度本身,特别是完全不同于《关税与贸易总协定》项下国民待遇和《与贸易有关的知识产权协定》项下国民待遇的普遍性,彰显了服务贸易自由化的特殊性与例外性。除了一般性的一般例外和安全例外条款外,《服务贸易总协定》同时提供了进一步界定该协定适用范围的政府采购例外和经济一体化例外,以及拒绝给予利益的制度性例外。在最惠国待遇方面,《服务贸易总协定》在该协定第 2 条规定了普遍的最惠国待遇义务,但允许成员维持与最惠国待遇义务不符的措施,成员可以在豁免附件中列出免除义务的条件。③ 这些例外的存在,让我们更深刻理解了作为框架性协定存在的、推进逐步自由化的《服务贸易总协定》的内容、意义及其局限。

中国立法机构 2019 年通过的《外商投资法》可以说是最典型的基本规则加例外条款的国际投资立法。截至 2016 年,中国同时与美国和欧盟谈判双边投资协定,期待通过这两个协定进一步促进中国的制度性对外开放,同时也为中国企业投资欧美提供条约保障。在此之前,中国与其他国家签署的国际投资协定在市场准入问题上基本采取特批式或正面清单式,外国投资须经由中国主管机构批准获

---

① See Treaty between the United States of America and the Government of [Country] Concerning the Encouragement and Reciprocal Protection of Investment, 2004 Model BIT, Articles 3, 4 and 4.【Establishment, acquisition, expansion, management, conduct, operation, and sale or other disposition of investments in its territory.】

② See Comprehensive Economic and Trade Agreement (CETA) between Canada, of the one part, and the European Union and its Member States, of the other part, Chapter Eight, Section E Reservations and exceptions.

③ GATS, Article II, and Annex on Article II Exemptions.

得允许。这一做法类似于世界贸易组织《服务贸易总协定》框架下的市场准入承诺,逐步的渐进式的市场开放。这种做法显然与美式自由投资协定的那种全面放开、例外限制的做法和要求不一致。中国政府亦在推动改革开放的深化,期望用法律的方式将改革开放成果固定下来并进一步指导改革开放。中国加入世界贸易组织可以说是利用开放倒逼改革的最大规模、最为成功的例子。因此,在投资领域,通过与美国、欧盟谈判签署投资协定,是利用开放促改革的另一重大举措。与国内政府体制改革相一致,"负面清单"这一提法和思想获得了认可。虽然中美投资协定谈判于2016年无果而终,但中国国内的外商投资法律制度现代化却取得了重大成果。自2015年起,中国立法机构相继发布了一些暂时中止行政审批的试点性规定,在上海等一些地区设立自由贸易试验区,对在区内的外商投资采取负面清单的做法。这些试验成果最终形成了2019年《外商投资法》的基本制度:国家对外商投资实行准入前国民待遇加负面清单管理制度。准入前国民待遇,指在投资准入阶段给予外国投资者及其投资不低于本国投资者及其投资的待遇;负面清单,指国家规定在特定领域对外商投资实施的准入特别管理措施。国家对负面清单之外的外商投资,给予国民待遇。[①] 负面清单就是中国外商投资自由化制度的例外条款。2021年初欧盟委员会公布的中欧投资协定草案,含有专门的市场准入条款,规定了包括准入前和准入后国民待遇和最惠国待遇的自由化条款,规定了履行要求和高管要求,但同时也含有不符措施的例外条款,类似美式投资协定结构。[②]

  这里有必要提及的是,世界贸易组织规则和自由贸易协定中广泛存在的政府采购例外。政府采购是政府作为主体直接从事经济活动,这与政府作为监管机构的活动是不同的。前文已经指出GATT1994第3条国民待遇义务存在政府采购例外。但政府采购例外不仅仅存在于国民待遇这一条款,而是广泛存在于其他条款和协定中。GATS第13条规定了最惠国待遇、市场准入和国民待遇义务这些根本性义务的政府采购例外。《技术性贸易壁垒协定》(TBT协定)排除了政府采购。[③] 在自由贸易协定投资章和金融服务章中,普遍存在着政府采购例外。[④]

[①] 中国《外商投资法》第4条。
[②] EU—China Investment Agreement, Section II: Liberalisation of Investment.
[③] GATS, Article XIII; TBT Agreement, Article 1.4.
[④] See CPTPP, Article 9.10.3(f), 9.12.6, 11.2.4; USMCA, Article 14.10.3(e), 14.12.5; FTA Between EU and New Zealand, Articles 9.2.2(a), 10.4.2, 10.13.2.

8.2.2 免责例外

免责例外指违反义务造成损失在某些情形下可以不追究责任或免除责任。联合国国际法委员会编纂的《国家对国际不法行为责任条款（草案）》以最一般性的方式，在列出责任的同时，列出了解除不法责任的几种形式：同意、自卫、对一国际不法行为采取的反措施、不可抗力、危难、危急情况和对强制性规范的遵守。[1] 这七种情形代表了以国家为单位组成的国际社会对国际法设定责任的认识。它体现出了国家意志、国家安全、自我救助、外部因素、更高价值或更大利益保护、规则位阶等因素，反映了人类需求的多样性和等级性，反映出人类价值的功利选择。

国际经贸法律中最常见的免责例外条款是所谓的一般例外和安全例外，以《关税与贸易总协定》第 20 条和第 21 条为代表，并进一步扩展到《服务贸易总协定》《与贸易有关的知识产权协定》以及双边投资协定和自由贸易协定中，在具体内容上也更加丰富。

8.2.2.1 一般例外

《关税与贸易总协定》第 20 条的一般例外，结构上由措施实施方式构成的句首和具体政策构成的子项两部分构成。世贸成员欲援引一般例外为自己的行为提供正当性，必须满足句首和子项的共同要求。根据世界贸易组织上诉机构的解释，只有在满足子项要求后，才可以审查是否满足句首的要求。[2] 子项所体现的具体政策包括：公共道德，人类动植物的生命或健康，黄金白银进出口，海关、垄断、知识产权以及防止欺诈的相关执法，监狱囚犯产品，具有艺术、历史或考古价值的国宝保护，可用尽的自然资源保护，政府间商品协定的履行，原材料价格政府稳定计划，普遍或局部的供应短缺。在实践中，争议较多的或越来越被重视的政策事项主要集中于公共道德、人类动植物生命健康、海关知识产权等相关执法、自然资源。囚犯产品、文物等也对一些国家有较大影响。

从关税与贸易总协定及世界贸易组织的规则演变和争端实践看，一般例外中的政策事项具有扩展化倾向。《服务贸易总协定》框架下的一般例外增加了公共

---

[1] Draft articles on Responsibility of States for Internationally Wrongful Acts, 2001, Articles 20-26.【Consent, Self-defence, Countermeasures in respect of an internationally wrongful act, Force majeure, Distress, Necessity and Compliance with peremptory norms.】

[2] US—Shrimp, WT/DS58/AB/R, paras.116-120.

秩序、个人隐私保护及安全(safety)相关执法、保证国内直接税公平征纳措施、避免双重征税措施。《与贸易有关的知识产权协定》无类似《关税与贸易总协定》一般例外条款的条款,但在相关知识产权保护标准方面规定了限制和例外,包括正常使用、防止知识产权滥用、强制许可等。在世界贸易组织争端解决机构审理的美国虾龟案中,上诉机构对"可用尽的自然资源"根据演绎方法进行扩大解释,使之包括类似海龟这种有生命的自然资源。[1] 之后的相关自由贸易协定中体现了这一发展。例如,《跨太平洋伙伴关系协定》一般例外条款在原则上纳入《关税与贸易总协定》第20条一般例外条款的基础上,进一步明确"缔约方理解 GATT1994 第20条(b)款所指的措施包括为保护人类、动物或植物的生命或健康所必需的环境措施,且 GATT1994 第20条(g)款适用于与保护可用尽的生物和非生物自然资源相关的措施","缔约方理解 GATS 第14条(b)款中所指的措施包括为保护人类、动物或植物的生命或健康所必需的环境措施"。[2] 这一做法被以后其他的自由贸易协定所遵循。

《关税与贸易总协定》第20条一般例外条款中的政策措施还进一步扩展为更加详细的贸易规则,《实施卫生与植物卫生措施协定》就是这样的规则。该协定一开始就重申不应阻止各成员为保护人类动物或植物的生命或健康而采用或实施必需的措施,同时又要防止这些措施被滥用,因而期望就《关税与贸易总协定》第20条(b)项在卫生与植物卫生措施方面制定更具体的规则。该协定第2条第4款明确,"符合本协定有关条款规定的卫生与植物卫生措施,应视为符合各成员根据GATT1994 有关使用卫生与植物卫生措施的规定所承担的义务,特别是第20条(b)项的规定"。从某种意义上说,自由贸易协定中所含的劳工条款、环境条款,也可以理解为《关税与贸易总协定》第20条一般例外条款内容的扩展,正如 SPS 协定一样。

一般例外条款内容的扩展,一方面是贸易利益与其他价值利益关系的再平衡和再取舍,另一方面这种贸易利益与其他价值利益关系的再平衡是在经济全球化背景下进行的。贸易越发展,其他利益越可能受到损害。世界贸易组织西雅图部长会议失败的根源正来自其他利益体的反对。[3] 为了更好地倾听不同的声音、协

---

[1] US—Shrimp, WT/DS58/AB/R, para. 131.
[2] TPP, Article 29.1.
[3] See Janet Thomas, *The Battle in Seattle: The Story behind and beyond the WTO Demonstrations*, Fulcrum Publishing 2000.

调相关利益,世界贸易组织干脆面向国际社会,开办了世界贸易论坛。我们同时看到,全球经济一体化正面临着逆流。各种形式的脱钩断链、区域集团化等现象增多。作为《北美自由贸易协定》升级版的《美墨加协定》表现出了非常强的区域经济一体化特点,从原产地规则体现出的生产链、"毒丸"条款体现出的排他性①,协定名称上删除"自由贸易"字眼,都可以看得出来。经济全球化遭遇逆流,从侧面反映了一般例外体现的公共政策相对于贸易的至上性。欧美经济体强调保护其生活方式不受外来影响的破坏,可持续发展原则越来越被普遍接受,是国家政策反映人的价值倾向的结果。

另外值得注意的是出现在 TPP 和 USMCA 中的一种例外,即临时保障措施例外。该临时保障措施既不是《保障措施协定》意义上的保障措施,也不是《农业协定》意义上的保障措施,而是类似 GATT1994 第 12 条意义上的为保障收支平衡而实施的限制措施,这从 TPP 第 29.3(6)条和 USMCA 第 32.4(8)条纳入 GATT1994 第 12 条这一事实中可以看出。因此,这一临时保障措施可以理解为金融危机保障措施,其适用范围超出了 GATT1994 的货物贸易而进一步扩大到金融服务和投资。根据这两份协定的规定,协定不阻止缔约方在发生严重收支失衡和对外财政困难或威胁时对经常项目交易支付或转移采取或维持限制性措施;协定不阻止缔约方在发生严重收支失衡和对外财政困难或威胁时,或者如果在例外情形下与资本流动相关的支付或转移造成宏观经济管理的严重困难或威胁,对与资本流动相关的支付或转移采取或维持限制性措施。②

如何理解这些规则的性质?是普通意义上的一般例外,还是仅仅是普遍意义上的适用例外?核心区别在于是重在认定违约还是重在判定免责。免责条款中也

---

① According to Article 32.10 of the USMCA, if any signatory enters into a free trade agreement with a non-market country, then the remaining signatories may terminate the USMCA and carry on a bilateral agreement between themselves on substantially the same terms as the USMCA. This clause was called "poisoned pill clause" by then U. S. Commerce Secretary Wilbur Ross. See David Lawder & Karen Freifeld, Exclusive: U. S. Commerce's Ross eyes anti-China 'poison pill' for new trade deals, REUTERS (OCTOBER 6, 2018), https://www.reuters.com/article/us-usa-trade-ross-exclusive-idUSKCN1MF2HJ.

② See USMCA, Articles 32.4.2, 32.4.3.【This Agreement does not prevent a Party from adopting or maintaining a restrictive measure with regard to payments or transfers for current account transactions in the event of serious balance of payments and external financial difficulties or threats thereof; This Agreement does not prevent a Party from adopting or maintaining a restrictive measure with regard to payments or transfers relating to the movements of capital: (a) in the event of serious balance of payments and external financial difficulties or threats thereof; or(b) if, in exceptional circumstances, payments or transfers relating to capital movements cause or threaten to cause serious difficulties for macroeconomic management.】

是存在着一系列条件的,但只要满足了这些条件,即使存在着违反其他义务的情形,采取违约行为的缔约方也不承担因违约而产生的责任。从协定结构和该条款所处的位置看,该条款位于整个协定"例外和一般条款"的"例外"一节中,与GATT1994和GATS中的一般例外、安全例外并列;从使用的具体用语看,"本协定不阻止缔约方采取或维持",或者"本协定中的任何规定不得解释为阻止缔约方采取或维持",与通常的一般例外条款和安全条款的用语相同。根据这些事实我们可以认为,临时保障措施例外条款创设了一种属于免责例外但又不同于通常一般例外或安全例外的新的免责条款,专门适用于金融和投资领域,适用于经常项目和投资项目的收支平衡或资本流动的限制。根据世界贸易组织《服务贸易总协定》《关于金融服务的附件》,"尽管有本协定的其他规定,不得阻止成员基于审慎原因采取措施……或为保证金融体系完整和稳定而采取的措施。如果此类措施不符合本协定的规定,则不得用作逃避该成员在本协定项下的承诺或义务的手段"。① 这一规定实质上类似一般例外条款的作用和结构。该附件进一步规定,"一成员在决定如何实施有关金融服务的措施时,可以承认任何其他国家的审慎措施。此类承认,可以通过协调或其他方式实现,可以依据与有关国家的协定或安排给予,或自动给予。"② 这一规定进一步确认了上述基于审慎理由采取的措施的效果。TPP和USMCA等自由贸易协定的法律依据之一是《服务贸易总协定》第5条的"经济一体化"条款,在调整范围上超出了世界贸易组织规则,自由化程度超出了《服务贸易总协定》的具体承诺,并包括了投资领域,而投资又与收支平衡、资本流动分不开。从现实层面看,世界贸易组织规则自1995年生效适用后,全球范围内爆发了一系列金融危机,特别是2008年金融危机对美国和全球都产生了重大不利影响,而2010年阿根廷金融危机所引发的投资者对阿根廷政府的追索浪潮也引起进一步的思考。可以认为,TPP和USMCA中的临时保障措施条款在世界贸易组织相关规则的基础上,对现实问题作出了进一步的回应,并提供了相应的

---

① GATS, Annex on Financial Services, 2. (a).【Notwithstanding any other provisions of the Agreement, a Member shall not be prevented from taking measures for prudential reasons... or to ensure the integrity and stability of the financial system. Where such measures do not conform with the provisions of the Agreement, they shall not be used as a means of avoiding the Member's commitments or obligations under the Agreement.】

② GATS, Annex on Financial Services, 3. (a).【A Member may recognize prudential measures of any other country in determining how the Member's measures relating to financial services shall be applied. Such recognition, which may be achieved through harmonization or otherwise, may be based upon an agreement or arrangement with the country concerned or may be accorded autonomously.】

调整规则。临时保障措施不适用于与外国直接投资相关的支付或转移,从而区别了外国直接投资和证券组合投资。在一起投资者诉阿根廷的投资仲裁案中,一名仲裁员反对将组合投资认定为仲裁庭的管辖权范围,愤而辞任。该案最终由申请方和被申请方协商解决。① 欧盟法院的判决亦对外国直接投资和证券组合投资作出了区分,其差异涉及欧盟与其成员国权限划分。②

8.2.2.2 安全例外

传统上,安全例外是比一般例外更加神圣因而不会轻易触碰的一个话题,但是现在的趋势似乎触手可及。无论是主动采取限制性措施还是被诉时进行抗辩,国家安全都成为被频频援引的依据。美国特朗普政府以国家安全为理由对钢铝产品进口采取限制措施,拜登政府以国家安全为由强化出口管制和对外投资管制。欧盟及其成员国也纷纷出台相关政策或措施,强化国家安全的存在。在世界贸易组织争端解决机构受理的多起案件中,如乌克兰诉俄罗斯过境措施案,卡塔尔诉沙特知识产权保护案,中国、挪威、瑞士、土耳其诉美国钢铝措施案,中国香港诉美国原产地标记案,被诉方都援引国家安全例外进行抗辩。在投资者诉阿根廷的多起投资仲裁案中,被诉方阿根廷政府也援引国家安全进行抗辩。这些案件,因争议事项、争端方以及争端解决方式不同,援引安全例外作为抗辩的结果也不同,有的获得支持,有的被拒绝。其中,美国和其他世贸组织成员的态度更是直接对立。这些分歧表明,安全例外条款的适用比一般例外条款要复杂得多、敏感得多。基于信任氛围处理国家安全事项的时代已过,安全例外这个潘多拉盒子被打开了。

根据谈判史③,GATT1994 第 21 条的安全例外条款与一般例外条款原属于一个条款,最后独立出来成为一个新的条款。除了在内容上不同于一般例外条款之外,在条款结构上也不相同。安全例外条款没有一般例外条款句首中的措施实施方式要求,在内容上也仅限于具体列举的信息披露、核裂变物质及武器弹药相关行动,战时或国际关系紧急状态时行动,以及履行联合国维护国际和平与安全义

---

① See *Abaclat and Other v. Argentina*, ICSID Case No. ARB/07/5, Decision on Jurisdiction and Admissibility, 4 August 2011; Dissenting Opinion, by Georges Abi-Saab; Consent Award, December 29, 2016. See also Reflections on International Legal Theory and Practice: A Conversation with Georges Abi-Saab, in Jeffrey L. Dunoff and Mark A. Pollack (ed.), International Legal Theory: Foundations and Frontiers, pp. 327-344.

② Request for an Opinion submitted by the European Commission pursuant to Article 218(11) TFEU, Opinion 2/15, May 16, 2017.

③ See Russia—Traffic in Transit, WT/DS512/R, paras. 7.84-7.88; US—Origin Marking Requirement, WT/DS597/R, paras. 7.164-7.179.

务这几个方面。但除履行联合国义务外,安全例外条款与一般例外条款的另一重大不同是条款中含有"其认为"这一要素:该协定的任何规定不得解释为要求缔约方披露其认为如披露会违背其基本安全利益的信息,不得解释为阻止缔约方采取其认为保护其基本国家安全利益所必需的任何行动。① GATT1994 中的这一安全例外条款构成了国际经贸协定中安全例外条款的基本模板。1993年《北美自由贸易协定》及之后很多自由贸易协定中的安全例外条款在结构和内容上与《关税与贸易总协定》第 21 条类似。

与一般例外条款不断发展相同,国际经贸协定中的安全例外条款也在发展变化。CPTPP 和 USMCA 中的安全例外条款已不再含有裂变、武器弹药等物项要求,直接将《关税与贸易总协定》第 21 条第 2 项和第 3 项的内容合并为一项:本协定的任何规定不应解释为阻止缔约方采取其认为履行维持或恢复国际和平与安全义务或保护其基本安全利益所必要的措施。② 新加坡、新西兰和智利三国于 2020 年签署的 DEPA 中的安全例外条款与上述这些协定中的安全例外条款完全相同。③

另外应特别指出的是,中国参加的由东盟和其他 5 国缔结的 RCEP 对国家安全例外条款作出了不同的新规定。该协定第 17 章"一般条款和例外"第 13 条包含了类似《关税与贸易总协定》第 21 条的安全例外条款,同时其他相应章节亦就国家安全作出了特别规定。与 GATT1994 第 21 条国家安全例外条款相比,第 17 章第 13 条安全例外条款仍然采取了类似的子项罗列方式,但增加了"保护包括通讯、电力和水利基础设施在内的公共基础设施的行动"的内容作为单独一项,由原来的 3 项变为 4 项;另外,在"战时或国际关系中的其他紧急情况"项目中增加"国家紧急状态"要素,与其并列。④ 在 RCEP 投资章、知识产权章和电子商务章中,另存在国家安全条款。投资章第 15 条安全例外条款规定:"尽管有第 17 章第 13 条(安全例

---

① GATT1994, Article XX.【Nothing in this Agreement shall be construed (a) to require any contracting party to furnish any information the disclosure of which it considers contrary to its essential security interests; or (b) to prevent any contracting party from taking any action which it considers necessary for the protection of its essential security interests...】

② CPTPP, Article 29.2; USMCA, Article 32.2.【Nothing in this Agreement shall be construed to ... preclude a Party from applying measures that it considers necessary for the fulfilment of its obligations with respect to the maintenance or restoration of international peace or security, or the protection of its own essential security interests.】

③ Digital Economy Partnership Agreement, Article 15.2.

④ RCEP, Article 17.13.

外)的规定,本章的任何规定不得解释为……阻止一缔约方为下列目的适用其认为必要的措施:(1)履行其维持或恢复国际和平或安全的义务;或者(2)保护其自身根本安全利益。"电子商务章第 12.14 条规定了电子计算设施的位置的义务:缔约方不得将要求涵盖的人使用该缔约方领土内的计算设施或者将设施置于该缔约方领土之内作为在该缔约方领土内进行商业行为的条件。第 12.15 条规定了通过电子方式跨境传输信息的义务:缔约方不得阻止涵盖的人为进行商业行为而通过电子方式跨境传输信息。伴随着这两项义务,都有一项明确的国家安全例外:"本条的任何规定不得阻止一缔约方采取或维持……该缔约方认为对保护其基本安全利益所必要的任何措施。其他缔约方不得对此类措施提出异议。"[①]国家安全的自判性规定得非常明确。

8.3 例外条款的解释和适用

8.3.1 从严解释还是平衡解释?

同其他法律条款一样,例外条款也存在着解释和适用问题。例外条款的解释和适用直接关系到当事方的权利、义务和责任。从一般意义说,例外条款存在于合同、国内法和国际条约中,相应地存在着合同解释、国内法解释和条约解释。本质上说,合同解释也是国内法解释。国内最高法院支配着国内法的解释和适用,具有更大的统一性和一致性。就条约解释而言,根本问题还是国际法的性质问题、国家与国际法的关系问题,这一问题的解决必须从主权国家自己同意承担义务入手。国际条约是不完备的,国家则是全权的。但是不同的环境下,不同的时

[①] RCEP, Articles 10.15, 12.14, 12.15.【No Party shall require a covered person to use or locate computing facilities in that Party's territory as a condition for conducting business in that Party's territory.】【A Party shall not prevent cross-border transfer of information by electronic means where such activity is for the conduct of the business of a covered person.】【Nothing in this Article shall prevent a Party from adopting or Maintaining... any measure that it considers necessary for the protection of its essential security interests. Such measures shall not be disputed by other Parties.】

代、不同的思潮中,不同的人对这个问题的想法可能是不一样的。

例外条款的解释首先应遵循国际条约解释的一般规则。这就是《维也纳条约法公约》第31条至第33条规定的规则。依第31条规定之通则,条约应依其用语按其上下文并参照条约之目的及宗旨所具有之通常含义,善意解释。① 除此之外,例外条款的解释至少还涉及价值倾向和具体方法的问题。国际条约是义务导向、权利导向,还是权利义务平衡,对例外条款的解释应遵循从严规则还是从宽规则,倾向性不同,得出的结果会有很大的差异。

从国际条约的文字表述看,国际条约通常采取义务表述形式,并且多使用"应"【shall】这种表述。例如,GATT1994第1条第1款规定:"……任何利益、优惠、特权或豁免,应立即无条件地给予……",《与贸易有关的知识产权协定》第1条第1款规定:"各成员应实施本协定的规定"。整个世界贸易组织协定少有类似SPS协定第2条第1款的权利导向的表述方法:"各成员有权采取为保护人类、动物或植物的生命或健康所必需的卫生与植物卫生措施,只要此类措施与本协定的规定不相抵触。"② 就特定缔约方而言,在探究其应履行的义务时,义务形式的表述有其优势,可以使义务一目了然。但是,从缔约方之间权利义务的相对性讲,义务形式的表述和权利形式的表述是一样的,一缔约方之义务就是另一缔约方之权利,一缔约方之权利存在于另一缔约方之义务。从这一点上讲,义务说或权利说都成立,更准确地说,应该是权利义务平衡说。

《反倾销协定》第17.6(ii)条是美国政府一直耿耿于怀的条款。该款规定:"在专家组认为本协定的有关规定可以作出一种以上允许的解释时,如主管机关的措施符合其中一种允许的解释,则专家组应认定该措施符合本协定。"③ 该款表面看来预示着某些条款可能有多种解释,在这种情形下只要国内主管机关的措施符合其中一种,即应认定符合相关条款的要求。但实际上意味着,当存在义务高或低、严格或宽松两种解释时,相关成员满足低义务要求即可。实践中,审理案件的专

---

① Vienna Convention on the Law of Treaties 1969, Article 31(1) General Rule of Interpretation.【A treaty shall be interpreted in good faith in accordance with the ordinary meaning to be given to the terms of the treaty in their context and in the light of its object and purpose.】

② SPS Agreement, Article 2.1.【Members have the right to take sanitary and phytosanitary measures necessary for the protection of human, animal or plant life or health, provided that such measures are not inconsistent with the provisions of this Agreement.】

③ AD Agreement, Article 17.6(ii):【Where the panel finds that a relevant provision of the Agreement admits of more than one permissible interpretation, the panel shall find the authorities' measure to be in conformity with the Agreement if it rests upon one of those permissible interpretations.】

家组和上诉机构总是倾向于得出一种解释,未出现选择其一的情形。① 从认定美国违反相关义务的结果看,实际上采取了从严解释的做法。但如果确实只能存在一种解释,就没有必要存在第 17.6(ii)条。在这里,规则文字和规则适用出现了分野。实际上,世界贸易组织《争端解决规则与程序谅解》(DSU)对此规定得比较明确:"世贸组织的争端解决制度是为多边贸易体系提供安全性和可预测性的核心要素。各成员认识到该体制的作用在于维护各成员在适用协定项下的权利和义务,及依照解释国际公法的惯例澄清这些协定的现有规定。争端解决机构的建议和裁决不能增加或减少适用协定所规定的权利和义务。"②

义务从严解释的情形也出现在投资条约仲裁中。一些仲裁庭以保护投资为名,将投资者与东道国之间的争议条款按照强化东道国政府义务、保护投资者投资的思路来解释。双边投资协定是政府间协定,东道国与投资国政府之间的权利义务是相互的、平衡的。投资者并非双边投资协定的一方。仲裁庭对相关条款进行扩大解释,通过解释扩大管辖权,对被诉方的免责抗辩采取高门槛要求,都可理解为采取了义务从严的解释做法。当今投资协定中包括了越来越多的解释条款、限制仲裁庭解释的条款,应该理解为是对仲裁庭义务从严解释的一种回应。CPTPP 要求仲裁庭作出的决定或裁决应与自由贸易协定委员会对协定条款作出的解释相一致;仲裁庭在对协定附件 1 和附件 2 中所列不符措施的范围的解释问题有疑问时应请求获得自由贸易协定委员会的解释。在作出这些规定的同时,该协定投资章节还通过附件的形式,对习惯国际法、征收等作出进一步的界定。③ 这些都是防范专家组强化政府义务的努力。

实际上,在法律解释的理论和实践中,存在着"文义不明义务从轻"原则【The principle of *in dubio mitius*】。世界贸易组织上诉机构在欧共体荷尔蒙案中适用了这一原则,指出"我们不能轻易推定主权国家意在给自己施加更重的而不是更轻

---

① See US—Hot Rolled Steel, WT/DS184/AB/R; US—Softwood Lumber V (Article 21.5—Canada), WT/DS264/AB/RW; US—Softwood Lumber VI (Article 21.5—Canada), WT/DS277/AB/RW; US—Continued Zeroing, WT/350/AB/R; US—Stainless Steel (Mexico), DS344/AB/R.

② DSU, Article 3.2.【The dispute settlement system of the WTO is a central element in providing security and predictability to the multilateral trading system. The Members recognize that it serves to preserve the rights and obligations of Members under the covered agreements, and to clarify the existing provisions of those agreements in accordance with customary rules of interpretation of public international law. Recommendations and rulings of the DSB cannot add to or diminish the rights and obligations provided in the covered agreements.】

③ CPTPP, Articles 9.25.3, 9.26; Annex 9-A Customary International Law; Annex 9-B Expropriation.

的义务"。上诉机构还在脚注中进一步援引了詹宁斯和瓦茨编辑的第 9 版《奥本海国际法》、国际法院核试验案件中的裁决等作为支持依据,指出:"'文义不明义务从轻'原则是国际法中广泛承认的一种补充性解释方法,被表述为:'文义不明义务从轻减轻'原则适用于解释条约,以尊重国家主权。如果一个术语的含义模棱两可,则应优先选择对承担义务的一方来说负担较轻的含义,或对一方的领土和个人至高无上地位干涉较少的含义,或对各方的一般限制较少的含义。"①

不过,传统上在争端解决当中遇到例外条款的时候,审理人员往往从严解释。这样做的原因是,他们觉得如果从宽解释的话,就会导致例外太多太广从而容易规避义务,形成例外条款的滥用。世界贸易组织上诉机构在美国虾案中表达了这种担心:成员援引例外的权利,如果被滥用或误用,将在一定程度上侵蚀或剥夺其他成员的实体性条约权利。② CMS 投资仲裁案中仲裁庭在谈到《国家责任条款》第 25 条"危急情况"这一例外时的观点最有代表性:"虽然危急情况作为排除国际法不法性的理由已无争议,但另一共识是,这一理由是个例外理由,必须以审慎的方式处理以避免滥用。本条的开头用语,除非满足严格的条件否则'不得援引'必要性,表明了国际法的限制性方法。判例法、国家实践、学者研究成果都充分支持对危急情况实施采取限制性方法。理由不难理解。如果不要求严格的苛刻的条件,或如果宽松适用,任何国家都可以援引危急情况来逃避国际义务。这与法律的稳定性和可预期性相违背。"③但严格的狭义解释的结果是,在免责例外情形下,被诉

---

① EC—Hormones, WT/DS26/AB/R, WT/DS48/AB/R, para. 165, and footnote 154.【The principle of in dubio mitius, widely recognized in international law as a supplementary means of interpretation, has been expressed in the following terms: "The principle of in dubio mitius applies in interpreting treaties, in deference to the sovereignty of states. If the meaning of a term is ambiguous, that meaning is to be preferred which is less onerous to the party assuming an obligation, or which interferes less with the territorial and personal supremacy of a party, or involves less general restrictions upon the parties."】

② US—Shrimp, WT/SA58/AB/R, para. 156.【Exercise by one Member of its right to invoke an exception... if abused or misused, will, to that extent, erode or render naught the substantive treaty rights... of other Members.】

③ CMS Transmission Company v. Argentine Republic, ICSID Case No. ARB/01/8, Award, May 12, 2005, para. 317, footnote omitted.【While the existence of necessity as a ground for precluding wrongfulness under international law is no longer disputed, there is also consensus to the effect that this ground is an exceptional one and has to be addressed in a prudent manner to avoid abuse. The very opening of the Article to the effect that necessity 'may not be invoked' unless strict conditions are met, is indicative of this restrictive approach of international law. Case law, state practice and scholarly writings amply support this restrictive approach to the operation of necessity. The reason is not difficult to understand. If strict and demanding conditions are not required or are loosely applied, any State could invoke necessity to elude its international obligations. This would certainly be contrary to the stability and predictability of the law.】

方很难成功地援引例外条款进行抗辩。据不完全统计,在世界贸易组织争端解决机构审理的涉及一般例外抗辩的31起案件中,只有两起案件被诉方援引一般例外抗辩成功。① 如果不能成功援引的话,这些例外条款的作用又在哪里?这是缔约方在缔约时的预期吗?这似乎产生了一个悖论、矛盾。

如果说CMS仲裁庭的上述观点主要是针对国家责任条款第25条的实际用语说的,"除非……不得援引",体现了所谓的"严格性""限制性",国际经贸协定中的例外条款表述则是另外一种情况。GATT1994一般例外条款开头是这样表述的:"本协定的任何规定不得解释为阻止成员采取……措施"。GATT1994第21条、GATS的一般例外条款和安全例外条款、CPTPP中的一般例外条款、安全例外条款甚至临时保障措施条款,USMCA中的一般例外、安全例外和临时保障措施例外,都是类似的表述方式。根据条约的有效解释原则,这些不同的表述方式可能意味着上述CMS仲裁庭的观点需要重新考虑。事实上,在对CMS仲裁裁决的撤销审查中,撤销委员会指出了仲裁庭在适用法律上的错误,但由于职权所限,不能以自己的分析结论替代仲裁庭的结论。②

在进行例外条款的条约解释的时候,不应遵循从严解释、义务从重原则,甚至可能恰恰相反。正如"文义不明义务从轻"原则所内含的理念一样,不能轻易推定作为主权国家的成员主动承担了更重的义务。国家承担较重义务的这种推定与国际条约义务的产生来源不符。从一般意义上讲,不同成员的权利义务是统一的,此成员的权利来自彼成员的义务,各成员援引例外条款的权利和义务是一致的,不存在例外从宽解释打破权利义务平衡的问题。从权利义务的设定来讲,实体义务条款和例外条款是统一的、同一的,都是用来界定成员义务的条款和方式,不能采取对某一条款适用从严解释而对其他条款则不适用从严解释的双标做法。从特定意义上讲,免责例外条款的存在正是为了缓解成员承担义务的后果,而不是为了进一步强化被诉成员的义务。在个案中,应推定被诉成员善意行事。从最根本上说,通过审理程序解决国家间的争端,只是国家间争端的一种方式,甚至不是根本方式。双边磋商、调解等,也是重要的争端解决程序。另外,还应当看到法律解决方式与政治解决方式之间的密切关系,法律万能的观点具有某种程度的理想

---

① EC—Asbestos, WT/DS135/AB/R; US—Shrimp, Article 21.5, WT/DS58/AB/RW.
② CMS Transmission Company v. Argentine Republic, ICSID Case No. ARB/01/8 (Annulment Proceeding), Decision of the AD HOC Committee on the Application for Annulment of the Argentine Republic, September 25, 2007, paras. 128-136.

性。"文义不清义务从轻"这一做法,正是从主权国家这一角度看待国家承担的义务问题。

世界贸易组织上诉机构在美国汽油案中,援引了该案专家组援引的GATT1947时期三文鱼案专家组的一段文字,并且指出上诉中的所有争端方及第三方都接受该案专家组观点的适当性和适用性,可以成为我们理解和适用例外条款的指引:"正如第20条的序言所表明的那样,将第20(g)条纳入《关税与贸易总协定》的目的并不是为了扩大服务于贸易政策的措施的范围,而仅仅是为了确保《关税与贸易总协定》下的承诺不会阻碍旨在保护可耗竭自然资源的政策的实施。"①第20条例外的目的,不是扩大贸易措施的范围,而是确保协定项下承诺不阻碍追求保护可用尽资源的目的。这才是例外条款解释中最应关注的问题。世界贸易组织上诉机构在中国原材料案的解释结果是使中国丧失了援引一般例外的权利,换言之失去了保护人类和动植物生命或健康的权利。这种解释无论基于什么条文,都会带来非常严重的后果。从某种意义上说,专家组和一些成员对国家安全例外的处理也带有这种色彩。这种解决没有考虑到国际社会现实,没有充分认识到例外条款的真正价值,没有意识到国际法约束力位于何处的本质。

8.3.2 主观解释还是客观解释?

例外条款解释的另一重要问题是解释的客观性问题,这在安全例外条款的解释中表现得更加明显。例外条款旨在保护的非贸易政策因素,有些是相对客观的,如可用尽的自然资源,另有一些可能是相对主观的,如公共道德、国家安全等。例外条款的解释谁说了算?是援引例外条款的抗辩者,还是提起指控的申诉者,或者是审判庭?原则上当然应由审判庭解释判定,这也正是审判庭处理争端的职能和意义所在。世界贸易组织专家组在审理与国家安全相关的例外条款中,在论证专家组享有管辖权时,除例外条款本身之外,专家组更多地依赖于争端解决条款,包括第11条专家组的职责。但审判庭成员实际上也是具有不同倾向性的,也正是因为存在这样的现实,审判庭通常由多人组成、按多数意见裁决。在仲裁情况下,通常由申请人和被申请人各选择一名仲裁员组成仲裁庭。虽说某一争端方

---

① US—Gasoline, WT/DS2/AB/R, p. 17, footnote omitted.【As the preamble of Article XX indicates, the purpose of including Article XX(g) in the General Agreement was not to widen the scope for measures serving trade policy purposes but merely to ensure that the commitments under the General Agreement do not hinder the pursuit of policies aimed at the conservation of exhaustible natural resources.】

选定的仲裁员不必然像该争端方的律师那样成为该争端方的辩护人,但仍然可能存在着一定主观倾向性。此外,涉及国家的公法性质的争端的最终结果取决于国家意志,取决于争端方的意志,而非审判庭的意志,这一特殊性可能影响条约解释和争端处理结果。另外,例外条款中含有不同的要素,这些不同要素之间可能隐含着不同的主观性和客观性。举例来说,公共道德是主观的还是客观的?谁说了算?怎么证明公共道德?意识形态问题是否是公共道德问题?危急情形的严重性谁来判断?

在 CMS 仲裁案中,仲裁庭认为美国阿根廷双边投资协定第 11 条的例外条款不是自判条款,相关措施的正当性在国际审判庭受到指控时,不是由措施实施国而是由国际审判庭来确定危急情形是否解除了措施的不法性,需要对相关措施进行实质性审查【substantive review】。该仲裁庭还指出,与投资和商业相关的条款不会像军事事件那样影响安全,因而通常不属于这类突发事件的范围。[①] 世界贸易组织争端解决机构处理的美国博彩案、欧盟禁止进口海豹产品案中,认可"公共"道德是社区或国家维持的是非标准,是地方性的,成员可以"根据自己的制度和价值尺度自己界定和适用公共道德的内容"。[②] 其证明不需要外在的标准,根据当地标准判断就可以,当地成文的文件、宣传材料等都可以证明其存在。国家安全问题更是充满争议的问题。一个国家的国家安全是自我判断的,还是由审判庭或者其他第三方来判断?在世界贸易组织争端解决机构受理的涉及国家安全诉辩的多起案件中,美国无论是作为第三方还是被诉方,均坚持国家安全应由援引例外条款的成员自我判断,而其他相关成员及专家组不接受抗辩成员自我判断的主张。尽管在美国被诉的相关案件中美国基于关税与贸易总协定第 21 条的条款文字、语法等因素提出的主张未被专家组接受,但美国随之向已经不能履行职能的上诉机构提起上诉,使国家安全例外条款的解释问题悬而未决。美国政府认为:在世界贸易组织中审理国家安全问题,既与世界贸易组织作为贸易组织的目标不符,也不会促进世界贸易组织在世界贸易组织这一讨论和谈判场所中的共同利益。现实情况是,我们设计了一个可以在不干涉成员国在国家安全领域的主权责任的情况下进行再平衡的世贸组织。世贸组织没有能力或权力来评估一个成员的外交关

---

① CMS Transmission Company v. Argentine Republic,ICSID Case No. ARB/01/8,Award,May 12,2005,paras. 373-374.

② US—Gambling, WT/DS285/R, para. 6.465, WT/DS285/AB/R, paras. 298 – 299; EC—Seal Products,WT/DS400/AB/R,WT/DS401/AB/R,para.5.199.

条。世贸组织也无权评判美国和其他一些成员对自由和人权的重视,以及它们为确保这些价值观而采取的行动。① 美国的这种立场和关注从一个侧面说明了例外条款解释和适用的困难。国家安全问题被拿到类似世贸组织、国际投资仲裁这样的多边机制上去审查,未必能达到有效解决争端的目的。自己的国家安全由其他人说了算,任何一个国家都不会答应。

还应看到,世界贸易组织专家组基于 GATT1994 第 21 条现有条文作出的解释,不适用于 CPTPP、USMCA 等安全例外条款。GATT1994 安全例外条款的"旧瓶"难以装得下时代的"新酒"。经济安全、网络安全等在何种程度上、何种范围内属于国家安全,需要国际社会形成新的共识。在这一点上,美国政府在世界贸易组织争端解决机构会议上的发言是可以接受的:"美国相信,各成员需要深化对这一问题的集体理解,这一问题对我们大家都是极为重要的。我们想提出这一根本问题作为世界贸易组织争端解决机制改革讨论的一部分。美国相信成员需要澄清和采取对基本安全例外的共同理解,因而意在根据 WTO 协定第 11 条寻求对 GATT1994 第 21 条的权威解释。"②

上述有关公共道德或国家安全的解释,也表明了条文用语的演变性,演变解释是条约法解释的一种。对待"祖宗之法"的态度问题,是法律解释不能回避的问题。"祖宗之法"是否可变?在形式不能变的情况下,能否适应时代潮流通过扩大解释或者限缩解释获得改变其内容的效果?坚守或变化的效果如何?世界贸易组

---

① Statements by the United States at the Meeting of the WTO Dispute Settlement Body, Geneva, January 27, 2023,【Adjudicating questions of national security in the WTO is not only incompatible with the purpose of the WTO, a trade organization, but will not advance WTO Members' shared interests in the WTO as a forum for discussion and negotiation. The reality is we designed a WTO where rebalancing could take place without interfering with a Member's sovereign responsibilities in the area of national security. The WTO does not have the competence or the authority to assess the foreign affairs relationships of a Member. Nor does it have the competence or authority to pass judgment on the value that the United States—and some other Members—place on freedom and human rights, and the actions they take in seeking to secure those values.】https://uploads.mwp.mprod.getusinfo.com/uploads/sites/25/2023/01/Jan27.DSB_.Stmt_.as_.deliv_.fin_-3.pdf, last visited on February 18, 2023.

② Statements by the United States at the Meeting of the WTO Dispute Settlement Body, Geneva, January 27, 2023, https://uploads.mwp.mprod.getusinfo.com/uploads/sites/25/2023/01/Jan27.DSB_.Stmt_.as_.deliv_.fin_-3.pdf, last visited on August 16, 2023.【The United States believes that Members need to deepen their collective understanding of this issue that is so critical to all of us. We intend to raise this fundamental issue as part of our discussions on reform of the WTO dispute settlement system. Ultimately, we believe Members need to clarify and adopt a shared understanding of the essential security exception, and we therefore intend to seek an authoritative interpretation of Article XXI of the GATT 1994, pursuant to Article IX of the WTO Agreement.】

织上诉机构在美国虾龟案中,对具有生命的海龟是否是可用尽的自然资源的认定,实际上采取了演变性解释。因此,条约的解释要基于事实,处于动态演变的过程中,实际上是一个个案解释。国际层面不存在先例制度,但同时也应意识到国际判决具有的影响。欧盟签署的自由贸易协定争端解决规则中要求处理争端的专家组注意世界贸易组织争端解决机构通过的争端解决报告中的相关的解释。①

例外条款的解释也存在着其他具体的问题。如,例外条款本身的识别和认定及举证责任问题。什么是例外条款?哪些条款是例外条款?有一些例外条款是容易识别的,章节名称、条款名称直接冠以"例外条款"这样的称谓,是非常明确的例外条款。但是,例外条款并不仅限于此。在具体的条款当中,"……除外""Subject to……""Provided that……"等类似表述,是不是例外条款就取决于如何解释。在认定例外时是适用例外还是免责例外,在适用相关条款时是否以查明违反相关义务为前提。② 例外条款的认定还与举证责任有一定的联系。尽管原则上遵循谁主张谁举证原则,但由于指控方和抗辩方举证的对象不同、具有能否免责的效果,例外条款的认定就变得重要起来。在印度数量限制案、欧共体荷尔蒙案、欧共体沙丁鱼案以及巴西飞机案中,都涉及了类似的问题。③

不同的审判庭在解释、适用例外条款的做法上也是不同的。在世界贸易组织上诉机构审理案件的期限,因为有上诉机构的存在、上诉机构的集体讨论的工作方法,对法律的解释方法相对稳定和一贯。仲裁则因为仲裁庭相互之间是独立的、仲裁员享有更大的自由裁量权而呈现出碎片化状态。针对相同的条款,不同仲裁庭也可以有意地作出不同的解释,得出不同的结果。这在诉阿根廷投资仲裁案中体现得更加明显。阿根廷政府以双边投资协定中的基本安全利益条款为依据提出抗辩。不同仲裁庭得出了不同答案。这既涉及习惯国际法与双边投资协定的关系,又涉及如何解释双边投资协定中的基本安全例外。在最初案件中仲裁庭直接适用责任条款第25条并得出被诉方不能援引该例外的结论,虽然负责审查撤销

---

① FTA Between EU and New Zealand,Article 26.22.2.【The panel shall also take into account relevant interpretations in reports of WTO panels and the WTO Appellate Body adopted by the Dispute Settlement Body of the WTO, as well as in arbitration awards under the DSU.】

② CMS案撤销程序中,撤销委员会对美国与阿根廷双边投资协定第11条和国家责任条款第25条进行了区分,认为第11条是门槛条款,如果该条款适用,则条约中的实体义务不适用,而国家责任条款第25条是理由条款,只有在认定违反实体义务时该条款才是相关的。在世贸组织争端解决程序中,美国认为GATT第21条适用排除了对是否违反实体义务的审查。

③ See India—Quantitative Restriction, WT/DS90/AB/R, para.136;EC—Hormones, WT/DS26/AB/R, para.172;EC—Sardines, WT/DS231/AB/R, para.275;Brazil—Aircraft, WT/DS46/AB/R, para.140.

裁决的专门委员会认为这一适用错误,但却以委员会非上诉庭为由没有作出撤销裁决的决定。但在另一案件中,针对同样的仲裁庭裁决,专门委员会认为这一错误是重大错误,仲裁庭"显然超出其权力"作出裁决,因而撤销了仲裁庭的裁决。①

8.4 以CPTPP国有企业章为例

中国政府于2021年9月正式提出了加入《全面和进步跨太平洋伙伴关系协定》(CPTPP)的申请。该协定国有企业章设定的相关义务对中国政府加入该协定有直接影响。CPTPP国有企业章是整个协定的其中一个章节。② 协定规定的例外条款总体上对该章适用,如第29章"例外和总则"的一般例外、安全例外、临时保障措施和税收措施等。国有企业章本身也含有多项例外条款。

CPTPP国有企业章规定了三大义务。第一,非歧视和商业考虑。国有企业买卖、经营、决策都必须根据商业因素进行,自负盈亏,政府不能对其进行干预。第二,非商业支持。国有企业不能凭着国有企业身份享有国家给的特殊好处。第三,政策透明度。

CPTPP国有企业章规定了三项义务的同时,使用了大量的例外条款来限制这些义务的适用范围。这些例外条款可以分为三种情形,即一般适用例外、有限适用例外和一般例外。(1)一般适用例外,即该章设定的义务对特定对象或领域根本不适用。第一,该章的任何内容不得解释为阻止缔约方设立或维持国家企业或国有企业本身。第二,该章的任何内容不阻止缔约方的中央银行和货币主管机关开展监管或监督活动或执行货币和相关信贷政策以及汇率政策。第三,该章中任何内容不阻止缔约方的金融监管机构,包括非政府机构,如股票和期货交易所或者市场、清算机构,或者其他组织或协会,对金融服务提供者行使监管权。第四,

---

① Helene Ruiz Fabri and Edoardo Stoppioni (ed.), *International Investment Law: An Analysis of the Major Decisions*, Hart Publishing, 2022, pp. 129-130.

② CPTPP, Chapter State-owned Enterprises and Designated Monopolies.

该章的任何内容不阻止缔约方、缔约方国家企业或国有企业为解散破产中或已经破产的金融机构,或破产中或已经破产的主要从事金融服务的任何其他企业,从事相关活动。第五,该章不适用于政府采购。

在适用例外方面,国有企业章还提供了国有企业对境外企业的临时所有权例外。由于国有企业可以提供相关金融服务、是境外相关企业的债权人,在这些境外企业违约或对其支付保险赔偿时,可以取得这些企业的所有权。这种情形下,如果缔约方政府、国家企业或国有企业对境外企业提供支持的目的是为了收回国有企业投资而进行的重组或清算,非商业援助的相关义务不适用。在2008年金融危机期间,美国政府通过注资等方式扶持了一些企业,成为政府股东,本质上是国有化,相关企业也由此变成国有企业。但由于这种措施是一种临时救急措施,不应按对待国有企业的一般规则看待。1997年东南亚金融危机期间,香港政府亦采取了类似的救市措施。CPTPP协定提供的这一例外,解决了政策和法律上的困难。

(2) 有限适用例外,即规定本章义务原则上不适用但在一定条件下适用。第一,该章不适用于缔约方的主权财富基金,但非商业援助情形下适用。第二,本章不适用于缔约方独立养老基金拥有或控制的企业,但非商业援助情形下适用。第三,满足一定条件下,该章中任何内容不得阻止缔约方的国有企业为履行该缔约方政府职能专门向该缔约方提供货物或服务。第四,满足一定条件下,该章不适用于缔约方的独立养老基金。第五,年收入规模例外。国有企业如果在前三个连续财政年度中的任何一年内,其商业活动收入低于CPTPP规定的收入门槛,则与国有企业相关的义务不适用。第六,国有企业章附件包括的负面清单例外,以及该其他章节负面清单的相关例外。

(3) 一般例外。国有企业章第17.13条提供了该章的例外条款。这个和《关税与贸易总协定》规定的一般例外差不多,应理解为免责例外。第一,应对经济危机的临时措施例外。非歧视待遇和商业考虑以及非商业援助的相关规定,不得解释为阻止缔约方采取或实施措施,临时应对国家或全球经济紧急情况;不得解释为适用于缔约方为应对国家或全球经济紧急情况而临时采取或实施措施的国有企业。第二,依据政府指令提供的与进出口信贷或境外投资信贷有关的金融服务例外。第三,不利影响例外。国有企业根据政府授权通过当地存在提供非垄断的、非优惠的金融服务,或符合《官方支持出口信贷安排》,不视为造成非商业援助产生的不利影响。没有不利影响，自然也就不产生责任。

国有企业章的整个内容还包括该协定附件四。附件四是各个缔约方在协定谈判时对国有企业相关义务作出的国别式的保留。有一些例外可以通过共同条款表达出来，有一些只能通过特定国家的保留体现出来，如 CPTPP 的几个附件。这也是一种利益保护和风险分配。这考验着缔约方的缔约能力和对自己国情、利益的准确把握。除了缔约时的利益认定和取舍外，未来可能会出现预期不到的情况。CPTPP 投资章规定的不符措施例外中的未来措施例外，提供了方法论上的指导。例如，越南在该协定附件 II 中，对于录像产品的制作和发行，作出了"保留采取或维持与任何媒介形式的录像制品的制作和分销的投资相关的任何措施的权利"这种非常广泛的保留；在有关国有企业义务保护的附件 IV 中，不符活动范围包括了"相关实体在大众传媒、印刷和出版部门中的任何活动"。①

对于国有企业章的内容，我们还看到附件 17-C 规定了未来进一步谈判的内容：对中央政府以下级别的政府所有或控制的国有企业的约束。此外，附件 17-D 列出了各缔约方对中央以下级别政府所有或控制的国有企业的义务适用例外。这表明，CPTPP 国有企业章主要规定了中央国有企业的相关义务，不包括地方国有企业。表面上看这对于所有缔约方都是公平的，但实际上对于联邦制国家和单一制国家有非常大的区别。在一些国家，中央政府层面的国有企业可能较少，但地方政府层面的国有企业较多，在另一些国家的情形可能正相反。这也说明，国有企业章的义务是有针对性的，不代表普遍的规则，也不必然具有普适的意义。

与国有企业章义务相关的这些例外，除了该章提供的上述例外之外，还有整个协定提供的适用于各个章节的例外。如第 29 章例外和总则中提供的一般例外、安全例外、临时保障措施例外、税收措施例外、烟草控制措施例外等。

对 CPTPP 国有企业章的例外条款分析意在表明，对某一事项设定的义务有其边界。如何设定这一边界，是缔约方基于自己的利益精心计算的结果。各缔约方既要达成共同的行动规则，又要使之尽可能不触及自己的根本利益。例外条款的设定及其保护利益的选择有一定的困难。共同例外条款和国别例外条款的存在满足了上述目标。

---

① CPTPP, ANNEX II-VIET NAM-20; ANNEX IV-VIET NAM-14.【Viet Nam reserves the right to adopt or maintain any measure in respect of investment in the production and distribution of video records on whatever medium.】【Any activities of the Entity in the mass communication, printing and publishing sectors.】

8.5 例外条款扩大化趋势

第一,国际条约调整的事项越来越多,必然带来的例外条款也就越来越多。以前FTA不调整国有企业,国家主权财富基金不在这个范围之内,现在它调整国有企业,与国有企业相关的例外条款就会出现。第二,不同的条约体系调整不同的事项,这个体系和那个体系之间可能产生碰撞,就可能会产生冲突。比方说贸易和人权,贸易和环境,贸易和道德,投资和贸易,贸易和金融,金融和投资,各有各的调整方式,由于是两个不同的领域,必然会有交叉和矛盾,所以这时候就需要排除,就需要例外。第三,国家这个主体没有像以前某些理论家预期的那样作用越来越弱,相反它发挥的作用越来越强。一方面它管得越来越多,另一方面它保护自己也越来越多,就立法技术来说主要就体现在例外上。这就提醒我们,遇到问题的时候,首先也要确立一个分析框架,要把实质义务和例外条款弄清楚,不能光看实体规则而看不到例外规则。第四,调整对象、规则制度的不确定性。新的调整对象出现的时候要去规范它,但又不想规范得那么严。比方说RCEP反垄断章一方面规定了相关义务,另一方面又规定这一章的内容不适用争端解决章。基于反垄断产生的争议不可以诉诸RCEP的争端解决机制,这就是例外。面对一些新的议题,如数字贸易,或者一些新的风险,如金融监管,需要有针对性地制定例外条款。信息存储本地化及例外,金融市场开放及审慎措施,都是实体义务与相关例外结合的例子。第五,利益的重新分配。通过例外的方法可以把最关注的、暂时不想被纳入规则适用范围内的问题给排除出去。适用范围例外就是一个利益界定的问题。对需要调整的和不需要调整的作出区分,避免刚作出承诺又出现没有意料到的问题。举例来说,中国在加入《ICSID公约》的时候作出了保留,声明只有与征收有关的赔偿这个争议事项可以提交中心仲裁。当时的考虑相对简单,主要是站在东道国的立场上不想将征收的定性问题提交国际机构审理。征收更多的是质的问题,补偿额更多的是量的问题。但当中国成为投资国、中国投资国在外国面临征收风险时,原来的保留明显限制了中国投资者通过国际仲裁程序寻求救济的机会。征收是否属于征收补偿案争议,这既是一个解释问题,又是一个利益重新分配的问题。第六,义务规范需要例外,利益调整需要共识妥协。通常国家在缔约的时候会留一些妥协的方法,留有余地。在中国和澳大利亚自由贸易协定投资章中,对于投资市场准入这一主题,澳大利亚采取的是负面清单模式,中国采取的是正面清单模式,即逐案审查模式,但该章同时规定,中国和澳大利亚几年之后重新谈判中国的负面清单问题。这是一个广义上的例外规定,保持了一定的灵活性,增加了双方能够达成协议的机会。第七,例外条款需要与时俱进。《服务贸易总协定》一般例外条款丰富了 GATT1994 一般例外条款的内容,CPTPP 和 USMCA 的安全例外条款与 GATT1994 安全例外条款相比发生了重大改变。RCEP 中的某些例外更加明确了安全问题的自判性。在争端解决中,在司法实践中,也需要采取与时俱进的态度,在条文还未改变的情况下,采取演变性解释方法,适应当前和未来现实的需要。

9 国际经贸争端的解决

9.1 国际经贸争端解决的重要性和特殊性
9.2 国际经贸争端解决的类型
9.3 国际争端解决机制的选择
9.4 问题与展望

9.1 国际经贸争端解决的重要性和特殊性

9.1.1 国际经贸争端解决的重要性

按我们对国际经济法的定义,国际经济法作为调整国际经济关系的法律规范的总称,无疑包括了国际经贸争端解决的规则。但前文的分析实际上主要集中于实体规则,而非类似争端解决的程序性规则。同时,即便有些实体规则对国际经济关系有重要影响,如宪法规则、刑法规则,我们也没有专门去分析论述。那为何要在此讨论国际经贸争端解决规则呢?其中一个根本原因在于,一些国际经贸规则本身既含有实体义务规则又含有争端解决规则,二者无法分开。这一点不同于我们一般熟悉的国内诉讼法、仲裁法等。另一原因是国际经贸争端涉及一些特殊问题,需要给予适当的注意。

法律规则规定了缔约方或当事人的权利义务,有权利义务必然会带来法律上的争端。国际法律文件中规定争端解决机制的历史并不久远。1927年《非战公约》没有争端解决条款。更早的1883年《保护工业产权巴黎公约》《保护文学艺术作品伯尔尼公约》也无争端解决条款。事实上,先前大量的知识产权公约都没有争端解决条款,这也是《世界贸易组织协定》涵盖知识产权议题的原因之一,期望通过强有力的争端解决机制来保护知识产权。

有人将国际条约区分为共识性条约和互惠性条约。这种分类未必获得普遍认可,但对了解国际规则亦有一定的帮助。没有争端解决条款的公约更倾向于是共识性条约,其目标更在于确定制度本身,凝结国际社会的共识。上述《伯尔尼公约》就是一个很好的例子。我国1991年制定《著作权法》,1992年加入《伯尔尼公约》。对比一下当时的我国《著作权法》和《伯尔尼公约》的规定就可以发现,二者的内容存在着非常大的区别,但这不影响中国加入该公约。《伯尔尼公约》并不要求加入国加入时的版权保护符合该公约的要求。我国的《著作权法》经历了几次修改,逐渐地与《伯尔尼公约》一致。最重要的一次修改是中国为满足加入世界贸易组织要求根据《与贸易有关的知识产权协定》作出的修改。《与贸易有关的知识产权协定》属于国际经贸协定的范围,国际经贸协定以互惠互利为目标,表现出对等的特点,更强调利益的损害救济,自然也更加注重争端解决机制。

英国法学家哈特将法律规则分为初级规则和次级规则。[①] 初级规则主要规定权利义务,次级规则用于权利救济。哈特的这一规则分类对理解争端解决机制也很有帮助。法谚说:无救济则无权利。法律规则如果仅仅含有权利义务条款,即使这些条款规定得非常细致,如果没有争端解决机制提供的救济,这样的权利义务在很大程度上相当于虚置,也将法律条款转变成了道德规范。越来越多的国际协定含有争端解决条款,争端解决机制越来越含有更大的强制性,其原因正在于此。关税与贸易总协定乌拉圭回合决定将知识产权问题纳入谈判范围并适用统一争端解决机制如此,双边投资协定或自由贸易协定投资章规定详细争端解决规则也是如此。

初级规则所包含的权利义务条款,是纸面上的规定。争端解决机制就是对纸面上的规定是否得到落实的检验,使纸面上的规定活了起来。对相关当事人是否履行了应为的积极义务或不得为的消极义务的判定,对相关当事人基于规则的权益是否受到侵犯的判定,需要通过争端解决程序得到解决,通过争端解决程序确定违反义务的责任和相应的救济。责任和救济的含义比较广泛。简单地说,责任,是不履行义务所产生的不利负担,是对履行义务的进一步要求和保障;救济是对权益受损方的补偿,使该当事人恢复到没有违反义务时的应有状态。责任和救济是针对不同当事人设定的,并不必然是统一的,取决于规则的规定。世界贸易组织争端解决机制确立的非违反之诉制度并不产生违反义务的责任,而只产生双方满意的调整。[②] 有的时候是有救济的,比如赔偿、补偿、停止侵害、排除妨碍等等,有的时候可能没有传统的救济。

联合国国际法委员会编纂的《国家对国际不法行为的责任条款(草案)》反映了某些习惯法的做法,具有一定的普遍意义,但不同部门法或不同领域的法律规定的责任和救济可能是不同的。姑且不论不同国内法中的不同规定,仅是世界贸易组织争端机制和国际投资条约仲裁机制就表现出很大差别,对相关当事人施加了

---

① H. L. A. Hart, *The Concept of Law*, 2nd edition, Clarendon Press, 1994, pp. 91-98.
② DSU Articles 3.7 and 26.1(b).

不同责任、提供了不同救济。世界贸易组织争端解决机制仅处理政府间的争端，采取既往不咎的制度，其措施被认定违反义务的被诉方无损害赔偿责任，即使申诉方的经营者因该措施受到侵害也不能获得赔偿。与此相联系，在国内法律制度中，经营者也不能就此对相关国家寻求赔偿。① 从一定意义上说，这对经营者似乎不公平，可能导致经营者利用其他法律机制来维护自己的利益。这是我们在前面第 2 章提及的与菲利普莫瑞斯公司相关的多起案件涉及的。在国际投资条约体制下，尽管有投资国与东道国之间争端解决的规定，核心却在投资者与东道国之间的救济机制，东道国可能因其规制措施对投资者支付大笔赔偿。现实争端实践中，贸易措施和投资措施的区分与混同成为极具挑战的事情。世界贸易组织有一个《与贸易有关的投资措施协定》，联合国贸易发展会议曾经发布过《与投资有关的贸易措施》的文件②，这两个文件说明了贸易与投资之间的密切联系和可能转换。这为贸易和投资争端及其解决提供了极大的空间与可能。

9.1.2 国际经贸争端解决的特殊性

从法律渊源上分，国际经济法既包括国际法规范也包括国内法规范，既包括公法规范也包括私法规范。与此相适应，国际经贸法律争端就会出现国际法上的争端、国内法上的争端、公法性质的争端和私法性质的争端，不同性质的争端的解决机制是不同的。争端主体的不同，如国家与国家间的争端、私主体与私主体之间的争端、私主体与公主体之间的争端，代表着争端解决机制的复杂性。国际与国内、公主体与私主体，形成了争端的不同类型和不同机制组合。因此，概括地说，国际经贸争端可以分为国际、国内两个层级，公法争端和私法争端两种类型。就适用法律而言，即可能适用国内法，也可能适用国际条约，或者同时适用国内法和国际条约。

就国际层面而言，既有诸如国际法院这样的处理政府间争端的解决程序和机制，也有诸如国际商会仲裁这样的处理私主体间争端的机制，还有类似 ICSID 仲裁这样的政府与投资者的混合型仲裁机制。就国内层面而言，存在着法院诉讼和商事仲裁这两大类，而法院诉讼在不同国家有不同分类，中国有单独的行政诉讼程序，而美国则无这样的单独程序。国际层面的争端解决形式和国内层面的争端解

---

① Case C-377/02, Van Parys [2005] ECR I-01465.
② UNCTAD, Investment-related Trade Measures, 1999, UNCTAD/ITE/IIT/10 (vol. IV).

决形式,乍看是相同的,如都有诉讼和仲裁,但二者的性质不同,管辖权依据亦不相同。但另一方面,国际层面和国内层面的争端解决机制又是相互联系、辩证统一的。国内层面的法院判决、仲裁裁决,需要借助国际条约得到承认和执行。需要相关国家签署司法互助协定,承认与执行外国法院判决。这种协定通常采取双边形式,目前国际上还不存在全球性的类似安排。仲裁裁决方面,凭借近170个国家参加的《承认与执行外国仲裁裁决公约》(《纽约公约》),一国的仲裁裁决可以较好地在他国得到承认与执行。国际争端解决机制和国内争端解决机制的联系还表现在,针对某一国的管理措施,受影响的他国实体可以以自己的名义在措施实施国起诉,走国内程序,也可以通过其政府以政府的名义通过国际程序寻求救济。国际国内这两种程序是并存的、非排斥的。投资管理措施、贸易救济措施,都可能引起这样的情形。有时需要首先诉诸国内救济再诉诸国际救济,被称为用尽当地救济。国际投资争端中存在这样的情况。外交保护需要以用尽当地救济为前提。在最近发布的中国企业诉加纳的投资仲裁报告中,申请人就加纳政府的措施是否构成合法征收请求仲裁,仲裁庭基于《中国和加纳关于鼓励和相互保护投资协定》第10条第1款的规定,"缔约国一方和缔约国另一方投资者之间有关征收补偿款额的争议可提交仲裁庭",并根据条约的上下文及目标与宗旨,认定征收合法性问题由东道国法院裁判,仲裁庭对该请求无管辖权。该仲裁庭强调了国内法院有关征收裁决对后续程序的既判力。① 这不是国际投资仲裁庭第一次基于中国签署的投资协定的类似条款拒绝管辖权。在北京首钢诉蒙古国的案件中,仲裁庭亦作出了类似的裁决。② 投资仲裁中的所谓岔路口条款亦突出了国内程序与国际程序的密切关系。③

从历史的角度来看,战争曾经是解决国家和国家之间争端的最基本和最有效的手段。两国间的争议既可以是纯粹的两国政府间的争议,也可以是两国居民间

---

① *Beijing Everyway Traffic & Lighting Tech. Co., Ltd v. The Government of the Republic of Ghana*, FINAL AWARD ON JURISDICTION (SAVE AS TO COSTS), PCA 2021-15, 30 January 2023, paras. 177, 259, 202.

② See *Beijing Shougang and others v. Mongolia*, PCA Case No. 2010-20, Award, 30 June 2017, paras. 446-450.【Agreement between the Government of the People's Republic of China and the Government of the Republic of Ghana Concerning the Encouragement and Reciprocal Protection of Investments concluded on 12 October 1989.】Any dispute between either Contracting State and the investor of the other Contracting State concerning the amount of compensation for expropriation may be submitted to an arbitral tribunal.】

③ See M. Sornarajah, *The International Law on Foreign Investment*, 4th edition, Cambridge University Press, 2017, pp. 376-378.

的争议,在后者的情况下国家以保护其国民利益为由,代替其居民追偿债务。从1907年开始,战争逐渐地被非法化,1945年《联合国宪章》禁止在国际关系中使用武力或以武力相威胁,同时最终确立了和平解决国际争端制度。现在的国际经贸体制是建立在《联合国宪章》体制之上的。战争不再是经济冲突、经济矛盾、经济争端的解决方式,和平解决争端成为首要方式。但也要看到,武力作为国际社会解决根本冲突的最终手段在现实中仍然在一定范围内存在,不排除国家间矛盾发展到一定程度时诉诸战争的可能性。

从依靠战争解决争端到现在和平解决争端,是国际争端解决总的发展趋势。从某种意义上说,不使用战争解决争端,就可能使用更多的经贸手段制造和解决争端,包括制裁、孤立、打压、胁迫、使用组织否决权、让机构瘫痪等,解决争端的手段实际上是多面化的,主要表现为从 warfare 到 lawfare。更深层次上说,除了法律技术方面、涉及合法性的问题外,争端解决还涉及话语权的争夺。争端解决对国际法的规则发展具有重要的作用。

和平解决争端是相对于通过战争解决争端而言的,不是说只有通过磋商来解决解决才是和平解决争端。通过外交解决争端,是和平解决争端;对抗性的争端解决方式,如诉讼或仲裁,也是和平解决争端方式。世界贸易组织《争端解决规则与程序谅解》对此规定得非常明确:"各方理解,请求调解和使用争端解决程序不应用作或视为引起争议的行为,如争端发生,所有成员将真诚参与这些程序以努力解决争端。"①

当代国际社会是以国家为单位建立的社会。主权国家在法律上是平等的,也是自在自为的,主要通过自助来捍卫自己的利益。包括国际法院、世界贸易组织争端解决机构、ICSID 仲裁等都体现这个特点。这些争端解决机制作为相对客观中立的第三方对争端的是非曲直作出裁判,更多地表现出来国家主权独立、自己维护自己的利益。联合国的集体安全制度在经济争端当中实际上是不存在的。

国家同意是第三方解决国际争端的前提。这一点有时是通过单独的要求或程序体现出来,如国际法院的管辖权条款,或双边投资协定中体现的 ICSID 机制所需的国家同意仲裁条款;有时则通过一揽子安排排除了国家的选择权,如世界贸易

---

① DSU, Article 3.10.【It is understood that requests for conciliation and the use of the dispute settlement procedures should not be intended or considered as contentious acts and that, if a dispute arises, all Members will engage in these procedures in good faith in an effort to resolve the dispute.】

组织争端解决机制。争端解决机构的管辖权直接取决于国家同意的范围,因而管辖权问题是国际争端解决需要优先解决的问题。但管辖权的有无、大小往往由审理案件的审判庭自己解释决定,且存在扩大管辖权解释的趋势。实际上,管辖权的确定涉及国家和国际组织、国际审理机构和当事国之间的关系问题。美国关于世界贸易组织上诉机构越权的指控,越来越多的国际投资协定(含自由贸易协定中的投资章节)限制仲裁庭对某些条款的解释,都反映了国家意愿。英国脱欧的一个根本理由是收回司法主权。这实际上是英国改变了接受欧盟法院管辖的同意,只不过是以脱欧的极端方式表现出来的。

各个国家、各个经济体在参与争端程序时,出发点是维护自己的利益,利益为本,法律或法律程序是它为谋取利益所采取的一种手段。通过法律程序解决争端,表面看是公平的、公正的,但实际运作过程中也存在着事实上的差别。首先是语言问题。国际争端解决程序通常使用英语作为工作语言,法律文件主要以英文拟定,母语不是英语的国家不可避免地处于一定的弱势。在美国诉中国出版物案件中,争端方就被诉方中国法律条款的英文翻译问题产生了分歧,最终只好通过委托联合国内罗毕办公室进行翻译来解决这一分歧。① 这实际上暴露出一国不能确定其法律内容的风险。其次,诉讼习惯和技巧是影响法律程序平等的另一重要因素。这方面,普通法系传统和大陆法系传统存在着比较大的差异,而国际争端解决程序越来越向普通法制度靠拢。像美国这样的普通法国家多采用诉讼来解决争端,而类似中国这样属于大陆法系同时具有非诉传统的国家,其劣势是非常明显的。即使在国际诉讼中聘请说英语的外国律师做代理人,也不能根本上改变其劣势地位,况且与外国律师沟通本身存在问题。现在中国全面建设依法治国,目标之一是用法律思维、基于法律依据处理问题,加强能力建设。中国传统法律文化中存在着天理、国法、人情的理念,就是类似我们现在所说的正当性、合法性和推理,良法、善治和明理。

法律争端解决的基本目标是解决争端、定分止争。伴随着争端解决的通常是国家对国际不法行为的责任。联合国国际法委员会于2001年通过的《国家对国际不法行为的责任条款(草案)》反映了国际社会这方面的努力成果,提供了国际责任的一般内容。但世界贸易组织确立的争端解决机制有所突破,确立了违约之诉和非违约之诉两种主要诉因,并基于两种诉因规定了不同的救济手段和举证责

---

① China—Publications,WT/DS/263/R,paras.2-4-2.9.

任。世界贸易组织的争端解决机制安排反映了以不同方式恢复争端方之间权利义务平衡的努力。ICSID 提供了对私人投资者的救济。国际争端解决实践处于不断变化和发展之中。

9.2 国际经贸争端解决的类型

9.2.1 政治方法和法律方法

前文指出,国际经贸争端可以分为国际、国内两个层级,公法和私法争端两种类型。我们在此按不同标准将国际经贸争端作进一步划分,分成二类四种:政治类和法律类两类,诉讼、仲裁、调解、磋商四种具体形式。需要指出的是,这些分类只是理解上的大概划分,相互之间不是排斥的,而是联系的、转化的,甚至是统一的。从功能上说,不同争端解决方式都只是解决争端的手段,都是为了解决争端这一目的,只要合适,各种形式都可以使用。

国际争端解决方式

	诉讼	仲裁	调解	磋商
国际	√	√	√	√
国内	√	√	√	√
政治	×	×	?	?
法律	√	√	√	√

争端解决的所谓政治方法和法律方法这种分类,对于国际经济法的入门者来说,容易接受,但实际上这种分类是比较死板的、机械的,也是不现实的。诚然,政治和法律存在区别,但这种区别是相对的。将政治方法与法律方法直接对立的不足,在于忽略了法律与政治内在的天然联系,还在于将法律方法机械地理解为仲裁或者诉讼,而将磋商、调解等理解为政治方法。世界贸易组织《争端解决规则与程序谅解》把这几种方式都包括了。如果真要区分为政治和法律两类方式,可以

将是否依据某一法律制度特别是争端解决制度来区分。例如,世界贸易组织成员间的经贸争端可以通过磋商来解决。如果明确援引世界贸易组织《争端解决规则与程序谅解》中的磋商程序,则属于法律争端解决方式;如果争端方没有明确援引这一程序而进行了磋商,可以理解为政治方式或外交方式。例如,根据《争端解决规则与程序谅解》,只有相关成员明确基于第4条提出磋商申请时,才视为遵循了法律争端解决程序,才具有影响成员提出设立专家组申请的效果,即60天磋商期的前置性条件。[1]

9.2.2 磋商、调解、仲裁和诉讼

就具体争端解决方式而言,磋商,或者说谈判,相当于争端方自己和解。从收益的角度来讲,争端方自己和解既体现出自己的独立意志,也能自己把控结果,还可能省时省力。但是,法律争端体现为权利义务上的争端,是对法律解释和适用的争端。争端之所以产生,正是因为双方存在较大的分歧和争议,不易于自行解决。争端双方各有各的道理,谁也说服不了对方,谁也不会轻易放弃自己的主张。有的时候磋商不可能实现争端解决。有一个国际性司法机构对国家进行审判就是对主权国的限制,这也是美国反对世界贸易组织争端解决报告存在先例效力、不赞成既有上诉机制存在的原因。从这个角度来讲,磋商谈判还是具有其优势的,既可以是公开的也可以是秘密的,还可以利益交换,等等。这方面中国政府的态度倾向于双边磋商解决;如果争端解决机制允许选择,尽可能不将争端交付第三方裁判。除世界贸易组织争端解决机制不允许作出保留且涉及一般经贸事项而参与外,中国政府未接受国际法院的管辖权,中国参与ICSID仲裁也仅限于与征收补偿额相关的争端。中国的这种做法体现出中国国情的一面,但也暗示出了磋商的优势。

调解,是指中立的第三方在当事人之间调停疏导,帮助交换意见,提出解决建议,促成双方化解矛盾的活动。调解的作用在于劝和,通过争端方之外的力量使争端双方理性地认识到自己主张的优劣利害,自愿地达成双方接受的争端解决方案。调解要求第三方有说服力、有影响力且相对公正,但第三方的意见没有约束力,最终取决于争端方的意愿。调而无解的情况是存在的。作为一种争端解决方式,调解更多地帮助争端方进行利害分析,较少关注法律的解释和适用,不适宜解

---

[1] DSU, Articles 4 and 5.4.

决法律性特别强的法律争端。就现有法律而言,也不存在强制执行调解达成的协议的制度。联合国大会通过的《新加坡调解公约》是由联合国国际贸易法委员会主持制定的,旨在解决国际商事调解达成的和解协议的跨境执行问题。该公约不解决国家之间调解及调解协议执行问题。

相对于诉讼而言,仲裁的最大特点是审理案件的人员是以私人身份履行职责的,仲裁庭是非常设的,仲裁庭对案件的管辖权来自当事人的约定而非法定。像国际商会、常设国际仲裁院、中国国际经济贸易仲裁委员会这样的所谓机构仲裁,仅就存在仲裁业务的管理、服务机构而言,而非针对仲裁庭而言,仲裁庭依然是非常设的。无论是机构仲裁还是特设仲裁或临时仲裁,仲裁庭的管辖权都是基于当事人的意思自治,是当事人通过仲裁协议或仲裁条款赋予它的权利。从国家层面来说,就是基于国家同意。就法院诉讼和仲裁的关系而言,从市场的角度来讲两者是对立的、竞争的,仲裁案件多了,法院受理的案件就少,反之亦然。从运作的角度来讲,仲裁依赖于法院。仲裁庭通常没有查封资产的权利,也没有执行判决的权利,这些都依赖于法院的支持。法院和仲裁的这种支持关系或者竞争关系,在不同的国家、不同的时期,可能会有所侧重或者有所变化。

仲裁有私法意义上的仲裁,即民商事案件的仲裁,也有国家与国家之间的公法意义上的仲裁,例如世界贸易组织框架下的仲裁、《联合国海洋法公约》中规定的仲裁。私法意义上的仲裁一般是合意性的,而公法意义上的仲裁是国际条约规定的强制性的仲裁。针对仲裁要区分私的和公的、自治的和强制的。

还有一类混合仲裁。1965年《解决国家与他国国民间投资争端公约》设立了国际投资争端解决中心(ICSID),允许私人投资者对东道国政府提出仲裁申请。该公约制定之时,正是殖民地纷纷独立、非殖民化运动如火如荼的时候,诞生了体现发展中国家力量的联合国贸易与发展会议。当时的投资者都是来自宗主国的发达国家。新独立的国家往往采取了国有化措施,宗主国的投资保护面临着极大的挑战。宗主国认为发展中国家的法制落后、腐败,不相信当地救济,由世界银行推动设立了一个独立的混合型的国际投资争端解决机制。投资者诉东道国案件本质上是行政诉讼案件,属于中国传统的"民告官"案件,诉讼双方地位不平等。但ICSID这个新机构,采取去政治化的模式,特意将诉东道国这类原本政治性非常强的公法争端变成了商事化的仲裁机制,使投资者在争端解决程序中获得了与政府平等的地位,甚至被认为私人成为国际法的主体。①

ICSID 在设立后的一段时间内一直没有案件,一直到苏联解体、东欧剧变之后。发展中国家,包括以前的苏联东欧集团,纷纷采取了私有化措施,对外国投资者作出了非常慷慨但落实有难度的承诺。加之政局、政策不稳定,投资者与东道国之间的国际投资争端大量出现。同时,越来越多的国家签署了双边投资协定,同意接受 ICSID 仲裁,无需就特定案件再作出同意仲裁的表示,投资者单方面可以启动仲裁程序。20 世纪 90 年代起的投资仲裁案件,主要是发达国家的私人投资者诉东道国政府。在发展中国家兴起、发展中国家居民成为发达国家的投资者后,这种情形有所改变。同时,随着环境保护观念被接受,东道国政府,无论是发展中国家还是发达国家,采取了保护环境的公共政策措施也成为投资者申诉的对象。特别是发生在北美自由贸易协定框架的案件②,使美国政府意识到输掉案件的风险,出现了对这个机制的反思。替代 NAFTA 的 USMCA 在美国和加拿大之间取消了这种投资仲裁机制。③ 对投资者与东道国争端解决机制的反思,还可以与世界贸易组织争端解决机制相对比。相对于世界贸易组织争端解决机制的统一性、权威性、效率性而言,ICSID 通过一个个分散的仲裁庭进行仲裁,裁决互不一样,仲裁员各有各的理论,各有各的倾向性,造成裁决的碎片化和投资机制的碎片化。因此,欧盟推动建立国际投资法庭,推进国际投资争端机制的构建。当然,我们也要看到,在这个过程当中,世界贸易组织争端解决机构也遇到了统一过强的问题。这两个争端解决机制向何处发展仍未可知。

仲裁跟诉讼不一样,仲裁有它自己的仲裁程序。每个仲裁机构有每个仲裁机构的仲裁程序。也有的仲裁,比方说特设仲裁或者临时仲裁,可能可以援引其他的仲裁规定,比方说联合国贸法会的仲裁规则。

相对有更大威力的争端解决方式是诉讼,包括国内法院诉讼和国际诉讼。国际法院、世界贸易组织争端解决机制中的专家组程序和上诉程序,都属于国际诉讼的范围。这样的国际诉讼受制于国家与国际机构或国际争端解决机构这样的基

---

① Aron Broches, Selected Essays: World Bank, ICSID, and Other Subjects of Public and Private International Law, Dordrecht/Boston/London, Martinus Nijhoff Publishers, 1995, p.166.

② See Kara Dougherty, Methanex v. United States: The Realignment of NAFTA Chapter 11 with Environmental Regulation, *Northwestern Journal of International Law & Business*, 27:735(2007).

③ USMCA, Chapter 14 Investment, Annex 14-C Legacy Investment Claims and Pending Claims; Annex 14-D Mexico—United States Investment Disputes.

础性关系的制约,诉讼结果取决于被诉方的自愿执行。国内诉讼基于国家法律的强制性规定,通过行使不同类型的管辖权,对发生在境内和境外的人或行为进行审理、裁判,并具有强制执行的威力,甚至可能与刑事惩罚联系在一起。有一定实力的国家的法院通过受理案件或禁止受理案件,进行着法与力的较量。但是,国内法院判决,如果没有国际协定做依据,不能在其他国家得到执行。这是相对于仲裁裁决而言的执行劣势。

仲裁裁决的执行与法院判决的执行遵循两个不同的路径。在选择通过仲裁还是诉讼解决争端之前,要特别考虑国际经贸争端仲裁裁决或法院判决的执行问题。在跨境经济交往中,在一国境内的争端程序完结,不等于这个争端完结。还可能存在执行、平行诉讼、禁令等问题。欧盟对中国法院发布的禁令向世界贸易组织提起了指控。[①] 这一有关知识产权保护的案件诉至世界贸易组织争端解决机构本身,说明了不同议题、不同争端解决方式的关联性和复杂性。

9.3 国际争端解决机制的选择

9.3.1 管辖权之争

由于跨境经济交往及其争端至少涉及两个经济体或者法域,还涉及国内程序与国际程序问题,涉及不同争端解决方式问题,就存在 forum shopping 的问题。Forum shopping 于诉讼就是法院选择,对仲裁就是仲裁机构选择,总的来说可以称为争端解决机制的选择,既包括了争端解决场所,也包括了争端解决方式。这种选择带来的进一步的问题是,该选择是否是排他的、原告的选择是否排除了被告的选择。比方说在中国起诉的案子是否可以到别的国家去起诉、仲裁,在中国仲裁的案子是否可以到别的国家去起诉、仲裁,等等。

经济活动一旦超出了国内领域,到了国际领域,就会变得复杂化。国际经贸争

---

① China—Enforcement of Intellectual Property Rights,WT/DS611.

端本身存在着诸如贸易与投资不同主题的区分和关联,存在着 forum shopping 的可能性。同时,国际经贸主题又与其他传统的非经贸主题相关联,类似人权、劳工、环境等议题越来越多地被纳入了统一的国际经贸争端解决机制框架之内,反之国际经贸议题越来越被视为人权、劳工或环境议题,这些都增加了 forum shopping 的可能。这一趋势增加了国际经贸争端的困难和复杂性。即便是传统经贸议题,也需要关注世界贸易组织、国际投资解决中心之外的其他场所。例如,国际法院审理的巴塞罗那电力公司案很明显属于我们界定的国际经济法范围的案件。太多的争端解决渠道、太多的议题选择、太多的可能性和机会,导致了当事人太多的战略策略考虑。当事人都想找一个对自己最有利的争端解决机构去解决争端,或者找一个翻盘的机会。又如,针对某一政府措施,是选择贸易争端还是选择投资争端,如果选择贸易争端,是通过国内诉讼程序还是选择国际程序,是走自由贸易协定争端解决程序还是世界贸易组织争端解决程序,有许多选择。实践中,同是北美自由贸易协定缔约方和世界贸易组织成员的美国和加拿大,在处理相关争端时即产生了场所选择的争议。再如,同样是反垄断诉讼,到美国起诉就有可能获得其他法域没有的三倍赔偿。同时,由于中国显示出越来越大的市场规模,越来越多的纯外国当事人之间的知识产权争端也开始选择在中国进行解决。这些都体现出国际经贸争端选择不同机制的重要性和复杂性。

管辖权这一术语可以从国内和国际两个层面来理解。在国内层面,管辖权通常在三种意义上使用,即立法管辖权、执法管辖权和司法管辖权。就争端解决而言,管辖权指争端解决机构或审判庭审理案件的资格,可以用司法管辖权来统称,既包括了法院的管辖权也包括了仲裁庭的管辖权。立法是司法和执法的基础与依据。司法管辖权和执法管辖权均建立在立法管辖权基础之上,服从于立法管辖权。例如,美国法院在确定是否具有域外管辖权时,以立法是否有这样的意图为判断标准。执法管辖权和司法管辖权二者的区别在于执法管辖权是行政机构主动执法,法院或仲裁庭是被动司法,且行政执法一般受制于司法审查。在普通法系和大陆法系中,法院与行政机关的权力配置存在着一定差异。美国法中的司法审查标准,是一个重要的概念。在中国,随着《行政诉讼法》的制定实施和完善以及相关立法的制定与修改,法院的审查权力不断扩张。例如,关于专利有效性问题,由原来行政审批机构认定发展为法院认定。① 这是对司法审查理解的重大变化。中国立法机构 2023 年 9 月修订的《民事诉讼法》和《外国国家豁免法》是中国法律有关管辖权问题的重大飞跃。

就国内法上的司法管辖权来说，各国法都有规定，大都存在着一般法院和专门法院的划分，存在着审级和管辖事项的区分。就国内仲裁而言，有不同的仲裁机构，受理案件的范围有所差异。仲裁和法院之间的竞争性体现在管辖权上，二者受理案件的范围不一样。国内法院的管辖权是一般管辖，或者说普遍管辖，而仲裁是基于意思自治，双方当事人约定通过仲裁的方式来解决争端。

就国际层面来讲，一般较少使用国内法语境下的立法、执法和司法管辖权这样的表述。这可能与国际法反映主权国家间意志、缺少统一执法机构等特点相关。但国际法同样存在着规则制定和义务遵守问题，存在着条约调整事项和审理机构受理事项的问题。由于不同的国际条约有不同的调整范围、提供不同的救济手段，不同的争端解决机构有不同的管辖范围，将案件提交哪一机构、通过哪一方式解决，一定意义上需要战略策略性考虑。如同中国国内一般法院和专门法院的区分一样，国际上不同的争端解决机构亦有管辖权上的区分。国际法院受理国家间的争端。就受理案件范围而言，国际法院（包括其前身常设国际法院），相当于一般法院，受理各种各样的案子，包括国际经贸案件。国际法院作为联合国主要司法机构，除直接审理经贸案件外，在其他一些非典型经贸案件中阐述的法理，也对国际经贸争端案件有指导作用。但国际法院的管辖权以国家接受管辖为前提。中国虽然是联合国成员、《国际法院规约》成员，并且有国民担任国际法院法官，但中国迄今为止没有接受国际法院的管辖权。有的国家，如美国，曾经接受国际法院的管辖权但又退出了。与国际法院将加入《国际法院规约》和接受管辖区分开来相反，世界贸易组织成员在加入世界贸易组织协定的时候就接受了世界贸易组织争端解决机构的管辖。有人说世界贸易组织争端解决机构有"强制性的"管辖权，其真实意思是世贸成员不需要另行单独表达对世界贸易组织争端解决机构管辖权的接受。ICSID 仲裁则又是另外一种情形。《解决国家与他国国民间投资争端公约》建立了投资条约仲裁机构，确立了该仲裁机构的管辖权，但允许缔约方在加入公约时就提交仲裁的具体事项作出保留。而国家接受仲裁的意思表示则规定在双

---

① 参见全国人民代表大会常务委员会《关于修改〈中华人民共和国专利法〉的决定》，2000 年 8 月 25 日；比较我国《专利法》（2000）第 41 条与《专利法》（1992）第 43 条。

边投资协定中。就特定案件而言,《解决国家与他国国民间投资争端公约》、双边投资协定和投资者提交仲裁的申请,构成了 ICSID 的管辖权依据。

机构管辖权是相关机构受理案件的必要前提,通常规定在机构章程文件中。在具体案件中,还涉及管辖权的认定,具体审理机构对提交的案件是否享有管辖权。管辖权的这一认定是由仲裁机构、法院自己来进行的。审查机构自己认定自己是否享有管辖权,带有一定的主观成分,产生限缩或扩大管辖权的可能性。实践中主要存在着管辖权扩大的倾向,存在着越权的可能。这就又回到国家与国际争端解决机构之间的关系问题。无论是国际法院、世界贸易组织争端解决机构还是 ICSID,实际上都具有一定的独立性,有自己的利益,有自己的立场,而这一立场跟争端方的立场、跟国家或者成员的立场并不必然一致,这就会出现矛盾,出现越权的可能,出现"可受理性"的问题。类似国际法院这样的国际争端解决机构通常首先解决有没有权管辖的问题,诉求实体上成立不成立则放到下一阶段去考虑,程序性的管辖权问题和实质性的裁决问题分别解决。国际投资条约仲裁中也存在着这种现象。但在世界贸易组织争端解决中,虽然也存在管辖权争议的问题,但不是很明显,且不分别作出裁决。

国际条约未涵盖所有的跨境经济活动问题,国际争端解决机构的管辖权不能涵盖所有的国际经贸争端,因而国际经贸争端另外一个很大的部分是由国内法院来解决或受理的。认识到这一点非常重要。在一些人的思维中,特别是对具有一定的国际法意识的人来说,遇到跨境性问题只想到国际法。但国际法不是无处不在的,国际争端解决机制也不是万能的。国际法院关于科索沃的咨询意见表明了这一点。[1]

9.3.2 域外管辖权

国家管辖权是国家主权的一个方面。管辖权与主权,如影随形,既涉及在主权范围内行使权利,又涉及承认其他主权国家相同权利的义务[2]。结合我们前面所说的国家主权、规制权、地域、事项、国籍、行为、效果等因素,国内法上的管辖权存在着属地管辖权、属人管辖权、保护管辖权、普遍管辖权之分。这些管辖权都涉及

---

[1] Accordance with International Law of the Unilateral Declaration of Independence in Respect of Kosovo, Advisory Opinion, I. C. J. Reports 2010, p. 403.

[2] F. A. Mann, "The Doctrine of Jurisdiction in International Law after Twenty Years", 186 *Recueil des cours* 9 (1984), p. 20.

域外管辖权问题。

地域管辖权基于一国领土,被普遍接受①,但越来越存在着主观和客观属地管辖的区分,向域外管辖权发展。保护管辖权和普遍管辖权传统上仅限于刑事犯罪,本身就是域外管辖权。属人管辖,在传统的积极(管制)管辖权的基础上,逐渐向消极(保护)管辖权发展,从而使属人管辖的内涵发生了变化,域外管辖权的色彩更为明显,尽管国际上对属人消极管辖权仍存在着分歧。

历史上曾存在过"治外法权"【extraterritoriality】。治外法权是西方列强在施行殖民侵略和殖民统治时采取的一种法律制度和管辖制度,被认为是法律帝国主义的产物。② 列强在其他被侵略国家设置法院或审判庭,直接由列强法官或被授权官员审理在其他国家领土上发生的涉及其国民的案件,相关法院或审判庭构成列强国家司法体系的一部分。③ 根据这种治外法权,当地政府对外国人在本国境内犯罪不能管辖,但是如果外国人在本国领土上受到本国人的伤害,当地司法机关还是可以管辖的。可以看出,治外法权针对的是刑事犯罪行为的惩处,而非刑事犯罪受害者的保护,更非一般的商事纠纷。如今,治外法权已经被废除,剩下的是如何处理好域外管辖权的问题。

国际社会对地域管辖、属人管辖、保护管辖和普遍管辖的普遍认可,并不能阻止这些管辖的滥用,并进一步体现为滥用属地管辖和属人管辖。一种可能是将地域管辖进一步细分为"主观地域管辖"和"客观地域管辖",滥用效果原则,另一种

---

① D. J. Lewelyn Davies, The Influence of Huber's De Conflictu Legum on English Private International Law, 18 *British Yearbook of International Law* 49 (1937), 65. See also F. A. Mann, The Doctrine of Jurisdiction in International Law, 111 *Recueil des cours* 1 (1964), p. 26.

② Turan Kayaoglu, *Legal Imperialism: Sovereignty and Extraterritoriality in Japan, the Ottoman Empire, and China*, Cambridge University Press, 2010; Par Kristoffer Cassel, *Grounds of Judgement: Extraterritoriality and Imperial Power in Nineteenth-Century China and Japan*, Oxford University Press, 2012.

③ 例如,美国和英国曾专门立法规定在中国的审判机构、位于本土的上诉机构等。英国枢密院审理英国本土之外的法院判决的上诉。美国有关其在中国的治外法权的立法主要有三次:第一次是1848年立法,实施1844年的《中美望厦条约》;第二次是1860年立法,实施1858年的《中美天津条约》及美国与日本、泰国等条约,适用范围扩大;第三次是1906年立法,设立美国在华法院。See Thirtieth Congress, Sess. I. CH. 151. 1848, An Act to Carry into Effect Certain Provisions in the Treaties between the United States and China and the Ottoman Porte, Giving Certain Judicial Powers to Ministers and Consuls of the United States in those Countries; CHAP. CLXXIX. 1860—An Act to carry into Effect Provisions United States, China, Japan, Siam, of the Treaties between the Persia, and other Countries, giving certain Judicial Powers to Ministers and Consuls or other Functionaries, of the United States in those Countries, and for other Purposes; CHAP. 8934. 1906—An Act Creating a United States court for China and prescribing the jurisdiction thereof.

可能是以保护利益为由滥用属人消极管辖权,这些都导致对他国境内的他国国民实施管辖和惩处。① 保护管辖和普遍管辖更可能基于国家实力被滥用。就防止滥用管辖权而言,要看到国际法还不完整、不圆满这一现实。国际法是国家实践、协商的产物,在没有达成共识并善意履行共识之前,它的效果受到诸多限制。

严格地说,刑事管辖权不同于经贸争端的管辖权,但现实中刑事管辖权的一些做法逐步地向经贸争端扩展,并进一步影响到国际经贸案件的管辖。在经济全球化的时代,效果原则已经得到普遍认可。这实际上体现了一个利益保护问题,体现出法律规制功能向保护功能的扩展。积极属人管辖原则侧重行为规范,消极属人管辖原则侧重利益保护并不断被强化。效果原则突破行为藩篱,将利益损害和保护作为确定管辖的立足点。如果说保护管辖和普遍管辖侧重于刑事领域,效果原则在经贸活动当中体现得更为明显,从反垄断领域向其他领域扩展。

科学技术的发展也为域外管辖创造了条件和可能。现在的商品和以前的商品性质上已经大不一样,以前的商品在出售之后彻底脱离了生产商的控制,现在则不完全如此。现在的产品朝着智能化发展,即智能产品售出后生产商仍需提供后续服务、控制商品并进而控制消费者,可以称其为受控产品。另一方面,知识产权的国际保护使得知识产权权利人的权利范围超出了传统的一国范围。在这样的背景下,国家就需要适应新的发展,不再固守传统的属地或属人管辖权,而发展出了以产品或权利为载体的管辖权。我们买了苹果手机之后需要依赖苹果公司提供技术支持,苹果公司控制和影响着消费者对苹果手机的使用,美国政府则通过对苹果公司的管辖权延展了自己的控制和管辖。以美国为基地的微软公司,需要应美国政府根据美国"云端法"的要求,交出存储在其他国家的数据。② 美国国会 2018 年通过了《澄清数据的合法境外使用法》("云端法")规定:"服务提供者应遵守本章规定的义务,保存、备份或披露电报或电子通信的内容以及该提供者拥有、保管或控制的与客户或用户有关的任何记录或其他信息,无论该通信、记录或其他信

---

① See Rosalyn Higgins, "The Legal Bases of Jurisdiction", In Cecil J. Olmstead (ed.), *Extra-territorial Application of Law and Responses Thereto*, International Law Association in association with ESC Publishing Limited, 1984, p. 5.

② *Microsoft Corporation v. United States*, 829 F. 3d 201 (2016) (2nd Circuit); *United States v. Microsoft Corporation*, 138 S. Ct. 1186 (2018).

息是位于美国境内还是境外。"①这样的立法规定带来的是新的域外管辖。

域外管辖是一个有争议的问题。常设国际法院在"荷花案"中表明了对域外管辖的态度。法院首先区分了立法管辖和执法管辖，并指出了不同的适用规则。对于执法管辖，"除非是根据国际习惯或公约的许可规则，否则一国不能在其领土之外行使管辖权"。对于立法管辖，"然而，这并不意味着国际法禁止一个国家在自己的领土上对涉及在国外发生的行为的任何案件行使管辖权，而在这种情况下，它不能依靠国际法的某些允许性规则……国际法远没有规定一般禁止，即各国不得将其法律的适用和法院的管辖权扩大到其领土以外的个人、财产和行为，而是在这方面为它们留下了广泛的自由裁量权，只在某些情况下受到禁止性规则的限制；至于其他情况，每个国家仍然可以自由地采用它认为是最好和最合适的原则。"②理论上，基于效果原则的属地管辖和基于保护原则的属人管辖，都可以称为域外管辖。所以面对一些对美国域外管辖的批评和指控，美国政府认为自己实施属地管辖和属人管辖，有一定的道理，只是扩大了属地管辖和属人管辖的解释。根本的问题在于基于效果的属地管辖和基于保护的属人管辖是否过分、是否形成了管辖的滥用，极大损害了其他国家的利益。中国政府对美国的长臂管辖做法表达了严重的关注。③ 现实中，域外管辖不再是理论问题，而是能力问题。美国实施域外管辖主要是从第二次世界大战结束后开始的。欧盟等经济体则主要是作为应对措施而建构这一制度的。

---

① Public Law 115-141—MAR. 23, 2018, Consolidated Appropriations Act, 2018, Division V Cloud Act, Sec. 103；18 USC 2713（2021）.【A provider of electronic communication service or remote computing service shall comply with the obligations of this chapter to preserve, backup, or disclose the contents of a wire or electronic communication and any record or other information pertaining to a customer or subscriber within such provider's possession, custody, or control, regardless of whether such communication, record, or other information is located within or outside of the United States.】

② PCIJ, SS Lotus, PCIJ reports, Series A, No. 10(1927), pp. 18-19.【[i]t cannot be exercised by a State outside its territory except by virtue of a permissive rule derived from international custom or from a convention. It does not, however, follow that international law prohibits a State from exercising jurisdiction in its own territory, in respect of any case which relates to acts which have taken place abroad, and in which it cannot rely on some permissive rule of international law... Far from laying down a general prohibition to the effect that States may not extend the application of their laws and the jurisdiction of their courts to person, property and acts outside their territory, it leaves them in this respect a wide measure of discretion which is only limited in certain cases by prohibitive rules; as regards other cases, every State remains free to adopt the principles which it regards as best and most suitable.】

③ The U. S. Willful Practice of Long-arm Jurisdiction and its Perils, February 2023, https://www.fmprc.gov.cn/mfa_eng/wjbxw/202302/t20230203_11019281.html.

中国的国内立法基本是中国实施改革开放政策后逐步完善起来的。过去很长一段时间内，除 1979 年《刑法》外，其他法律中几乎没有域外管辖的条款。如今这一情况有所改变，越来越多的立法中包含了域外管辖条款，如反垄断法、出口管制法、证券法，等等。中国近期《反外国制裁法》《对外关系法》《外国国家豁免法》的通过，以及《民事诉讼法》的修订，表明会进一步强化域外管辖这一态势。但是中国进行域外管辖的实践相对很少。一方面与法律缺乏相关规定有关，另一方面与中国海外利益少有关。中国所坚持的不干涉内政原则也是一个因素。随着中国与其他经济体之间的经贸往来频繁，包括境外中国公民安全在内的中国海外利益保护凸显出来。这是近期以来更多的法律反映法律域外适用的原因。立法规定域外适用和管辖并不等于实际实施。但没有立法上的规定，执法和司法都不可能实施域外管辖。中国实际实施域外管辖，需要认识上的提高和经验的积累。

域外管辖实践也是国家实践的组成部分，对促进国际社会共识的形成具有重要作用。国内法院尽可能地多管辖国际经贸案件，作出相应的裁决，既能弥补单纯行政、外交方式的不足，也符合强化司法职能的目的。国际法的形成依赖于国家实践、国家之约，立法实践、执法实践是国家实践，国内法院的实践当然也是国家实践，法院的实践也可以引领规则，效果原则就是美国最高法院确立的，包括对国际条约和国内法关系的解释也是法院做的。整体来说，国家实践还是需要具有连续性、可预期性和稳定性。

可以预期的是，域外管辖立法和实践肯定会越来越多。与此相关的另一个问题是，一国法院的管辖权是否越广越好？除了涉及与其他国家关系和利益的协调外，建立在立法管辖权基础上的司法管辖亦基于一定的条件具有一定的裁量性。如不方便管辖原则、礼让原则，实质上都是法院用来平衡的理由或工具。《美国对外关系法重述》第 4 版规定了避免域外管辖的推定：美国法院对联邦条款的解释仅在美国地域管辖范围内适用，除非国会存在明确相反的意图。美国法院在解释联邦立法时应遵循推定避免域外管辖的原则和合理性原则，尽可能避免与习惯国际法冲突，冲突时适用联邦立法。[①] 实际上最根本的问题还是国家利益问题，管辖与不管辖是否为国家利益所需，要考虑国内政治、国内政策的影响，要考虑时间演变带来的新需求。需要灵活处理、与时俱进。

[①] The American Institute, Restatement of The Law, 4th, The Foreign Relations Law of The United States, American Law Institute Publishers, 2018, § 401-413.

前面说的是受理案件的问题。审理案件的时候首先面临着适用程序的问题。法院遵循法院的程序,仲裁遵循仲裁的程序,不同的机构有不同的程序。还有一个问题就是适用法律,这个问题又分两个层面,适用法律包括实体性的法律和程序性的法律。这一问题更为复杂,是国内经贸案件所不可比的。其中包括了国际私法的内容,怎么确定、选择和适用法律涉及程序法,选择出来的那个法律,即我们说的适用法(applicable law),才指的是实体法。这方面的内容不再展开叙述。

9.3.3 审级

审级(Hierarchical Jurisdiction)主要是诉讼程序中的概念。调解和磋商自然不存在类似问题,仲裁通常也采取一裁终裁制度。审级代表着争端当事人是否有二次或更多次的救济机会,因而对当事人影响很大。与审级有关但并不完全相连的是先例制度。普通法律体系中存在着先例制度,而在大陆法律体系中通常则无先例制度。审级在国内法律制度中是普遍存在的,而在国际争端解决体系中则不能一概而论。

在国内法律体系中,一般存在着基层法院、中级法院、高级法院和最高法院的层级设置,许多国家都遵循着二审终审、必要时提审或再审的做法。就国际经贸案件而言,会因案件的性质、涉及的地点而有不同的安排。在中国,除正常的二审制度之外,还存在普遍性的申请再审制度和检察院抗诉制度。① 在中国的法院系统中,还专门设立国际商事法庭,专门处理国际经贸争端。中国最高人民法院于2022年11月发布了《关于涉外民商事案件管辖若干问题的规定》。② 2023年7月,中国最高人民法院发布《关于加强和规范案件提级管辖和再审提审工作的指导意见》。③ 这一指导意见将对涉外案件审判管辖产生进一步的影响。

除了审级以外,在审理过程中可能遇到的问题还包括是否存在先例制度。中国没有先例制度,但在推广指导性案例。中国最高人民法院2010年发布了《关于案例指导工作的规定》④,其目的是总结审判经验、统一法律适用、提高审判质量、

---

① 参见中国《民事诉讼法》第16章审判监督程序。
② 最高人民法院《关于涉外民商事案件管辖若干问题的规定》,法释〔2022〕18号,2022年11月14日。
③ 最高人民法院《关于加强和规范案件提级管辖和再审提审工作的指导意见》,法发〔2023〕13号,2023年7月23日。
④ 最高人民法院《关于案例指导工作的规定》,法发〔2010〕51号,2010年11月26日。

维护司法公正。2015年最高人民法院又发布了《〈关于案例指导工作的规定〉实施细则》。① 根据这些规定,指导性案例应当是裁判已经发生法律效力,认定事实清楚,适用法律正确,裁判说理充分,法律效果和社会效果良好,对审理类似案件具有普遍指导意义的案例。最高人民法院发布的指导性案例,各级人民法院审判类似案例时应当参照。各级人民法院正在审理的案件,在基本案情和法律适用方面,与最高人民法院发布的指导性案例相类似的,应当参照相关指导性案例的裁判要点作出裁判。各级人民法院审理类似案件参照指导性案例的,应当将指导性案例作为裁判理由引述,但不作为裁判依据引用。可以理解,中国指导性案件制度的建设,意在借鉴英美法上的先例制度,建立不是先例制度的"先例制度",提高法律适用的一致性和稳定性。与中国有关的国际经贸活动的当事人、律师等,应当【should】关注了解中国的指导性案例。

  在现有各类国际争端解决机制中,国际法院和国际海洋法法庭无上诉程序。《国际刑事法院罗马规约》规定了法院判决的上诉事宜②,但该公约有关种族灭绝、战争犯罪等国际严重犯罪,不涉及一般国际经贸争端。对于非国家实体的投资者与东道国之间的争端解决,国际投资争端解决中心规定了裁决撤销程序,无上诉程序。《关于解决各国和其他国家国民之间投资争端的公约》第52条规定了可以申请撤销裁决的理由:"一、任何一方可以根据下列一个或几个理由,向秘书长提出书面申请,要求撤销裁决:(一)法庭的组成不适当;(二)法庭显然超越其权力;(三)法庭的一个成员有受贿行为;(四)有严重的背离基本程序规则的情况;(五)裁决未陈述其所依据的理由。"③尽管撤销委员会有权基于上述理由撤销整个或部分仲裁裁决,但裁决撤销申请不同于上诉,非常设的撤销委员会(Ad Hoc Committee)不是上诉法院,其权利是有限的。"委员会仅拥有有限的管辖权,不能

---

  ① 最高人民法院印发《〈关于案例指导工作的规定〉实施细则》的通知,法[2015]130号,2015年5月13日。
  ② 《国际刑事法院罗马规约》第八编"上诉和改判"。Rome Statute of the International Criminal Court, Part 8 Appeal and Revision.
  ③ ICSID Convention, Article 52(1).【Either party may request annulment of the award by an application in writing addressed to the Secretary-General on one or more of the following grounds: (a) that the Tribunal was not properly constituted; (b) that the Tribunal has manifestly exceeded its powers; (c) that there was corruption on the part of a member of the Tribunal; (d) that there has been a serious departure from a fundamental rule of procedure; or (e) that the award has failed to state the reasons on which it is based.】

以自己对法律的观点和对事实的评估替代仲裁庭的观点和评估。"①

在国际经贸争端解决机制中,只有世界贸易组织争端解决机制正式设有二审程序,拥有常设上诉机构。这是世界贸易组织争端解决机制区别于关税与贸易总协定争端解决机制的根本特征之一。上诉限于专家组报告涉及的法律问题和专家组所作的法律解释;上诉机构可以维持、修改或撤销专家组的法律调查结果和结论。② 上诉机构更试图基于这样的二审机制确立事实上的先例制度。③ 无疑,上诉机构的设立及其实践,对世界贸易组织权力机构划分和国际争端解决制度提出了挑战。这一问题实质上涉及上诉机构在世界贸易组织的机构设置中的地位问题。世界贸易组织的权力机构仅包括部长会议和总理事会,总理事会在处理争端解决时以争端解决机构名称行事。就争端解决而言,专家组和上诉机构的报告只有为争端解决机构通过后才具有法律上的约束力。④ 即便是上诉机构报告,如果没有争端解决机构这一橡皮图章赋予合法性,上诉机构报告本身如同上诉机构自己对关税与贸易总协定时期未通过的专家组报告一样,没有任何法律效力。⑤ 这一点也不同于世界贸易组织争端解决程序中的仲裁裁决。根据《争端解决规则与程序谅解》,无论是第 25 条替代专家组和上诉机构审理的仲裁裁决,还是第 21 条第 3 款的执行合理期的仲裁裁决,抑或第 22 条第 6 款的中止减让仲裁裁决,都不需要争端解决机构通过作为产生法律效力的条件。一定意义上说,上诉机构和专家组一样,是协助争端解决机构履行相关职责的安排,在世界贸易组织的制度和权力

---

① *CMS Gas Transmission Company v. Argentine Republic*, ICSID Case No. ARB/01/8, Decision of the Ad Hoc Committee of the Application for Annulment of the Argentine Republic, September 25, 2007, paras. 135–136.【The Committee recalls... that it has only a limited jurisdiction under Article 52 of the ICSID Convention. In the circumstances, the Committee cannot simply substitute its own view of the law and its own appreciation of the facts for those of the Tribunal.】

② DSU, Articles 17.6 and 17.13.【An appeal shall be limited to issues of law covered in the panel report and legal interpretations developed by the panel. The Appellate Body may uphold modify or reverse the legal findings and conclusions of the panel.】

③ United States—Final Anti-Dumping Measures on Stainless Steel from Mexico, WT/DS344/AB/R, adopted on 20 May 2008, para. 161; United States—Anti-Dumping Measures on Polyethylene Retail Carrier Bags from Thailand, WT/DS383/R, adopted on February 18, 2010.

④ 世界贸易组织争端解决报告虽然采取反向共识的准自动通过方式,但世界贸易组织成立以来确实存在着未被争端解决机构通过的一份报告,即欧共体提起的有关欧共体香蕉体制案。European Communities—Regime for the Importation, Sale and Distribution of Bananas—Recourse to Article 21.5 by the European Communities—Report of the Panel, WT/DS27/RW/EEC, April 12, 1999.

⑤ Japan—Taxes on Alcoholic Beverages, WT/DS8/AB/R, WT/DS10/AB/R, WT/DS11/AB/R, adopted on November 1, 1996, pp.14-15.

架构中无独立地位。世界贸易组织争端解决机制中的上诉机构,尽管是一个法律复审机构,但它不同于世界贸易组织成员方内部法律体系中的最高法院,既不具有权力分配和制衡的地位和作用,也无独立作出有法律约束力裁决的资格。曾经担任世界贸易组织上诉机构成员的范德博思对上诉机制不能运作表示难过,但他又认为世界贸易组织上诉机构有效运行的条件从来不具备,这种"圈内人"的思考或许更有说服力:"国际审理机构、法院或审判庭,只有在下述三项基本条件具备时,才能作为审判者有效发挥功能:第一,在作为审判者的权限范围内行为且被允许行为;第二,它是独立的、公正的并且其独立性和公正性得到尊重;第三,遵循正当程序的要求,及时解决争端,并具有这样做的财政和人力资源。对于世界贸易组织上诉机构而言,这些条件在很长时间内不具备甚至从来就不曾具备。"①

美国贸易代表办公室 2020 年发布的《世界贸易组织上诉机构报告》详细地列出了美国政府认为上诉机构存在的几宗"罪",其中上诉机构发表争端解决不必要的咨询意见、上诉机构坚持专家组应将上诉机构的解释视为约束性先例、上诉机构超越成员以及部长会议和总理事会授予的权限,是美国对上诉机构的制度性指控。② 有国际知名学者发表有关世贸争端解决机制改革的文章,建议进行结构性改革,维持二审机制,但改变上诉机构的作用,上诉审查采取合理性标准,专家组、上诉机构和成员相互制衡。③ 这种改革可能是保留上诉机构又限制上诉机构的一种折中。原上诉机构成员捍卫的"独立性",可能正是上诉机构改革的对象,甚至为了世界贸易组织"复活",也不排除舍卒保车的可能性。最终安排取决于世界贸易组织成员,而不取决于世界贸易组织上诉机构成员。

---

① Farewell speech of Appellate Body member Peter Van den Bossche, https://www.wto.org/english/tratop_e/dispu_e/farwellspeech_peter_van_den_bossche_e.htm ; Peter Van den Bossche, The Demise of the WTO Appellate Body: Lessons for Governance of International Adjudication? WTI Working Paper No. 02/2021. 【An international adjudicative body, court or tribunal can only function effectively as an adjudicator when three essential conditions are met, namely: it acts, and is allowed to act, within its mandate as an adjudicator; it is independent and impartial and its independence and impartiality is respected; and it settles disputes in a timely manner, consistent with the requirements of due process, and is endowed with the financial and human resources to do so. For the WTO Appellate Body, these conditions have not been met for some time or have never been met. The rules and procedures for the governance of WTO appellate review and the manner in which these rules and procedures have been (ab)used, have resulted in the current crisis of WTO appellate review and the undermining of the credibility and effectiveness of the whole WTO dispute settlement system.】

② See Office of the United States Trade Representative, Report on the Appellate Body of the World Trade Organization, February 2020.

③ See Thomas Cottier, "Recalibrating the WTO Dispute Settlement System: Towards New Standards of Appellate Review", 24 *Journal of International Economic Law* 1, 1-23 (2021).

上诉,还是不要上诉?这是个问题。就个体人权而言,存在一个上诉救济渠道,有助于更好地尊重和保障。但对国家而言,由于主权国家独立、平等、至高无上,国际法反映的是国家意志协调,常设上诉机制的存在是否会削弱国家独立意志,是一些国家特别是美国关注的问题。这实际上是争端解决机构和当事人的利益关系或者说利益冲突问题。这样的问题不可能通过单一模式在特定地点得到彻底的解决。

9.4 问题与展望

中国一直主张通过和平方式解决争端。但中国未接受国际法院的管辖权。在过去的近十年中,先后有多个国家因为被诉而终止了有关条约,或修改和缩小了对国际法院管辖权的接受范围。① 中国加入世界贸易组织接受了世贸组织成员之间的争端提交争端解决机构解决的安排,也积极通过这一机制来解决争端,但世界贸易组织争端解决机制却由于美国的原因而基本陷入瘫痪状态。越来越多的世贸组织成员向着已经"人去楼空"的上诉机构提起上诉。如何解释这种看似矛盾、不理性的选择?

对于美国特朗普政府时期曾经对世界贸易组织上诉机构提出多项"罪状"②,一度有人把这一不满视为特朗普政府而非美国政府的心声,寄希望于美国拜登政府上台后会改变对上诉机构的态度。但拜登政府对待世界贸易组织的态度以及相关的经贸政策基本上延续了特朗普政府的做法。在 2023 年 1 月 23 日举行的世界贸易组织争端解决机构会议上,美国再次否决了其他成员提出的关于上诉机构人员遴选的提案。这是美国第 62 次否决相关提案。这表明,阻止上诉机构恢复正常,不是哪一个美国总统个人的喜好,而是美国国家的政策延续。作为主权国家

---

① 薛捍勤:《国际法治的挑战》,载《国际经济法学刊》2021 年第 3 期,第 7 页。
② Office of the United States Trade Representative, Report on the Appellate Body of the World Trade Organization, February 2020.

的美国对世界贸易组织上诉机制不满。

在对国际法的认识上一直存在国际法是否为法的争论,也有国际法是软法或硬法的说法,还有国际法治是否存在的分歧。事实上,现有的国际法争端解决机制,无论哪种类型,都无类似国内法上的强制执行机制。相关审判庭作出的裁决,只是帮助相关争端方更好地解决争端,相关国家也是基于自己的国家利益来对待相关裁决。除严格意义上的法律争端解决程序外,国家间关系的其他处理方式,同样发挥着重要的作用,甚至是更重要的作用。因而,从某种意义上讲,国际法无所谓软、硬之分。政治承诺的约束力也未必低于法律承诺的约束力。国家间关系也处于不断演化过程中。不同时期、不同政府的方针、政策、态度都影响着国家间关系。新中国成立后,中国政府对包括美国投资者的投资在内的外国投资采取了国有化措施,中国政府并未对这些被没收的投资提供补偿。美国也对中国政府或公民的财产采取了相应措施。1979年中美两国建交时,两国政府就相互补偿问题达成了协议,最终解决了相关问题。[①] 类似做法不独在中美两国间存在。这说明国家间关系应从更广的范围、更长远的视角来看待和处理。国际经贸争端的处理亦是如此。

战争给人类造成了不可胜数的灾难,但包括不同时期、不同文明在内的人类未能消灭战争。事实证明,战争是人类自己造成的。尊重生命是不同时期、不同民族所普遍接受的公理,但同时损害生命的战争又都是各国所接受的。[②] 这从《联合国宪章》对自卫权的确认中可以得到证明。人类就是这样的一个矛盾体。从长远看,人类文明不断发展,人类生活水平不断提高,人类尊严得到更大尊重。人类经过一系列磨难,达到了更高的文明程度,正如凤凰涅槃一般。但是,在国家依然作为人类的政治组织体存在的情形下,国家间矛盾是存在的,不同国家的人之间的矛盾也是存在的,并可能经由国家间矛盾而激化。另一方面,人类又是充满智慧的,也必然会通过智慧的方式解决彼此间的争端,包括国际经贸争端。承认争端的存在,承认争端的可能解决,承认矛盾的解决带来新的矛盾,是我们应该采取的态度。

[①] Agreement between the Government of the United States of America and the Government of the People's Republic of China concerning the Settlement of Claims,May 11, 1979. https://www.justice.gov/sites/default/files/pages/attachments/2014/06/27/china_as.pdf,last visited August 17, 2023.

[②] See Gunnar Myrdal, *Objectivity in Social Research*, Pantheon Books, 1969, pp. 77-82.

后　记

　　几十年前我刚开始在中国人民大学法学院讲授国际经济法课程时，国际法教研室的老前辈就嘱咐我要好好研究一下国际经济法的总论。我那时正迷恋于贸易术语和信用证这类内容，对所谓总论性的内容还没有产生兴趣，更确切地说还没有意识到总论的重要性。我当时回复老前辈说，这些内容是你们老前辈研究的内容，我们年轻人哪有资格和能力研究这些内容。转眼间，我自己也接近当年老前辈的年龄，似乎已经没有理由再对老前辈的嘱托予以推辞。几十年的教学研究经验和不断变化的国际格局也使自己更加领会到了老前辈的远见和期望。传统的知识介绍性的教学必须以思想为指引。写一本国际经济法总论性的东西，似乎是义不容辞的责任。

　　真正想动笔写还是2020年。美国特朗普政府上台后对包括中国在内的一些国家采取了一系列贸易限制措施，并且通过阻挠上诉机构成员遴选的方式使世界贸易组织争端解决机制不能发挥正常功能。一度被奉为圭臬的世界贸易组织多边贸易体制被弱化，连一度与世界贸易组织多哈回合谈判"争宠"的自由贸易协定谈判也风头不再。2020年初全球暴发的新冠疫情更使全球贸易遭受重大摧残。其间我一度被困美国，恰好利用此机会开始认真思索国家与国家之间的贸易关系、思考国际经济法调整国际经济关系的作用。

　　2020年秋季开始，我的国际经济法课堂教风发生变化。美国拜登政府上台以来的种种措施，欧盟等西方国家的贸易制度变化，俄乌冲突以来的"东西方"再现，加大了国际经济法教学与研究的困难。有想法是一回事，有教案是一回事，将其变成学术性著作又是另一回事。不断在思考,不断在写作,不断在重写,兴奋与迷茫、不安交替,但书稿却总是拖拖拉拉。经前辈督促,与出版社沟通,最终下定决心,经过一段时间的披星戴月式努力,如今终于完稿了。

值此书稿付梓之际,感谢老前辈们的教诲、期许与鞭策,感谢学友与学子们给予的启发!也特别感谢家人,她们是我的第一倾诉对象,对我的各种想法总是给予肯定、鼓励,并在各方面给予支持。

诚挚感谢北京大学出版社的一贯厚爱与支持!

韩立余

2024年5月于中国人民大学法学院